AF558002

Dein Kind ist KEIN Problemkind

Alexandra Zengerling
Dein Kind ist KEIN Problemkind

Buchmentoring &
Autorenbegleitung: Fitore Brahimi, Wien
Covergestaltung: Werkstatt Weiss, München
Lektorat: Oliver Witt
Autorinnenfoto: © Maria Schinz Branding Fotografie München
Innenteil, Layout/Satz: KleiDesign, Bielefeld
Druck & Verarbeitung: CPI Books GmbH, Leck

info@kamphausen.media | www.kamphausen.media

ISBN Printausgabe: 978-3-95883-648-8
ISBN E-Book: 978-3-95883-649-5

5. Auflage 2025

Bibliografische Information der Deutschen Nationalbibliothek

Die Deutsche Nationalbibliothek verzeichnet diese Publikation in der Deutschen Nationalbibliografie; detaillierte bibliografische Daten sind im Internet über **http://dnb.de** abrufbar.

Alexandra Zengerling

Dein Kind ist KEIN Problemkind

Was Eltern tun können bei ADHS, Wutanfällen, Lernschwierigkeiten & Co.

Vorwort

Es war das Jahr 2013. Ich schaute in den Spiegel und erblickte eine Frau, die perfekt sein wollte. Meinem Umfeld wollte ich es stets recht machen. Ich sehnte mich so sehr nach Liebe und Anerkennung vom Außen, wusste nicht, wie ich mir selbst Liebe und Anerkennung geben konnte. Schon in meiner Kindheit hatte ich gelernt, gute Leistungen abzuliefern, und hatte den Wunschberuf meines Vaters absolviert, um gesehen zu werden. Ich kooperierte, damit es keinen Streit gab. Meine Ehe war durchschnittlich und ich war eine Mama, deren kleiner zweijähriger Sohn unter sozialen Ängsten im Kindergarten litt. Erzieherinnen sprachen mich darauf an, ihn auf Autismus abklären zu lassen. Der erste Stempel klebte bereits auf seiner Stirn.

Stehend vor diesem Spiegel erinnerte ich mich an das kleine Mädchen, das ich einmal war. Ich wollte heiraten und den Rest meines Lebens überglücklich mit meinem Prinzen verbringen. Schon als kleines Mädchen träumte ich davon, einmal Mama zu sein. Sah mich als erwachsene Frau lachend und verspielt mit meinen Kindern auf einer saftig grünen Wiese herumalbern. Frei, grenzenlos. Ich wusste damals schon, dass das meine Wahrheit ist. Ich wollte die Welt verändern und zu einem besseren Ort machen. Wollte Liebe in die Herzen der Menschen bringen und die eisernen Ketten und Mauern um die Menschen herum zum Einsturz bringen.

Doch dafür durfte ich bei mir selbst beginnen. Ich durfte mir selbst begegnen in meiner Tiefe.

Ich fing damit an, meinen Traumberuf zu erlernen und meine eigenen Fußstapfen zu hinterlassen, anstatt einfach nur in die anderer Menschen hineinzutreten. So kam es, dass ich Heilpraktikerin wurde und mich darauf spezialisierte, Familien mit „verhaltensauffälligen" Kindern zu unterstützen und auf ihrem Weg zu begleiten. Schnell wusste ich, dass *mehr* möglich sein muss, als sich schon im Kindesalter mit seinen Symptomen abfinden zu müssen oder mehrmals pro Woche im Therapiemarathon gefangen zu sein. Ich habe nahezu alle Therapieverfahren gelernt, die angeboten wurden. Zahlreiche Aus- und Fortbildungen ermöglichten es meinen Patienten und mir, regelmäßige Fortschritte zu erzielen. Verhaltenstherapeutische Ansätze, psychotherapeutische Ansätze, Kinesiologie, Akupunktur, Lerntherapie, Trauerbegleitung, Burn-out-Therapie für viele Eltern – all das waren Schätze und Werkzeuge, doch der Erfolg bei den Familien blieb weit unter dem, was ich damals schon für möglich gehalten hatte. Ich wollte mehr!

Ich schwor mir, mich nicht mehr abzufinden, sondern so lange weiterzugehen, bis ich Antworten finden würde. Und dazu möchte ich dich von Herzen ermutigen, liebe Leserin dieser Zeilen: Gib dich nicht zufrieden! Geh so lange in deinem Leben weiter, bis du deine Antworten findest und bis es für dich perfekt und richtig ist. Denn du hast nur dieses eine Leben. Hier und jetzt. Nicht gestern, nicht morgen. Jetzt. Deine Kinder leben jetzt ihre Kindheit.

Heute bin ich Mutter von zwei wundervollen Kindern und habe mir in wenigen Jahren meine große Herzensvision erfüllt. Ich hatte den Traum, Familien in ihr wunderschönstes und liebevollstes Familienleben zu begleiten. SymptomFREI. Das war nicht immer so. Vor ein paar Jahren haben mich ein paar meiner damaligen Dozenten, darunter ein Heilpraktiker, ein Arzt und eine Psychiaterin, belächelt. Sie meinten, ich solle auf dem Boden der Tatsachen bleiben. Wenn die Schulmedizin nur mit jahrelangen Therapien oder Medikamenten Verbesserungen erreicht, wie kann ich das dann lösen wollen *ohne* Medikamente und langwierige Therapien? Sie rieten mir, dort zu bleiben, wo wir uns auskennen.

Heute ist dieser Traum für mich wahrgeworden. Exakt diese drei Dozenten haben meine Coachings inzwischen für sich gebucht und erleben heute selbst auch nachhaltige und gigantische Erfolge bei ihren Patienten. Heute sagen sie mir: „Du zeigst, wo wir heute immer noch stehen würden, wenn wir dort geblieben wären, wo wir uns auskennen und nur das nachmachen, was schon da ist an Methoden. Wow, du bist weitergegangen. Das ist stark! Das hätte ich vor ein paar Jahren nie und nimmer gedacht. Wenn jemand für seine Vision brennt, dann du!“

Ich wusste, es gibt diesen Weg, der alles verändert. Dafür musste ich den Weg der Schulmedizin und auch der Alternativmedizin verlassen. Ich habe nach neuen Möglichkeiten gesucht. Zu diesem Zeitpunkt war mein kleiner Sohn gerade zwei Jahre alt und im Kindergarten eingewöhnt. Er zeigte fast täglich ausgeprägte Ängste im Umgang mit anderen Kindern. Er stand weinend mit dem Rücken zur Wand. Er ließ mich nicht allein aufs Klo gehen. Schließlich reagierte er jeden Morgen mit Durchfall und Erbrechen, wenn ich ihn in die Kita bringen wollte. Samstags und sonntags hingegen war er das fröhlichste und ausgeglichenste Kind überhaupt. Dieses Drama ging so weit, dass ich beschloss, ihn nicht mehr in diesen Kindergarten zu bringen, denn nun stand auch ich dort mit dem Rücken zur Wand. So fanden wir zeitnah einen anderen Kindergarten für ihn. Doch meine Intuition sagte mir, mit einem Wechsel allein ist das Thema noch nicht vom Tisch. Heute weiß ich, dass es mein großes Glück war, dass mein Sohn damals noch so klein war und ich bei ihm mit Verhaltenstherapie nicht weiterkommen konnte. Das ist nämlich ein Mittel der Wahl für Therapeuten, um auf Ängste bei Kindern und Erwachsenen einzugehen. Mein erster Mentor begegnete meinem Mann und mir, und wir buchten unser erstes Coaching bei ihm. So begann meine Reise in die Persönlichkeitsentwicklung. Drei Wochen später – *nur* drei Wochen später! – war unser kleiner Schatz symptomFREI. Er begann, auf andere Kinder zuzugehen. Er wollte auf einmal morgens gerne in den Kindergarten. Von da an war das morgendliche Erbrechen Geschichte. Manche Sätze, die meine Großeltern und meine Eltern zu mir und meinen Geschwistern sagten und bei denen ich mir geschworen habe, dass meine

Kinder diese niemals von mir hören würden, kamen ab und zu doch über meine Lippen. Und ich schämte mich. Bis dahin. Das Verliebtsein in meinem Mann wurde zu einem gemeinsamen Abarbeiten von To-do-Listen im Familienalltag. Mein Mädchentraum von beschwingter Leichtigkeit in der Familie wurde zur Anstrengung. Bis dahin.

Die Begleitung unseres Mentors ging noch weiter. Wochen und Monate, die unser Leben komplett veränderten. Ich wurde ein neuer Mensch. Und die Zeit, von der ich dachte, ich würde sie meinem Sohn schenken, ist in Wahrheit die Zeit, die ich mir selbst geschenkt habe.

Heute ist meine Beziehung zu meinen Kindern schöner und liebevoller als in meinem Traum. Mein Mann und ich haben unsere damalige Situation genommen und das Allerbeste daraus gemacht. Wir haben gelernt, dass wir in *jedem* Moment die Schöpfer unseres Lebens sind. Wir haben uns erlaubt, diesen Weg zu gehen, auch wenn es Menschen gab, die uns belächelt und als unrealistisch oder weltfremd abgestempelt haben. Übrigens haben sich in den vergangenen Jahren mehr als ein Dutzend von diesen Personen von mir begleiten lassen und leben heute selbst diese Art von Familienleben, die auch sie sich tief in ihrem Herzen schon immer gewünscht haben. Gleichzeitig konnten sie damit auch ihre Kinder von ihren Symptomen befreien.

Dieser Weg war der, nach dem ich gesucht hatte, nach dem ich gefragt hatte. Dank meines ältesten Sohnes habe ich diesen Weg gefunden. Er hat mich hingeführt. Dieses Geschenk hat mein Sohn nicht nur mir, meinem Mann und unserer gesamten Familie gemacht, sondern mittlerweile schon über 4.000 Patienten und Menschen, die ich begleiten durfte und darf. Und es werden täglich mehr. Mein Wirken in meiner Naturheilpraxis begann ich vor zehn Jahren. Ich habe gelernt, meinen Blick zu ändern und habe vor fünf Jahren komplett von der therapeutischen Praxis ins Coaching gewechselt, wo ich das fehlende

Puzzlestück fand: Nicht unsere Kinder bzw. wir, sondern das System, in dem wir leben, ist veränderungsbedürftig. Heute drehe ich mich in meiner Arbeit nicht mehr um die Symptome, sondern habe meinen Fokus auf die Ursachen und die Ziele gerichtet. Wo willst du hin? Was willst du erreichen? Wo willst du in ein paar Wochen, Monaten, Jahren stehen, wenn alles möglich ist? Da geht's lang. Was wir nicht mehr wollen, das wissen wir genau. Aber das reicht nicht. Liebe Leserin, wenn du wie ein Großteil meiner Klientinnen und Klienten bist, erwartest du jetzt vielleicht nur, die Symptome und den belastenden Teil eurer Eltern-Kind-Beziehung zu lösen und keine wirklich große Lebensveränderung.

Die meisten Menschen haben gelernt, zufrieden zu sein. Doch das ist der Tod jeder großen Weiterentwicklung.

Unser gesellschaftliches System gibt uns Folgendes vor: Wenn die Symptome weg sind, dann ist alles in Ordnung. Doch du darfst dein Leben verändern. Nicht nur ein bisschen. Nicht nur ein kleiner Fortschritt. Du musst nicht mehr zufrieden sein und dich auch nicht mehr länger abfinden. Meine Klientinnen haben anfangs auf das *eine* Tool, den *einen* Ratschlag, die *eine* Medizin von außen gehofft. Verhaltensauffälligkeiten, psychische Symptome und schwierige Beziehungen haben ihre Ursache innen und nicht außen.

Solange wir im Außen etwas suchen für ein Leiden im Innen, werden wir nicht vorankommen. Innere Themen lösen wir über Innenarbeit.

Wie genau, das erfährst du hier Stück für Stück. Über 4.000 meiner Klientinnen hat das mittlerweile sehr geholfen. Ich finde, das ist eine aussagekräftige Menge. Ich beobachte, dass Klientinnen sehr stark auf meinen Ansatz reagieren und mit ihm große und erwähnenswerte Erfolge erzielen. Der Großteil von ihnen war schon in klassischen Therapien, entweder selbst oder für ihr Kind, bevor sie zu mir kamen. Nicht selten schickte mir auch der Kinderarzt seine „austherapierten"

Fälle. Herkömmliche Therapien haben ihnen nicht geholfen. Ich war nicht mehr bereit zu akzeptieren, dass Kinder Therapien machen müssen, die ihnen nicht helfen. Dafür bin ich angetreten.

Dies ist keine Kritik an der Schulmedizin meinerseits. Sie tut, was in ihrem Rahmen möglich ist. Verhaltenstherapien wirken nach meiner Erfahrung deshalb nicht, weil der Falsche therapiert wird, nämlich das Kind, das seinen Eltern ihre Themen lediglich mit seinem Verhalten und seinen Symptomen aufzeigt. Es stellt sich zur Verfügung und macht sichtbar, was wir sonst nicht erkennen würden. Doch weiter das Kind zu therapieren, wäre in etwa so, als ob wir bei unserem Auto, sobald die Ölkontrolllampe aufleuchtet, die Birne der Kontrolllampe wechseln würden, statt Öl nachzufüllen. Ich möchte hier keine Therapiemethode und keine Medizin kritisieren. Ich habe nach Lösungen gefragt und einen Weg gefunden, den ich selbst vorausgegangen bin. Unterwegs habe ich Schätze eingesammelt und an mich genommen, die ich dir aus meiner mittlerweile riesigen Schatzkiste in diesem Buch offenbare.

Was ist, liebe Leserin, wenn dein Kind mit seinen Auffälligkeiten dir gerade dasselbe Geschenk machen will wie mir damals mein Kind? Was ist, wenn unsere Kinder mit ihren Symptomen uns nur „Fehler“ im Gesamtsystem Familie aufzeigen, nicht ausgelebtes Potenzial, ungenutzte Möglichkeiten?

Meine Reise ging weiter. Ich verabschiedete mich komplett davon, Symptome – so wie es die Therapien tun – von außen zu bekämpfen. Denn auf Kampf folgt immer Gegenkampf. Alles, was wir krampfhaft weghaben wollen aus unserem Leben, verstärkt sich. Ich bin tiefer gegangen, bis auf die Ebene der Ursachen. Dahin möchte ich dich in diesem Buch mitnehmen. Wenn du willst, ist dies der Beginn deiner Reise zu dir und deinem Kern.

Die Erfolge meiner Patienten sprechen für sich:

- AD(H)S-Symptome verschwinden in 90% der Fälle nachhaltig.
- statt ewiger Machtkämpfe werden Eltern-Kind-Beziehungen wunderschön und ihre Familienzeit wird zu ihrem persönlichen Kraftort.
- die energieraubenden, heftigen Wutanfälle hören komplett auf, ebenso nächtliches Einnässen.
- Kinder und Eltern überwinden ihre Ängste, Schulverweigerer gehen wieder in die Schule, Mobbingopfer werden nicht mehr gemobbt. Lehrkräfte dieser Kinder stehen mit staunenden Augen und offenem Mund da und wundern sich über diese Veränderung in kürzester Zeit, auch Schulen, die mit uns zusammenarbeiten, um mit ihrem Wirken diesen Weg an Hunderte von Kindern jedes Jahr weiterzugeben.
- Beziehungen, die kurz vor der Scheidung standen, heilen und Liebe kehrt in die Familien ein.
- Mamas und Kinder kennen ihren Wert und suchen die Liebe nicht länger im Außen. Sie finden sie in sich.
- Essstörungen bei Kindern werden gelöst und Rückfälle vermieden.
- Therapien bei Kindern werden ihnen dauerhaft erspart. Der Therapiemarathon hat endlich ein Ende. Kinder fühlen sich nicht länger als Versager.
- Mamas kommen aus ihrer Erschöpfung, ihrem Burn-out oder ihrer Depression heraus, bei denen zuvor jahrzehntelange Therapien nicht zum Erfolg geführt haben.

Das ist so wunderschön. Das sind jedes Mal Wunder, die passieren dürfen. Das ist der Grund, warum ich diesen Weg gehe. Das ist mein Motor. Das ist, wofür ich brenne. Meine Vision ist, Diagnosen und Symptome bei Kindern und Eltern auf dieser Welt auszurotten. Und mit jeder Familie, die ich begleiten darf und für die ich ein Beitrag sein kann, komme ich dieser Vision näher. Das ist, was noch viel mehr Menschen erfahren dürfen. Das ist, wohin ich dich mit diesem Buch mitnehme.

Denn das ist auch für dich möglich!

Ich glaube an dich – so lange, bis du es selbst wieder kannst! Und weißt du was? Du musst nicht noch mehr lernen. Ganz im Gegenteil. Du darfst vieles, was du gelernt und was du glaubst und übernommen hast – von deinen Eltern und von der Gesellschaft, die es alle nicht besser wussten – wieder *ver*lernen.

Du bist nicht allein mit deiner Situation!

Allein in Deutschland haben nach statistischen Angaben im Jahr 2017 insgesamt 2,3 % aller Mädchen und 5 % aller Jungen AD(H)S-Diagnosen.[1] 2019 waren insgesamt 823.000 Kinder und Jugendliche in Deutschland in psychotherapeutischer Behandlung. Das waren 104 % mehr als 2009. Seit der Corona-Pandemie hat die Zahl nochmal deutlich zugenommen.[2] Über 2,4 % aller Kinder in Deutschland nimmt regelmäßig Psychopharmaka ein.[3] Das ist fast ein Kind in jeder Schulklasse. Bei den Müttern leiden 40% an Stress, der sich zeigt als Erschöpfung, Burn-out, Depression, Nervosität, Gereiztheit, Schlafstörungen, Angstzustände, Rücken- und Kopfschmerzen.[4] Als Ursachen des übermäßigen Stresses geben 50% der Befragten an, zu hohe Ansprüche an sich selbst zu haben, und 21% sehen den gesellschaftlichen Druck als Ursache an. Sie bezeichnen ihr Familienleben als schwierig. Hinter diesen Zahlen stecken die Schicksale so vieler Familien. Kinder, die sich falsch fühlen. Eltern, die sich falsch fühlen. Beziehungen, die in die Brüche gehen.

---

1 Vgl. https://de.statista.com/statistik/daten/studie/375162/umfrage/kinder-und-jugendliche-praevalenz-von-adhs-diagnosen-nach-alter-und-geschlecht/

2 Vgl. https://www.aerzteblatt.de/nachrichten/121641/Immer-mehr-Kinder-und-Jugendliche-erhalten-eine-Psychotherapie

3 Vgl. https://www.aerzteblatt.de/archiv/179542/Psychopharmaka-Verordnungen-bei-Kindern-und-Jugendlichen-in-Deutschland

4 https://de.statista.com/infografik/20250/umfrage-unter-eltern-zum-stress-im-alltag/

Der Großteil meiner Klienten kommt mit AD(H)S-Diagnosen ihrer Kinder zu mir. AD(H)S ist kein eigenständiges Symptom, sondern ein Zusammenschluss aus mehreren Einzelsymptomen. Im Anhang habe ich dazu ausführlich geschrieben. Die Literatur gibt hier an, AD(H)S sei eine Störung im Gehirnstoffwechsel. Hier werden Rückschlüsse und Projektionen abgeleitet, die in den Fällen, die in meiner Praxis waren, niemals nachgeprüft wurden. Der Gehirnstoffwechsel wird nicht überprüft, die Störung desselben ist lediglich eine *Annahme*, die die Forschung in einigen Fällen bestätigt hat, mit der nun aber fälschlicherweise auf Tausende von Situationen geschlossen wird. So viele Eltern sind mir begegnet, die daraufhin den Glauben an sich und ihr Kind bzw. dessen Gesundheit verloren haben. Mit einem positiven AD(H)S-Test wird den Eltern vermittelt, ihr Kind könne sich nicht konzentrieren. Dieser Stempel sitzt schnell und fest auf der Stirn des betroffenen Kindes. Ich habe alle Eltern befragt. Und nahezu alle antworteten mir auf die Frage, ob ihr Kind Lego altersentsprechend nach Anleitung bauen oder Memory spielen könne mit einem Ja – solange es etwas ist, das das Interesse des Kindes weckt. Aber in der Schule sei die Merkspanne zu kurz und die Konzentration kaum möglich. Und hier, an dieser Stelle, möchte ich dich wachrütteln, liebe Leserin! Das Gehirn des Kindes ist nicht zu Hause in Ordnung und in der Schule plötzlich kaputt! Entweder ist das Kind prinzipiell in der Lage, sich konzentrieren zu können, oder nicht. Bei damals über 200 Kindern, die ich in meiner Praxis lerntherapeutisch begleitete, war keins der Kinder mit AD(H)S-Diagnose *nicht* imstande, sich zu konzentrieren. Keines. Allerdings war es nötig, das Kind dort abzuholen, wo es in seiner Entwicklung stand. Mit jedem Kind in meiner Praxis konnte ich 45 Minuten ohne Probleme arbeiten. Sobald wir glauben, dass es nicht möglich ist für unser Kind, sich normal konzentrieren zu können, haben wir und unser Kind einen Stempel aufgedrückt bekommen. Denn es ist, was wir glauben. Nicht heilbar ist diese Diagnose dann, wenn wir an der Oberfläche bleiben und versuchen, lediglich die Symptome zu bekämpfen. Und genau damit müssen wir aufhören!

Ich habe einen anderen Weg gesucht und gefunden, als an unseren Kindern, die sowieso schon glauben zu versagen, Therapien auszuprobieren. Darüber schreibe ich in diesem Buch. Und wenn du, liebe Leserin, zu den Menschen gehörst, die schon so viel ausprobiert haben, in Therapien waren für sich oder *mit* ihrem Kind und der Erfolg bislang ausblieb, falls dein Kind Stempel aufgedrückt bekommen hat, dann ist dieses Buch für dich.

Hier kommt meine Extraportion Liebe für dich, und ich werde es dir so lange hier schreiben, bis auch du genau das in dir fühlst:

Du hast nicht versagt und nichts falsch gemacht!

Genauso, wie auch an deinem Kind nichts falsch ist.

Du handelst in jedem Moment nach deiner besten Option!

Du bleibst nicht stehen. Du suchst nach Möglichkeiten, wie es auch für euch gehen kann. Dafür feiere ich dich so sehr. Denn damit bist du weiter als jene Menschen, die sich zufriedengeben und abfinden mit dem, wie es ist. Es gibt auch für dich den Weg aus dieser Situation heraus. In diesem Buch zeige ich ihn dir.

Du hast ein Buch gekauft, liebe Leserin, in dem das Potenzial steckt, dein Leben, das deines Kindes und das deiner Partnerschaft auf unglaublich positive Weise zu verändern.

Ich rede Klartext. In voller Liebe, aber absolut klar. Ich nehme kein Blatt vor den Mund, denn du hast dich für dieses Buch entschieden, weil du endlich klar sehen willst, was dir dein Kind mit seinem Verhalten aufzeigt. Ich spiegle dir die

Botschaften, die auffällige Kinder für ihre Eltern haben, und helfe dir, diese zu entschlüsseln und hinter die Symptome zu schauen. Das ist nicht immer angenehm.

Ich möchte dich ermutigen: Bleib dran!

Wenn's weh tut: Geh durch!

Ganz egal, ob du Resonanz spürst oder ob du dich wehrst: Geh durch!

Erlaube dir, in Verbindung zu gehen mit deinem Schmerz oder dem Trigger deines Kindes.

Viele Frauen, die zu mir kommen, stecken im Überlebensmodus. Sie funktionieren, obwohl sie längst erschöpft sind. Sie drücken alle Emotionen weg und arbeiten ihre immer länger werdende und meist sowieso nie zu schaffende To-do-Liste ab. Ihre Herzen sind verschlossen mit einer dicken Mauer aus Angst, wieder verletzt zu werden, Angst, nicht genug zu sein. Ich gebe dir hier einige Übungen mit, wie du beginnen kannst, diese Mauern Schicht für Schicht abzutragen und dein Herz wieder ganz zu öffnen. Du beginnst damit, dich selbst wieder ohne Einschränkungen lieben zu lernen und an dich zu glauben. Erst danach gelingt uns das auch im Außen.

Wenn du Hilfe dabei brauchst, ist das Beste, was du tun kannst, es dir wert zu sein und dir die Begleitung zu erlauben.

Du hast Kinder zur Welt gebracht, mit denen du das schönste Leben genießen wolltest – du musst dich nicht abfinden mit dem Kampf, dem Schmerz, dem Leid und den Symptomen deiner Kinder oder deinen eigenen. Dein Alltag ist die Kindheit deines Kindes.

Ich möchte *dir* mit diesem Buch Mut machen. Fang nicht an, an dir zu zweifeln und anderen mehr zu glauben als dir, deiner Intuition und deinem Kind – indem du andere Menschen auf eine höhere Stufe stellst als dich selbst, nur weil sie vielleicht eine therapeutische Ausbildung haben oder einen weißen Kittel tragen.

Lass dich ein auf die nachfolgenden Kapitel. Öffne dein Herz und beginne, diese Worte zu fühlen und nicht nur mit dem Verstand verstehen zu wollen, dann wirst du hier ganz viel für dich mitnehmen. Das ist mein Versprechen an dich.

Darf ich dich mitnehmen in eine Welt, in der du, dein Kind, deine Kinder vollkommen lebendig und richtig seid?

In Liebe,
Alexandra

Kapitel 1

Die Botschaft deines Kindes oder: Was dein Kind dir mit seinem Verhalten sagen möchte

Du fängst bei dir an

Du hast zu diesem Buch gegriffen, weil du Mama eines „auffälligen" Kindes bist. Vielleicht bist du schon ganz lange auf der Suche nach einem Weg für dich und dein Kind, um aus eurer Situation herauszukommen. Du spürst diesen Schmerz in dir, für dein Kind nur das Beste zu wollen und ihm bisher noch nicht wirklich nachhaltig helfen zu können. Nicht selten passiert es dann, dass wir das Gefühl in uns aufsteigen spüren, als Mama versagt zu haben. Schließlich siehst du überall Frauen, die alles scheinbar so leicht hinbekommen. Ihre Kinder sind unauffällig, sie funktionieren selbst in stressigen Situationen. Du kennst vielleicht die Mamas, die schon im Kindergarten einen stillschweigenden Wettbewerb daraus gemacht haben, wer seinem Kind die schönste und vielfältigste Brotdose zaubert. Die Mamas, die selbst dann noch geduldig sind, wenn sie eigentlich schon zu spät dran sind für ihren nächsten Termin und ihrem Kind voller Ausdauer die Zeit geben, die es braucht, um seine Schuhe in aller Ruhe anzuziehen, und es dabei noch dreimal ein neues Spielzeug aussuchen lassen, weil es sich nicht entscheiden kann. Wenn die Kinder nach einem stressigen und eigentlich mit Terminen viel zu vollgestopften Tag abends endlich im Bett sind, überkommen dich Schulgefühle. Du beginnst, dich selbst zu bestrafen. Hast du schon einmal bemerkt, dass du so, wie du mit dir selbst sprichst in einem unbeobachteten Moment, niemals mit deiner besten Freundin sprechen würdest? Wenn du ein Kind hast, mit dem eure Situation sowieso schon angespannt ist, verurteilst du dich selbst noch dafür, dass du es nicht besser hinbekommst. Dabei kämpfst du wie eine Löwin für dein Kind! Doch der Schmerz ist trotzdem da. Ich fühle dich so sehr.

Weißt du, ich arbeite seit einigen Jahren mit Mamas, deren Kinder leichte bis sehr starke Symptome aufzeigen. In der Gesellschaft gelten diese Kinder schnell als Problemkinder, als gefühlsstark oder verhaltensauffällig. Das zeigt sich in folgenden Ausprägungen: AD(H)S, Entwicklungsverzögerung, Konzentrationsschwäche, unbändige, unkontrollierte, heftige Wutanfälle oder Ängste, sozial-emotionale Störung, aber auch Bettnässen. Diese Mamas haben meinen größten Respekt verdient. Ich weiß, was sie jeden Tag leisten, um ihren Alltag zu meistern. Ich weiß, was du jeden einzelnen Tag leistest, um deinen Alltag zu meistern. Aber es bringt dir nichts, wenn nur ich dir diese Anerkennung von außen gebe. Es ist an der Zeit, dass *du* anfängst, dich selbst dafür anzuerkennen. Für das, was du leistest. Und noch viel mehr dafür, *wer* du bist. Das Gute ist: Du kannst genau jetzt, in diesem Moment, damit beginnen. Es ist dein Job, an dich zu glauben – mehr als an alles andere. Es ist der Start, damit auch dein Kind wieder an sich selbst glauben kann.

> *Du sagst deinem Kind mehrfach, wie lieb du es hast. Doch nur, wenn du lernst, dich selbst zu lieben, und zwar in jedem Moment, kommt das auch bei deinem Kind an.*

So viele Frauen sagen ihrem Kind, wie toll es ist, und kritisieren sich selbst so sehr, dass es dieselbe Wirkung hat, wie wenn sie es der Wand vor ihnen erzählten. Dein Kind kann deine Worte nur fühlen, wenn du dein Herz öffnest. Vielleicht siehst du, wie eure Nachbarskinder nachmittags zusammen spielen, und es macht dich traurig, weil du mehrmals pro Woche mit deinem Kind zu Therapiestunden fahren musst. Du räumst dir Zeit ein und begleitest dein Kind durch seinen Therapiemarathon. Ich weiß, wie sich das für dich als Mama anfühlt. Bis vor ein paar Jahren saß ich auf der anderen Seite. Mamas kamen mit ihren Kindern mit unterschiedlichen Symptomen in meine Praxis. Ich sollte diesen wundervollen Kindern helfen und sie lern- oder verhaltenstherapeutisch begleiten. Meist hatten diese Kinder einen monate- bis jahrelangen Marathon von Logopädie, Ergotherapie, Psychomotorik oder Psychiatrie hinter sich. Manchmal schickte unser Kinderarzt seine „austherapierten" Fälle zu mir. Auch ich spüre einen Schmerz in mir, wenn ich zurückdenke, wie ich Kinder und ihre Eltern als Therapeutin unterstützen sollte. Therapeutisches Ziel ist immer, die Symptome wegzubekommen oder wenigstens zu mildern, manchmal auch, sie zu unterdrücken.

Wenn der Stempel erst einmal auf deinem Kind drauf ist

Kinder, die nach diesem Marathon zu mir kamen – und vielleicht kennst du das von deinem Kind auch – sagten mir, sie seien ein Versager bzw. eine Versagerin. Mit einem Kind, das von sich selbst glaubt, versagt zu haben, kannst du keine Hausaufgaben machen und keine Lerntherapie. Denn es hat diesen Satz zu seiner Wahrheit gemacht. Dieses Kind kann sich hinsetzen vor seine Vokabelliste, du kannst es unterstützen – doch es wird bei den bisherigen Resultaten bleiben.

Im Außen wird sichtbar, was wir über uns selbst glauben.

Das, was wir tief in uns glauben, wird im Außen unsere Wahrheit. Das wird sichtbar. Das gilt für uns, für unsere Kinder, für jeden Menschen.

Ich habe diese Stempel satt. Ich will sie nicht länger hinnehmen. Wurde dein Kind auch aufgegeben? Ich zeige dir, wie ihr da rauskommt.

Über 4.000 Menschen habe ich bisher erfolgreich begleitet durch mein Coaching. Ich konnte 90 Prozent von ihnen dabei helfen, die Diagnosen und Symptome bei ihren Kindern und bei sich selbst komplett zu verlieren. Selbst bei schweren Symptomen und Diagnosen wie starkes AD(H)S, heftige Wutanfälle, starke Angstzustände, Essstörungen, Borderline und vielem mehr. Auch bis zu fünf Jahre später erlitten sie keine Rückfälle mehr in ihren Ausgangszustand. Die restlichen zehn Prozent hatten nach Beendigung des Coachings noch leichte Symptome, aber eine deutliche Verbesserung erfahren im Vergleich zum Beginn des Coachings. Heute werden viel mehr AD(H)S-Diagnosen im Erwachsenenalter im Vergleich zu früher gestellt.[5] Ebenso ist dort die Gefahr eines Rückfalls nach abgeschlossener Therapie erhöht. Speziell bei AD(H)S ist gerade mal ein Rückgang von allerhöchstens 50 Prozent zu verzeichnen, wenn betroffene Kinder das Erwachsenenalter erreichen.[6] Schulmedizinische Therapien sind Medikamentengabe, Verhaltenstherapie, Psychotherapie, Ergotherapie. (Wie AD(H)S definiert wird, wie die Diagnose zustande kommt, die schulmedizinischen Therapieansätze sowie meine persönlichen Erfahrungen und Erfolge bei betroffenen Kindern findest du im Anhang.)

Warum Therapien in den meisten Fällen nicht den gewünschten Erfolg bringen

Das hat meiner praktischen Erfahrung nach nicht einen, sondern fünf Gründe:

■ **1.**

Dein Kind hat zu seiner Wahrheit gemacht, ein Versager bzw. eine Versagerin zu sein. Es hat gelernt, nicht die Leistungen

---

5 Vgl. https://www.aerzteblatt.de/nachrichten/73445/ADHS-in-Deutschland-Trends-in-Diagnose-und-Therapie

6 Vgl. https://www.aerzteblatt.de/archiv/43439/Verlauf-von-psychischen-Stoerungen-bei-Kindern-und-Jugendlichen

bringen zu können, die andere gleichaltrige Kinder bringen können. Es merkt, dass es anders ist als seine Mitschüler. Es erfährt, nicht genug zu sein. Das ist nicht seine ursprüngliche Wahrheit. Wenn du dich daran erinnerst, wie dein Kind geboren wurde und noch ganz klein und hilflos war, dann wirst du dich auch daran erinnern, dass es niemals das Gefühl hatte, zu viel zu sein. Dass es niemals kritisiert wurde, wenn es Hunger hatte oder die Hosen voll, obwohl es dich gerade erst gebraucht hat. Es hat einfach geschrien. So lange, bis sein Bedürfnis gestillt wurde. Es wusste, dass es nichts leisten musste, um bedingungslos geliebt zu werden. Auch wenn es dir vielleicht einige Zeit lang den Schlaf geraubt hat oder gar ein Schreibaby war. Erst später, als es älter wurde, wurde es bewertet. Es wurde vergleichen mit anderen Kindern. Schon in der Krabbelgruppe, dann im Kindergarten, vielleicht von Angehörigen in deiner Verwandtschaft. Später in der Schule ging es weiter. Da kommen dann noch die Noten dazu. Unser Schulsystem ist geprägt davon, Fehler mit dem Rotstift anzustreichen und hervorzuheben, anstatt die richtig geschriebenen Wörter hervorzuheben.

Kinder bekommen Punkte und Noten und machen diese Noten zu ihrer Identität.

Dadurch fühlen sich manche Kinder „sehr gut“ und manche „mangelhaft“. Jetzt hier Symptome, beispielsweise Lernschwierigkeiten an diesem Punkt durch Therapien zu bekämpfen, ist für die Katz. Da stecken viel tiefere Muster dahinter, die aufgelöst werden müssen. Dazu komme ich später ausführlicher.

2.

Nicht nur unsere Kinder fühlen sich falsch, wenn sie anders sind als andere Kinder, sondern auch wir Mamas bekommen einen „Stempel“ für unser auffälliges Kind. Ich schreibe hier bewusst „wir Mamas“. Ich nehme mit Sicherheit die Väter nicht aus der Verantwortung. Nein. Aber statistischen Zahlen zufolge sieht sich nach wie vor der Großteil der Frauen für das

Familienleben und die Kinder verantwortlich. Das wird auch daraus ersichtlich, dass 68 Prozent aller erwerbsfähigen Mütter in Teilzeit arbeiten. Und laut Umfragen geben 72 Prozent der Mütter an, verantwortlich für die Familie und die Kinder zu sein. Oft werden wir Frauen bei diesen Themen auch von unseren Männern alleingelassen.

Nicht selten kommt es vor, dass sogar Erzieherinnen im Kindergarten schon die Mamas zum Testen ihres Kindes zum Kinderarzt schicken, wenn ein Kind anders ist als die angepasste Masse. Selbst das ausgesprochene Wort und ihr Hinweis lassen unser eigenes System arbeiten. Und wenn die Erzieherin nun Recht hat? Warum ist denn mein Kind anders als die anderen? Habe ich etwas nicht beachtet? Machen es andere Eltern besser als ich? Richtig manifest wird es dann, wenn Kinder auf Diagnosen getestet werden und wir diese als Ausdruck Schwarz auf Weiß in der Hand halten. Diese Diagnose wird zu einem unsichtbaren Stempel auf der Stirn unseres Kindes. Unsichtbar, aber doch hat er Wirkung auf uns und unsere Umwelt. Er sendet eine Schwingung aus.

So steht z. B. über AD(H)S im Medizinbuch, dass es zwar reduzierbar, aber nicht heilbar sei. Ein Stempel, den die Kinder wie ein Tattoo auf ihrer Stirn tragen. Ich hatte vor kurzem eine Frau in meinem Coaching, zu deren Sohn mit ADS-Diagnose man sagte, er hätte eine Behinderung.

Jedes Mal, wenn es darum ging, dass er zu viel mehr fähig war, als er nach außen zeigte, sagte er, das sei halt so, wegen seiner Behinderung. Dieser Junge ist heute komplett symptom-FREI. Er hat angefangen, wieder an sich zu glauben und nicht an das, was man im Außen zu ihm sagte. Zusätzlich haben wir die Themen, die da dahintersteckten, erkannt und die Ursachen aufgelöst.

■ 3.

Eine Therapie hat die Aufgabe, die vorhandenen Symptome zu bekämpfen bzw. einen geeigneten, für die Gesellschaft angemessenen Umgang mit den auftretenden Emotionen zu vermitteln. In der Therapie lernt ein Kind mit starken Wutanfällen, dass es in den Momenten, wo die Wut kommt, z. B. einen Anti-Stress-Ball nehmen und ihn ganz fest zusammendrücken soll. Oder dass es – wenn es einen hat – auf seinen Boxsack hauen soll, statt seine Mama zu treten, sein Mäppchen durch die Gegend zu werfen oder seinen Bruder oder seine Schwester zu beißen. Das Kind sitzt in der Therapiestunde vor dem Therapeuten und macht quasi mit ihm Trockenschwimmübungen. Es erlernt theoretisch, wie es in Wutmomenten mit seinen Emotionen umgehen soll. Wir erreichen damit den Kopf und den Verstand des Kindes. So weit die Theorie. Ganz ehrlich – und das kannst du wahrscheinlich bestätigen – starke Emotionen entstehen nie im Kopf! Sie kommen weit aus dem Unterbewusstsein. Erinnere dich mal an Situationen, in denen du richtig wütend warst – beispielsweise auf deinen Partner. Wenn in so einem Moment deine beste Freundin kommen und zu dir sagen würde, jetzt, während du gerade die ganze Ladung geballter Wut verspürst: „Meine Liebste, reg dich doch bitte nicht so auf!" – was passiert dann? Richtig, du würdest dich noch mehr hineinsteigern. Oder stell dir vor, du regst dich über deine Schwiegermutter auf und jetzt kommt dein Partner und will dich besänftigen. Spürst du, dass du mit deinem Kopf und deinem Verstand in diesen Momenten keine dienliche Hilfe hast? Der Verstand möchte verstehen, Schlüsse ziehen, hinterfragen. Er urteilt, denkt logisch und analytisch und wird in der Schule trainiert. Programmiert wird er über unsere Bildung und unsere Erziehung. Seine Aufgabe ist es, rationale Zusammenhänge zu erkennen und zu begreifen. Er findet Erklärungen. Doch Emotionen entstehen im Unterbewusstsein. Lange, bevor wir sie überhaupt wahrnehmen. Täglich denken wir ca. 65.000 Gedanken. Gerade mal zwei Prozent davon sind uns bewusst, 98 Prozent laufen unterbewusst ab. Stell dir einen Eisberg vor. Der kleine obere Teil, den wir selber der Meeresoberfläche sehen, ist das Bewusstsein. Der große tiefe Teil des Eisbergs unter der Wasseroberfläche ist das Unterbewusstsein. Kindliche Verhaltensmuster sind im Unterbewusstsein abgespeichert. Diese Muster reagieren immer wieder und laufen wie eine Schallplatte ab, ohne dass wir es bewusst bemerken. Unser Kindheits-Ich prägt somit unser Leben. Es zählt zu unserer Psyche, die unserem Bewusstsein nicht direkt zugänglich ist, und dient als Speicher für unsere alten Muster, Glaubenssätze, Erinnerungen. Es ist der Ort unserer tiefen Emotionen. Wir als Mensch bestehen aus drei Instanzen: Körper, Geist und Seele. Die Seele ist die oberste Instanz. Sie ist feinstofflich. Das ist unsere wahre Essenz. Unsere wahre Größe. Das, was wir wirklich sind. Darunter gibt es unseren Geist, unsere geistige Realität. Diese ist unterteilt in Bewusstsein und Unterbewusstsein. Der Geist umfasst das Denken, das Fühlen, die Psyche, den Verstand und unser Ego, unsere intellektuellen und mentalen Fähigkeiten. Die unterste der drei Ebenen ist unser Körper. Wichtig ist hier zu wissen, dass wir zwar einen Körper haben, aber nicht unser Körper *sind*. Er ist Materie, unser Erfahrungsinstrument bzw. unsere Schuluniform auf dieser Erde. Durch ihn können wir spüren, riechen, anfassen und Erfahrungen machen.

Kennst du das? Du fährst von Ort A nach Ort B und wunderst dich, dass du mit guter Laune und positiver Stimmung losgefahren bist und dich nun am Zielort anders fühlst und deine gute Laune nicht mehr so sehr spürbar ist. Das passiert, weil dein Unterbewusstsein ununterbrochen Glaubenssätze abspult wie die oben erwähnte Schallplatte im Dauerbetrieb. Nur ein minimaler Bruchteil dieser Gedanken auf unserer Schallplatte wird uns bewusst. Emotionen lösen wir nie im Kopf, sondern immer dort, wo sie entstehen, im Unterbewusstsein. Bei meinen mehr als 4.000 Klienten und ihren Kindern hat keine klassische Therapie angeschlagen. In meiner Praxis zeigt sich immer wieder, dass, die Symptome im Außen therapeutisch zu bekämpfen, keine oder nicht zufriedenstellende Ergebnisse gebracht haben. Daher fing ich an, mit ihnen einen anderen Weg zu gehen, etwas dazuzunehmen, was man in der Psychologie „Den Eisberg der Emotionen" nennt, nämlich das Unterbewusstsein. Über das Unterbewusstsein arbeite ich unter anderem auch mit

Frauen an ihren Depressionen oder ihrer Erschöpfung, wo sie zuvor – manche sogar jahrzehntelang –psychotherapeutisch oder verhaltenstherapeutisch über lange wöchentliche Gespräche mit ihrem Therapeuten gar keine oder kaum Fortschritte erzielt haben. So können wir innerhalb von ein paar Wochen wirklich große Meilensteine erreichen.

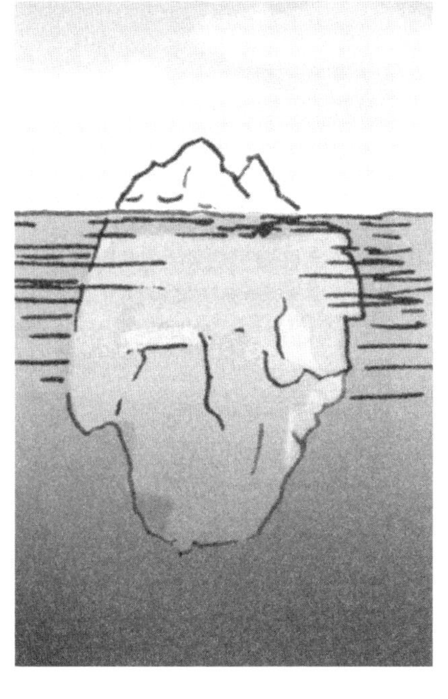

■ 4.

Der vierte Grund, warum Therapien meist nicht den gewünschten Erfolg bringen (können), wurde mir damals so richtig bewusst, als ich vorausging und die Erfolge, die ich mit meinem Sohn erzielt habe, auch meinen Patienten in meiner therapeutischen Praxis ermöglichen wollte. Ich stellte meine Praxis – je intensiver ich selbst diesen Weg ging – ziemlich zeitnah um auf ein Coaching der Eltern und hörte auf, mit den Kindern an ihren Symptomen zu arbeiten. Einen Teil meiner Klientinnen habe ich verloren. Sie waren nicht bereit, selbst, ohne Kind, mit mir zu arbeiten. Der Unterschied zwischen einer Therapie und einem Coaching bzw. zwischen Medizin und Persönlichkeitsentwicklung ist der, dass wir in Therapien die (unsere) Verantwortung an der Praxistür dem Therapeuten übergeben. So haben wir es gelernt. Wir wurden darauf trainiert, aufzuschauen zu Respektspersonen, Lehrern, Erzieherinnen, Therapeuten, Ärzten, Anwälten etc. Die, deren Fachgebiet es ist. Wir haben verlernt, uns selbst zu vertrauen. In meiner Praxis gab es Menschen, die wollten von mir, dass ich sie wieder aufstellte, wenn sie am Boden lagen. Dabei lernen sie aber nicht, wie sie selbst aufstehen können. Ich bin meiner Wahrheit gefolgt und habe diese Menschen losgelassen, die erwarteten, dass ich für sie umsetzte. Das ist nicht möglich. Heilung passiert nie von außen, sondern immer in dir oder deinem Kind. Ich kann die Menschen begleiten und hinführen zu ihren Ursachen. Wir finden gemeinsam Wege, wie wir sie umsetzen können. Ich begleite intensiv bei der Umsetzung. Ich bin immer da und halte den Raum. Ich glaube an diese Menschen, bis sie es selbst wieder können. Aber ich nehme ihnen ihre Verantwortung nicht mehr ab. Umsetzen müssen, nein, dürfen sie selbst.

Es gibt so viele Menschen, die abhängig sind von Therapeuten. Das wollte ich nicht. Das ist nicht meine Wahrheit. Einige Menschen aus meiner Praxis sind geblieben. Sie haben sich committet. Sie haben Ja gesagt zu sich selbst. Ja zu ihrer Heilung. Ja dazu, als Vorbild für ihre Kinder vorauszugehen. Ja dazu, sich die (ihre) Verantwortung wieder zurückzuholen. Das war der Beginn, durch den sie sich Großartiges ermöglicht haben.

Die Verantwortung vollumfänglich zu dir zurückzunehmen heißt auch, deine Macht zurückzuholen zu dir.

■ 5.

Der fünfte Grund, warum Therapien meist nicht langfristig die gewünschten Erfolge bringen können, ist der, dass Therapeuten mit deinem Kind einmal pro Woche für 45 bis 60 Minuten arbeiten und dein Kind und du dann wieder sechs Tage jede Woche allein mit euren Themen seid. Ich habe das am Anfang, als ich auf Elterncoaching umgestellt habe, mit den Frauen, die in meine Praxis kamen, erlebt. Wir sahen uns wöchentlich und sie gingen mit richtig hoher Energie, mit Zuversicht und Stärke aus dieser Praxisstunde heraus in ihren Alltag. Am nächsten und übernächsten Tag hielt die Wirkung an. Sie schafften es, ruhig und in ihrer Mitte zu bleiben, egal wie sehr der Sturm zu Hause tobte. Doch dann, meist am dritten Tag – du kennst es vielleicht von deinen Neujahrsvorsätzen – sind sie mit ihrer Energie wieder in den Keller gerutscht. Ihr Alltag hat sie eingeholt und es kam der Rückfall in ihre alten Muster. Seitdem habe ich alle Begleitungen auf online umgestellt. Dort haben wir Räume, in denen ich vor allem in den ersten Wochen sehr stark präsent bin. Täglich. So, wie es gebraucht wird. Wo ich sofort merke, wenn eine Frau abrutscht und ihre Gedanken und Gefühle von den äußeren Umständen, wie z.B. der Laune ihres Kindes oder Partners abhängig macht. Unsere nicht dienlichen Glaubenssätze im Unterbewusstsein haben wir irgendwann einmal übernommen und zu unserer Wahrheit gemacht. Jedes Mal zum Beispiel, wenn du in deinem Leben das Gefühl hattest, nicht genug zu sein, wurde der schmale Trampelpfad in deinem neuronalen Netzwerk in deinem Gehirn breiter, bis er über die Jahre und Jahrzehnte, seitdem du diesen Satz mit dir herumträgst, zu einer breiten, sechsspurigen Autobahn geworden ist. Um diese alten, eingefahrenen, breitgetretenen Glaubenssätze und Muster zu überschreiben, braucht es ca. vier bis sechs Wochen intensives Training. Vergleichbar mit dem Muskel, den du durch Sport und körperliche Betätigung trainierst. Wenn du da am Beginn nicht dranbleibst, wirst du keine Veränderung erkennen. Diese Muster sind so stark, dass es sehr viel leichter geht, wenn du jemanden an deiner Seite hast, der dir sofort aufzeigt, wenn du wieder hineinrutschst. Du lernst dich dabei selbst in rasantem Tempo immer besser kennen. Du spürst wieder, wo du über deine Grenzen gegangen bist und wo du deine Bedürfnisse ignoriert hast. Das wird aber jede Woche leichter und leichter und die ersten Erfolge sind schon nach ein bis zwei Wochen sichtbar. Das war früher in meinen Therapiesitzungen, die einmal pro Woche stattfanden, nicht möglich.

Ratschläge bringen dich nicht ans Ziel

Du wünschst dir vielleicht sehr, bei deinem Kind anders reagieren zu können, als deine eigenen Eltern bei dir reagiert haben. Es war damals aber auch ihre beste Option. Sie wussten es nicht besser und haben ebenfalls übernommen, was sie von ihren eigenen Eltern erfahren haben. Deshalb ist es so wichtig, dass wir diese Kette heute durchbrechen. Damit unsere Herzen heilen und die unserer Kinder erst gar nicht so viel Schmerz spüren müssen, wie du ihn vielleicht in deiner Kindheit gespürt hast. Das Problem ist, dass wir dazu neigen, ständig nach Tipps und Ratschlägen zu suchen. Es gibt diesen Spruch: „Ratschläge sind auch nur Schläge!"

Das heißt konkret für dich, dass weder Tipps noch Ratschläge dir helfen, eure Themen, Diagnosen und Beziehungsmuster zu durchbrechen.

Wenn du bereits ganz viele verschiedene Meinungen, Ratschläge und Tipps ausprobiert hast, dann weißt du das schon. Nichts an dir ist falsch, nur weil sie für euch nicht funktioniert haben. Jede Situation ist anders. Was der Familie Maier hilft, ist nicht automatisch auch das Passende für euch. Du und deine Familie führen ein komplett anderes Leben als Familie Maier. Ihr habt ein anderes Umfeld. Andere Umstände. Andere Bedürfnisse. Du darfst hier lernen, hinter die Symptome zu schauen. Ratschläge sind sogar kontraproduktiv, denn sie füttern genau deine unbewussten Glaubensautobahnen von „Ich habe es wieder nicht hinbekommen!", „Es funktioniert eh wieder nur bei allen anderen, aber nicht für uns!" oder „Toll, ich geb's auf, nichts hilft uns wirklich!". Wenn ich dir an dieser Stelle etwas mitgeben darf: Suche dir bitte nur Unterstützung von Menschen, die schon dort sind, wo du hin willst! Die schon erreicht haben, was du erreichen willst. Die schon jene Erfolge haben, die du auch für euch haben willst. Denn nur das bringt dich wirklich weiter. Es gibt Menschen, die sind vor dir schon den Weg gegangen, den du gehen willst. Sie haben Umwege gemacht, ausprobiert, optimiert, all ihre Erfahrungen füllen ihre Schatzkiste. Diese Menschen sind die Abkürzung für dich. Die Umwege und Erfahrungen, die sie auf ihrem Weg gemacht haben, kannst du dir heute ersparen. Du brauchst sie nicht nochmal zu machen. Ebenso hast du vielleicht schon die Erfahrung gemacht, dass Fachvorträge, die du dir angehört hast, dir nichts weiter gebracht haben als noch mehr zusätzliches Wissen, das du nun in deinem Kopf abgespeichert hast. Du weißt schon so viel. Es ist nicht der Mangel an Wissen, sondern der Mangel an Umsetzung und einer Begleitung, der dich nicht ans Ziel kommen lässt. Und in meiner Praxis erlebe ich auch täglich, dass wir tatsächlich sehr vieles verlernen müssen, was uns nicht mehr dienlich ist für unser Glück!

Fragebogen: Deine ersten (Selbst-)Erkenntnisse

Bevor wir im nächsten Kapitel die Grundlagen für dich aufbauen, die du benötigst, um schon bald erste nachhaltige Erfolge für euch zu erreichen und damit du der SymptomFREIheit und eurer wunderschönsten Familienbeziehung einen großen Schritt näher kommen kannst, möchte ich dich bitten, dir ein bisschen Zeit und Ruhe zu nehmen für dich selbst. Auch, wenn es gerade turbulent bei dir zu Hause zugeht, ist es wichtig, dass du dir immer wieder ein paar Momente Auszeit für dich gönnst. Das ist die Wertschätzung, die du dir selbst gibst. In dieser Zeit kannst du dir einen Zettel und einen Stift zur Hand nehmen und dir selbst mal einen Überblick verschaffen über euren Ist-Zustand. Ich werde dir auf den nachfolgenden Seiten ein paar Fragen stellen, die für dich sehr wichtig sind, um dir einen übersichtlichen Blick über eure Lage in absolut ehrlicher Klarheit zu verschaffen.

- Was ist die größte Herausforderung für dich/euch im Moment?
- Seit wann besteht dieses Thema?
- Was hast du schon alles probiert, um dieses Thema für euch zu lösen?
- Wenn du eine Skala hast von eins (gar nicht schlimm) bis zehn (richtig schlimm), welche Zahl würdest du dem Ausmaß dieses Themas geben?
- Welche Symptome zeigt dein Kind auf?

- Nimmt dein Kind Medikamente? Ja/Nein
- Sind Nahrungsmittelunverträglichkeiten bei deinem Kind bekannt? Ja/Nein
- Auf welche Lebensbereiche hat diese Diagnose/ dieses Thema Auswirkungen?
  - Auf die Gesundheit deines Kindes? Ja/Nein
  - Auf deine eigene Gesundheit? Ja/Nein
  - Auf euren nächtlichen Schlaf? Ja/Nein
  - Auf deine Beziehung zu deinem Kind? Ja/Nein
  - Auf deine Partnerschaft? Ja/Nein
  - Auf die Beziehung unter den Geschwistern? Ja/Nein
  - Auf euer soziales Umfeld? Ja/Nein
  - Auf eure finanzielle Situation? (Kannst du z. B. weniger arbeiten, weil du öfter dein Kind vorzeitig aus der Schule abholen musst oder du hohe Ausgaben für Therapien hast?) Ja/Nein
- Auf einer Skala von eins (gar nicht) bis zehn (unbedingt): Wenn alles möglich wäre, wie sehr bist du bereit, dieses Thema und eure Situation jetzt zu verändern?
- Wie hoch ist der Schmerz über diese Situation wirklich für dich, wenn du dir jetzt erlaubst, dich nicht mehr länger damit abzufinden?

Diese Fragen sind nicht dazu da, um dich zu beschäftigen. Sie sind wirklich wichtig für dich, um mit all deiner Ehrlichkeit dir selbst absolut klar darüber zu werden, dass du jetzt Veränderung willst und bereit bist, die nächsten Schritte zu gehen.

Klartext von mir: *Willst* du nur oder bist du tatsächlich *bereit*, den Weg zu gehen und umzusetzen?

Wir erweitern die Fragen und beziehen dich noch mehr mit ein. Bitte sei ehrlich zu dir selbst. Ich erkläre dir anschließend, weshalb diese Fragen für dich wichtig zu beantworten sind und was sie mit deinem Kind und eurer Situation zu tun haben.

- Auf einer Skala von eins (gar nicht) bis zehn (richtig stark ausgeprägt): Wie stark ist dein Selbstbewusstsein? Bitte beantworte die Frage ganz spontan aus deinem Bauchgefühl heraus, ohne lange darüber nachzudenken.
- Auf einer Skala von eins (gar nicht) bis zehn (richtig gut): Welche Ziffer vergibst du deiner Partnerschaft?
- Wie wären dein und euer Leben ohne diese herausfordernde Situation?
- Was hat dich/euch bisher davon abgehalten, diese Situation für euch zu lösen?
- Was sind deine Ziele für all deine Lebensbereiche:
  - für die Symptome deines Kindes und evtl. auch deine eigenen?
  - für die Beziehung zu dir selbst? Zeit für dich?
  - für dein Familienleben/für die Beziehung zu deinen Kindern?
  - für deine Partnerschaft?
  - für eure Gesundheit?
  - für eure Freizeit?
  - für deine berufliche Perspektive?
  - für eure Finanzen?
  - für euer soziales Umfeld?

Oftmals wissen wir zwar, was wir nicht bzw. nicht *mehr* haben wollen in unserem Leben, aber das reicht nicht aus. Um Ziele zu erreichen und Erfolge zu feiern, müssen wir vorab genau definieren, was unsere Ziele sind.

Du hast es gleich geschafft. Ein paar Fragen noch:

- *Deine* Kindheit ganz kurz auf den Punkt gebracht: Durftest du wütend sein oder wurdest du bestraft dafür? Warst du ein Kind, das gekämpft hat für das, was es wollte, oder warst du ein liebes, nettes und angepasstes Mädchen?

- Was antwortest du deiner besten Freundin, wenn sie dich heute Abend um 19 Uhr anruft, du schon ziemlich erschöpft vom Tag bist und froh, wenn du bald noch ein paar Minuten auf deinem Sofa entspannen kannst – und sie dich bittet, für sie, weil sie morgen Geburtstag hat und es nicht mehr rechtzeitig schafft, einen Rührkuchen zu backen? Stell dir vor, dass du alle Zutaten zu Hause hast. Erfüllst du ihren Wunsch? Sagst du ja zu ihr, obwohl du echt deine Ruhe bräuchtest, oder sagst du nein, weil das deine Wahrheit ist?
- Stell dir vor, du nimmst zwei Eier aus deinem Kühlschrank, die du zum Backen brauchst. Auf dem Weg vom Kühlschrank zur Rührschüssel fallen dir diese beiden Eier auf den Boden und vor dir entsteht eine Riesensauerei. Wie sprichst du über dich selbst? Sagst du dir, das kann ja mal passieren, ist doch schnell aufgewischt, oder schimpfst du über dich selbst, dass dir das passiert ist?

Letzte Frage für dich:

- Stell dir vor, es ist Samstag an einem spätsommerlichen Wochenende. Du hast dir vorgenommen, die anfallende Gartenarbeit zu erledigen. Dafür hast du zwei Stunden kalkuliert. Es dauert länger, du bräuchtest noch eine Stunde, bis du fertig bist. Nach zwei Stunden fängt dein Rücken an zu schmerzen und gibt dir das Signal, aufzuhören. Was machst du? Machst du die eine Stunde auch noch fertig oder beendest du deine Arbeit nach zwei-Stunden, ruhst dich aus und schonst deinen Rücken?

Bravo! Jetzt hast du schon ziemlich viel Klarheit darüber bekommen, wo du/ihr genau steht. Das hast du prima gemacht! Bitte bewahre diesen Zettel mit deinen Antworten auf, den brauchen wir später noch einmal.

Ich habe dir versprochen, dass ich dich darüber aufkläre, warum ich dir so viele Fragen über dich gestellt habe. Unsere Kinder sind unsere Spiegel. Wenn wir hinschauen, was sie uns mit ihrem Verhalten zeigen, kommen wir an unseren tiefsten innersten Kern.

Was dein Selbstbewusstsein mit deinem Kind zu tun hat

Nehmen wir an, dein Kind behandelt dich immer wieder respektlos und geht über deine Grenzen, dann hilft es hier nicht, dir mögliche Strafen zu überlegen, sondern – du hast gerade gelernt, dein Kind ist dein Spiegel – es ist Zeit, hinzuschauen, wo du dich selbst nicht respektierst, in welchem Bereich dein Selbstwertgefühl bisher noch nicht hoch genug war, um für dich einzustehen und dir z. B. in Ruhe ein Wannenbad zu gönnen, ohne dass deine Familie ins Badezimmer kommt. Dieser Spiegel zeigt an, ob du dich aufopferst für alle anderen oder ob du es dir Wert bist, Ja zu dir selbst zu sagen.

Dein Partner – sofern du in einer Beziehung lebst – gehört auch zu den Menschen, mit denen du am engsten Kontakt hast. Auch er ist dein Spiegel. Falls du in deiner Partnerschaft meistens diejenige bist, die immer gibt, und er derjenige, der immer nimmt, dann solltest du keine voreiligen Schlüsse ziehen und über eine Trennung nachdenken. Er zeigt dir als dein Spiegel an, ob du nur gibst oder dir auch erlaubst zu nehmen. Ob ihr auf Augenhöhe kommuniziert oder du die Opferhaltung eingenommen hast. Menschen, die dich triggern, sind eine Einladung für dich, genauer hinzuschauen. Mehr zur Partnerschaft findest du dann später noch in Kapitel 8.

Was passiert, wenn du Ja sagst zum Außen, obwohl du eigentlich Nein meinst

Schau mal, wenn du für deine Freundin den Kuchen backst, obwohl dein Körper dir signalisiert, dass du Ruhe brauchst, dann sagst du indirekt Nein zu dir und deinen Bedürfnissen. Wenn du die Gartenarbeit fertig machst, obwohl dein Rücken dir klare Zeichen gibt, dann sagst du in Wahrheit auch Nein zu dir und deinen Bedürfnissen. Und jetzt schließen wir den Kreis. Wenn dein Kind im Supermarkt nicht auf dein Nein hört und die dritte Tüte Gummibärchen in den Einkaufswagen lädt, dann nicht, weil dein Kind unerzogen ist oder du dir einen Tyrannen erschaffen hast, sondern, weil dein Kind im Vorfeld schon mehrfach gelernt hat, dass deine Bedürfnisse scheinbar nicht wichtig sind, dass dein Nein nichts zählt, weil du selbst nicht auf dein eigenes Nein hörst! Es sind unsere Taten und unsere Wahrheit, nicht unsere Worte, die bei unseren Kindern ankommen.

Jetzt erntest du die Blicke und Sprüche der Menschen, die sich um dein Kind und dich ansammeln. Und wenn jetzt Sätze fallen wie „Das Kind tanzt seiner Mama aber gewaltig auf der Nase herum!", dann ist das die Wahrnehmung von Menschen, die nichts wissen über dein Kind und dich. Solche Sprüche kommen von Menschen aus unserer vorigen Generation, die noch gelernt hat, dass Kinder bestraft werden müssen für ihr Verhalten. Das ist *deren* Wahrheit, denn genau so haben sie es meist selbst erfahren. Das ist ihr alter Schmerz, den sie spüren, und sie haben nicht gelernt, dass es andere Möglichkeiten gibt, mit Kindern entspannt zu leben. Früher, bis in unsere Generation hinein, konnte man Kinder mit Konsequenzen und Strafen kleinhalten. Autoritäre Familienverhältnisse waren an der Tagesordnung. Die Chance ist groß, dass du das auch erfahren hast in deiner Kindheit. Ich erinnere mich noch sehr gut an die Sprüche bei uns zu Hause, als ich noch klein war: „Solange du deine Füße unter meinen Tisch stellst…!" oder „Es wird gegessen, was auf den Tisch kommt!" oder „Wenn du deine Hausaufgaben nicht machst, dann bekommst du Fernsehverbot!" Du kannst hier beliebig ergänzen um das, was du noch in Erinnerung hast. Aus Angst vor den Strafen haben die allermeisten Kinder damals kooperiert. Sie haben sich angepasst. Sie haben aufgegessen, auch wenn ihnen das Essen nicht schmeckte. Ihr Entscheidungsspielraum bezüglich ihrer eigenen Bedürfnisse war recht gering.

Doch die Zeiten haben sich geändert. Heute sind wir nicht mehr so streng zu unseren Kindern. Wir geben ihnen mehr Freiräume, wollen nicht mehr so viel schimpfen und ein Großteil der Eltern hat aufgehört, seine Kinder zu angepassten Marionetten zu machen. Unsere Kinder trauen sich heute meistens, uns unsere Themen zu spiegeln. Sie stellen sich als Projektionsfläche zur Verfügung und triggern unsere wunden Punkte. Sie nehmen in Kauf, in diesen Momenten nicht geliebt zu werden von ihren Eltern. Sie fordern uns auf, hinzuschauen und ihre Botschaft zu entschlüsseln. Da die Generation unserer Kinder heute nicht mehr so eine große Unterdrückung erfährt wie unsere eigene Generation und die unserer Eltern und Großeltern, sind folglich auch die Zahlen der Diagnosen und Auffälligkeiten enorm angestiegen.[7] Gleichzeitig sind Eltern, vor allem Mütter, aufgrund ihrer Mehrfachbelastung mit Haushalt, Kindern und Job, heute sehr großem Stress ausgesetzt. Meine Erfahrung aus meiner Praxis zeigt, dass über 95 Prozent der Mütter in meinen Coaching-Räumen, sowohl online als auch offline, jahrzehntelang über ihre eigenen Grenzen gegangen sind und ihre Bedürfnisse hinten angestellt oder auch komplett vernachlässigt haben. So haben sie es gelernt. Es erfordert von uns als Eltern heute eine andere Herangehensweise. Wenn wir das verstehen, dann kann genau dieser Punkt, an dem ihr jetzt gerade als Familien steht, zu einem Wendepunkt und zu eurem größten Geschenk werden. Kannst du dir erlauben, das mal für dich zu fühlen? Was wäre, wenn dein „auffälliges" Kind zu dir/euch gekommen ist, um euch zu befreien, und du dich einlässt, Stück für Stück das Geschenk darin zu erkennen? Dann wirst du verstehen, warum eure bisherigen Lösungsversuche nicht zum Erfolg geführt haben.

---

7 Vgl. https://www.bptk.de/fast-20-prozent-erkranken-an-einer-psychischen-stoerung/

Es ist an der Zeit, zu *ver*lernen

Würden sich die Symptome deines Kindes – und eventuell auch deine eigenen – einfach so unterdrücken und bekämpfen lassen, dann würden die Ursachen dahinter weiter bestehen bleiben. Es würden neue Symptome sichtbar werden oder die alten, kurzfristig verschwundenen Symptome wieder aufpoppen. So lange, bis wir die Botschaft der Symptome und des Verhaltens unseres Kindes entschlüsselt haben.

Kannst du dich an die Zeit erinnern, als du ein kleines Mädchen warst? Wann hast du gelernt, „zu viel" zu sein? Zu laut? Zu wild? Zu unangepasst? Wo hast du gelernt, dass du zu viel fragst? Zu viel liebst? Zu viel Platz einnimmst? Dich nicht an die erste Stelle stellen sollst, sondern anderen den Vortritt lassen sollst? Zu groß bist? Oder zu klein? Zu dick oder zu dünn? All das hast du in deiner Kindheit gelernt.

Ich möchte nochmal ausdrücklich darauf hinweisen, dass nichts an deinem Kind oder dir falsch ist! Egal, was du jemals gehört hast und wer dir etwas anderes erzählt hat – es ist eine Lüge! Ebenso wie auch Medikamente nur die Symptome unterdrücken. Wenn du das anders sehen würdest, würdest du ja jetzt nicht dieses Buch lesen und nach anderen Wegen fragen. Lass dir deine Wahrheit von niemandem nehmen! Surfe auf deiner eigenen Welle und stell dich nicht in den Windschatten anderer Menschen! Stelle Fragen! Liebe! Öffne dein Herz, so als könntest du niemals verletzt werden! Sprich deine Wahrheit! Nimm kein Blatt vor den Mund! Erhebe deine Stimme! Stehe für dich und deine Kinder ein! Egal, was sie dir gesagt haben: Du kannst mit deinem Licht niemanden blenden, wenn du hell scheinst!

Wir haben in der Schule so vieles gelernt. Manches davon brauchen wir heute in unserem Alltag und Beruf, einiges haben wir für unsere Allgemeinbildung gelernt, das wir aber heute kaum bis gar nicht mehr abrufen können oder müssen. Was wir aber *nicht* gelernt haben und was meiner Meinung nach wichtige Schulfächer sein müssten, ist Folgendes: Wie funktionieren Beziehungen? Wie fördert man seine Gesundheit, anstatt Krankheit zu bekämpfen? Und wie kann man finanziell frei leben? All das habe ich mir erst die letzten Jahre aus vielen verschiedenen Quellen angeeignet und gebe dieses Wissen und diese Erfahrungsschätze heute über viele verschiedene Kanäle weiter. Und ich bin sehr berührt davon, dich hier teilhaben zu lassen und dich mitzunehmen, damit auch du deine Erfahrungsschatzkiste füllst und lernst, was deine nächsten Schritte in die SymptomFREIheit und dein liebevollstes Familienleben sind.

Hier kommt meine Extraportion Liebe für dich:

Ich weiß, es ist nicht immer leicht, auf diese Themen zu schauen, aber ich kann dir aus meiner persönlichen Erfahrung sagen: Es ist leichter, einmal hinzuschauen, diese Erkenntnisse zu bekommen und umzusetzen, was ich dir in diesem Buch mitgebe, als weiter an der Oberfläche zu therapieren und das Drama in eurer Familie noch länger zu ertragen. Du bist so stark und hast schon so lange gekämpft. Du hast es so sehr verdient, dass es jetzt endlich für euch leichter wird.

Wenn deine Augen keinen Weg mehr sehen, dann schließe sie und folge deinem Herzen. Das hat schon geschlagen, bevor du denken konntest.

In Wahrheit schaffst du so viel mehr, als du dir heute zutraust. Aber jetzt nicht mehr im Kampf gegen das, was du verändern willst, sondern jeden Tag ein bisschen mehr aus Wertschätzung und dem Ja zu dir!

Ich sehe es als meine Aufgabe, dir zu zeigen, dass auch du das schaffen kannst und dich und deine Familie aus eurer Situation endgültig befreist!

Kapitel 2

Theoretische Grundlagen als Fundament für die SymptomFREIheit in deiner Familie

Die Gesetze des Lebens

Den Fehler, den ich immer wieder bei den meisten Eltern beobachte, ist der, dass sie genau dort, wo sie gerade stehen mit ihrer Situation, beginnen, für Veränderung zu sorgen. So auch Sarah, Mutter von drei Kindern, die in meine Praxis kam mit ihrer Tochter, die mit Lese-Rechtschreib-Schwäche (LRS) die dritte Klasse besuchte. Sarah meinte es gut und wollte ihr Kind unterstützen, damit es Fortschritte macht. Sie nahm das Lesebuch der dritten Klasse und setzte sich mit ihrer Tochter hin zum Lesen. Lerntherapeutisch ist das nicht nur *nicht* sinnvoll, sondern kontraproduktiv. Lass es mich dir erklären. Stell dir vor, Klasse eins bis zehn sind wie der Bau eines zehnstöckigen Hochhauses. Übt sie mit ihrem Kind den Stoff der dritten Klasse, so festigt sie beim Hochhaus die dritte Etage. Wiederholt sie mit ihrem Kind den Stoff der zweite Klasse, dann festigt bzw. verschönert und stabilisiert sie das zweite Stockwerk. Das nützt nichts, wenn das Fundament – der Keller – auf lockerem Boden steht und einzustürzen droht. Ebenso müssen wir bei der Behandlung einer LRS damit beginnen, die Vorläuferfähigkeiten fürs Lesen und Schreiben – im konkreten Beispiel Vorschulaufgaben, mit denen die Grundsteine für das spätere Lesen und Schreiben gelegt werden – zu festigen.

Beim Hausbau wäre das vergleichbar mit dem Fundament. Sinnbildlich für ihre eigene Entwicklung schaue ich mir mit meinen Klienten und Klientinnen ihr Fundament an. So ist es jetzt an der Zeit, dich mit den theoretischen Grundlagen vertraut zu machen, mit denen du – sobald du sie umsetzt und praktisch anwendest – neue, gewünschte Ergebnisse kreierst.

Spätestens, wenn wir beginnen, uns mit Persönlichkeitsentwicklung zu beschäftigen, was meiner Erfahrung nach die Voraussetzung für eine nachhaltige SymptomFREIheit und ein liebevolles Miteinander in unseren Familien ist, stoßen wir auf die Gesetze des Lebens, sie werden auch „universelle Gesetze" genannt. Sie sind schon uralt, aber leider den allermeisten Menschen noch unbekannt. Meine Klienten und Klientinnen lernen zu verstehen, was die Gesetze des Lebens sind und wie sie sie praktisch anwenden können, um sich damit die Ereignisse in ihr Leben zu holen, die sie auch wirklich wollen. Bei mir selbst gab es hier richtig große Aha-Momente, ich behaupte, sie praktisch anwenden zu können, war mein Shift in meinem Leben. Ich habe so viele Aus- und Weiterbildungen gemacht im Bereich Gesundheit, aber mein Leben hat sich trotzdem schwer angefühlt. Immer wieder stieß ich im Außen auf Situationen, die sich wie Steine angefühlt haben, die mir in den Weg gelegt wurden. Bis ich begriff, dass ich mit meinen Glaubensmustern diese Steine selbst erschaffen hatte. Es war kein Zufall, dass sie dort lagen. Manchmal fühlten sie sich sogar unangenehm an – wie stinkende Misthaufen. Durch die Gesetze des Lebens konnte ich den wertvollsten Dünger aus ihnen machen, um damit das erblühen zu lassen, was ich wirklich in meinem Leben haben und erfahren wollte. Sie sind das Einmaleins des Menschen und der Natur und machen sichtbar, wie diese ticken. Sie sind absolut logisch, aber da wir sie bisher nie gelehrt bekommen haben, mögen sie vielleicht komplex wirken. Ich habe mein Wissen von meinen Lehrern bekommen. Im „Kybalion", einem bereits 1908 in Chicago erschienenen Buch, sind die großen universellen Weisheiten durch William Walker Atkinson niedergeschrieben und veröffentlicht.

Das oberste Prinzip – und es kann sein, dass da bei dir jetzt Widerstand kommt – ist: Wir sind für die Umstände um uns herum selbst verantwortlich! Du für deine, ich für meine, jeder für seine. Dort, wo wir vielleicht im ersten Moment erstmal Ablehnung spüren, liegt gleichzeitig aber auch eine riesengroße Macht, die jeder Einzelne von uns hat. Die Macht, unsere Umstände selbst zu verändern und neu zu erschaffen.

> *Nehmen wir unsere Macht zu uns, dann sind wir nicht länger Opfer der äußeren Umstände, sondern werden zu Schöpfern in unserem Leben.*

Um die Ergebnisse im Außen zu verändern, müssen wir verstehen, wie Realität funktioniert. Erst, wenn wir die Spielregeln des Lebens kennen, können wir sie *für* uns nutzen. Diese Spielregeln des Lebens, die ich dir auf den folgenden Seiten vorstellen und zu denen ich dich hinführen werde, wirken unabhängig davon, ob wir sie kennen oder nicht, ob wir sie verstehen oder nicht und ob wir an sie glauben oder nicht. Dass ein Apfel, wenn er vom Baum fällt, nach unten und nicht nach oben fällt, dass wussten wir schon, bevor wir das Erdanziehungsgesetz kannten.

Die Gesetze des Lebens beeinflussen unser Leben täglich. Dein Erfolg für dein harmonisches Familienleben und für die SymptomFREIheit und das Verhalten deiner Kinder beginnt bereits, wenn du sie verstehst – und sobald du beginnst, sie bewusst umzusetzen. Sie lehren uns, wie unser Geist ausgerichtet werden kann, sodass wir unsere Gedanken, unsere Gefühle und unsere Realität beeinflussen können.

Aus meiner Erfahrung weiß ich, dass der, der jammert und über seine Realität im Außen klagt, zeigt, dass er die geistigen Gesetze noch nicht kennt. Auch ich habe erst im Alter von damals 26 Jahren den Zugang zu ihnen gefunden. Im Leben gibt es keine Zufälle. Niemand außer uns selbst ist für unser Schicksal verantwortlich. Folglich kann uns niemand von unserem Glück abhalten, es sei denn, wir lassen es zu. Wenn wir einsehen, dass wir der Verursacher unserer Umstände sind, dann wird klar, wie wichtig es ist, dass wir 100 Prozent Verantwortung für uns übernehmen bzw. sie wieder ganz zurückholen von dort, wo wir sie abgegeben haben. Solange wir andere Menschen beschuldigen, uns unrecht getan zu haben, geben wir die Verantwortung ab. Das mag manchmal vielleicht auf den ersten Blick bequemer erscheinen, hat aber die Konsequenz, dass wir abhängig sind vom Verhalten unseres Gegenübers. Ändert sich dieser jetzt nicht, bleiben wir in der Opferrolle stecken.

Natürlich sind wir nicht für jedes Ereignis verantwortlich, das in unserem Leben geschieht, aber wir können entscheiden, wie wir das Ereignis bewerten, wie wir damit umgehen und welchen Einfluss es auf uns und unser Leben hat.

Schauen wir uns das in folgendem Beispiel an: Eine Mama wird von der Schule ihres Kindes angerufen und gebeten, ihr Kind zum wiederholten Male wegen auffälligen Verhaltens im Unterricht vorzeitig abzuholen. Diese Mama hat im Außen die geschilderte Situation. Daraufhin beginnt sie, sich Gedanken zu machen. Negative Gedanken. Sie fängt an, an sich selbst zu zweifeln. Was hat sie falsch gemacht? Warum funktioniert das mit ihrem Kind in der Schule nicht so wie bei den anderen Kindern? Sie hat gelernt, die Fehler bei sich zu suchen. Die Situation im Außen bestimmt, wie sie sich fühlt und was sie denkt. Oftmals entscheiden sich Mamas mit solchen Situationen unbewusst, durch diese Situation in einen Mangelzustand zu fallen. Wir haben nicht gelernt, dass wir die Wahl haben, wie wir damit umgehen – und wir haben noch nicht erfahren, dass genau diese Mangelgedanken auch in der Zukunft solche unangenehmen Situationen erschaffen. Das gilt es, jetzt zu ändern.

Um die Gesetze des Lebens zu verstehen, ist es notwendig, dass wir uns damit beschäftigen. Dass wir uns öffnen für neues Wissen, das in Wahrheit schon ganz altes Wissen ist, zu dem wir aber bisher keinen Zugang hatten. Das Ergebnis, mit dem uns diese Gesetze belohnen, wenn wir gelernt haben, wie wir sie *für* uns nutzen, ist gigantisch. Es kann dein Leben verändern und jeden Mangel durch Fülle ersetzen. Beginnen wir mit dem ersten Gesetz.

Das Gesetz der Geistigkeit

Ganz kurz zusammengefasst bedeutet das: Alles an Materie entsteht aus dem Geistigen. Stelle dir einen Ingenieur vor. Jede Maschine, die er konstruiert und die daraufhin gefertigt und verkauft wird, entstand aus einer Idee, einem Gedanken. Diese Maschine gibt es nur, weil zuvor ein Ingenieur in seinem Geist diese Idee hatte, die er umgesetzt hat. Übertragen auf dich und deine Situation mit deinem Kind bedeutet das, dass jedes Symptom und jedes Verhalten durch einen oder mehrere Gedanken entstanden ist. Symptome sind Botschaften des Körpers. Sie machen mithilfe von Materie – in diesem Fall unserem Körper – unsere unsichtbaren Gedanken sichtbar. Sie bringen die in unserem Geist entstandenen Gedanken zum Vorschein. Wir neigen dazu, Symptome weghaben zu wollen, solange wir noch nicht erkennen, dass sie uns eine wichtige Botschaft verkünden – denn dazu sind sie entstanden. Allem, was wir erschaffen, geht ein Gedanke voraus. Damit bin ich nicht allein. Viele meiner Kollegen, wie z. B. der Sachbuchautor Rüdiger Dahlke oder einer meiner Mentoren, Kurt Tepperwein, Heilpraktiker und Vorreiter in der heutigen Bewusstseinsentwicklung, haben erkannt, dass Krankheiten Botschaften für uns haben. Wie ihre Symptome das sichtbar gemacht haben, was zuvor in Gedanken entstanden ist. Das ist die Grundlage für alle weiteren Lebensgesetze. Jede Materie besteht aus Atomen. Wir wissen aus der Physik, dass zwischen Zellkern und Hülle leerer Raum ist, in dem sich die Teilchen frei bewegen. Energie wird freigesetzt. Masse kann in Energie umgewandelt werden und umgekehrt auch Energie in Masse. Quantenphysik hat belegt, dass unser Bewusstsein Energien beeinflussen kann. Wir manifestieren in unserem Leben das, was unsere tiefsten inneren Überzeugungen sind. Ein Beispiel: Wenn wir unserer Freundin erzählen, die Beziehung zu unserem Partner sei schwierig, dann wird sich das immer weiter im Außen so bestätigen. Er wird sich komisch verhalten und genau diese Überzeugung wiederholt bejahen. Fazit ist: Unser Bewusstsein kann Materie erschaffen. Unser Geist kann Krankheit oder Heilung bzw. Gesundheit erschaffen. Unsere Seele weiß von dieser wahren Identität. Das ist höchste Schöpferkraft, die wir sind in der Wahrheit. Unser Bewusstsein – eine Etage tiefer – glaubt oder glaubt nicht. Ob wir an unsere Kraft glauben oder daran, nicht genug zu sein, ist grundsätzlich der freie Wille jedes einzelnen Menschen. Im Vergleich zu unserer Seele ist unser Bewusstsein begrenzt, damit wir hier in unserer polaren Welt, in diesem Leben, bestimmte Erfahrungen machen können. Wir haben vergessen, wer wir eigentlich sind. Wir leben in einer Illusion des Getrenntseins, doch in Wahrheit sind wir alle Teil des großen, gesamten Universums. Da wir als Mensch nicht mehr wissen, dass wir aus der Einheit kommen, brauchen wir unseren Glauben. Dieser ist ein sehr mächtiger Teil. Schon in der Bibel steht geschrieben: „Der Glaube versetzt Berge! Alle Dinge sind möglich dem, der glaubt!“

Hinter all dem steckt der Schlüssel zu unserer Macht, nämlich unserer Schöpferkraft. Wir sind eingeladen, uns unserer wahren Identität wieder bewusst zu werden und diese bewusst einzusetzen.

Fassen wir zusammen:

Alles, was du glaubst, ist wahr!

Nicht das, was wir wollen, geschieht, sondern das,
was wir glauben.

Dies verdeutlicht uns z. B. der Placebo-Effekt. So erzielten bei Medikamentenstudien beide Gruppen mit und ohne Medikamente dieselben Ergebnisse, nur weil die Kontrollgruppe mit dem Placebo daran glaubte den Wirkstoff eingenommen zu haben.

Für dich bedeutet das konkret:

Du bist der Schöpfer bzw. die Schöpferin deiner Lebenssituation. Du hast sie geschaffen, also kannst auch du sie verändern. Wir erschaffen ständig, doch zum Großteil unbewusst.

Die Grenzen deiner Macht – ob du deine Situation verändern kannst oder nicht – existieren nur in deinem Kopf. Deine Aufgabe ist es, dir deiner unbewussten Glaubenssätze bewusst zu werden. Um deine Schöpferkraft bewusst und positiv einzusetzen, musst du lernen, deine Gedanken zu beherrschen. Dabei unterstütze ich dich in den nachfolgenden Kapiteln.

Das Gesetz der Analogie

Durch die Beobachtung von dem, was du im Außen (Materie) erkennst, lassen sich deine Gedanken (Geist) ableiten. Somit können verborgene Zusammenhänge sichtbar gemacht und erkannt werden. Wie oben – so unten. Wie im Kleinen – so im Großen. Wie im Innen – so im Außen. Wie im Bekannten – so im Unbekannten. Wie im Sichtbaren – so im Unsichtbaren. 98 Prozent unserer täglichen Gedanken sind unbewusst. Sie laufen wie ein sich ständig wiederholendes Tonband in unserem Unterbewusstsein ab. Nur zwei Prozent von dem, was du den ganzen Tag denkst, ist bewusst. Symptome und Verhaltensauffälligkeiten sind der im Körper sichtbar gemachte Teil vom Unsichtbaren, von unseren meist unbewussten Gedanken und Gefühlen. Wir dürfen lernen, von dem sichtbaren Symptom, das sich im Außen zeigt, auf die bisher unbekannte Ursache zu schließen und umgekehrt. Wir sind alle mehr als unsere Körper. Wir *sind* nicht *unsere* Körper, wir *haben* vielmehr *einen* Körper. Wir bestehen aus drei Ebenen gleichzeitig. Die spirituelle Ebene, das ist unser wahrer Wesenskern. Hier haben wir die Verbindung zu allem, was ist. Dort gibt es kein Ego. Dort ist alles für uns möglich, frei von jeglicher Begrenzung. Die zweite ist die mentale Ebene. Dort sind unsere Gedanken zu Hause. Gesteuert wird sie von unserem Ego. Hier entstehen Krankheiten oder Gesundheit. Hier ist der Kern von Fülle oder Mangel. Wenn wir hier nicht bewusst werden, wird eine Krankheit auf der dritten Ebene, der körperlichen Ebene, sichtbar. Durch bestimmte Gedanken und Gefühle wird das Symptom auf der körperlichen Ebene sichtbar. Nun wird dieses Symptom auch erkannt, selbst wenn wir die inneren Vorboten und Anzeichen zuvor ignoriert haben. Jede Schöpfung entsteht durch ihren Schöpfer und trägt dessen Qualitäten in sich. Vereinfacht bedeutet dies: Jedes sichtbar gemachte Zeichen – positiv oder negativ – entsteht durch die Fülle- oder Mangelgedanken von uns, unserem eigenen Schöpferwesen. Das ist die Erklärung dafür, warum alles im Außen unser Spiegel ist. So wird sich jeder andauernde innere Konflikt oder Mangel im Außen zeigen. Bei manchen Menschen in Form von finanziellen Engpässen, bei anderen in Form von Krankheiten, Symptomen und Diagnosen, bei wieder anderen als Beziehungskonflikte. Oftmals sind mehrere Lebensbereiche zeitgleich betroffen von unseren inneren Konflikten. Die Ursache ist meist für alle Probleme dieselbe.

Schauen wir uns das an einem Beispiel an: Ein Schulkind, das mehrfach die Note „Mangelhaft“ erhalten hat, wird sich über kurz oder lang als Versager fühlen. Es lernt in unserem Schulsystem, Gefühle und Gedanken von seiner äußeren Leistung abhängig zu machen. Diese Kinder kamen bis vor ein paar Jahren in meine Praxis zur Lerntherapie. Therapeutisch an den Wissenslücken zu arbeiten, bringt an dieser Stelle erstmal gar nichts, solange diese Kinder sich mit ihrer Schulnote identifizieren. Habe ich diese Kinder zu Beginn der Lerntherapie nach ihrem Vornamen gefragt, haben sie mir daraufhin nicht selten geantwortet: „Ich bin der Versager, der immer eine fünf in Mathe schreibt!“ Sie haben ihre wahre Identität aufgegeben und die Identität eines Versagers angenommen. Jetzt hast du oben gelernt, du bist, was du glaubst. Glaubt also ein Schulkind, ein Versager zu sein, dann wird sich dieser (negative) Glaubenssatz im Außen so lange bestätigen, bis es etwas anderes von sich glaubt.

Umgekehrt funktioniert das natürlich genauso. So führt innere Fülle zu Fülle im Außen. Mit unserer inneren Welt erschaffen wir unsere Realität im Außen. Unser Körper (außen) ist der Spiegel unserer Seele (innen). Ist unsere Seele in einer Disharmonie bzw. Disbalance, so ist das unser Körper ein bisschen zeitverzögert auch. Fehlt uns z.B. unsere innere Haltung, so zeigt unser Körper dies unter anderem in Form von Rückenschmerzen oder Haltungsschäden.

Nichts in unserem Leben ist durch Zufall da. Der Begriff „Zufall" wird nur dann benutzt, wenn wir noch nicht verstanden haben, dass alles Erschaffene einer Gesetzmäßigkeit unterliegt.

Fassen wir zusammen:

Alles, was dir im Außen begegnet, spiegelt dein inneres Wesen. Es dient dir dazu, deine ungelösten inneren Konflikte zu erkennen. Voraussetzung dafür ist, dass du hinschaust, auch wenn es einen Teil in dir gibt, der lieber wegschauen möchte. Wir bekämpfen im Außen das, was wir bei uns selbst im Inneren nicht sehen und nicht akzeptieren wollen. So geschieht es, dass wir versuchen, die Wutanfälle unserer Kinder (für uns außen) zu bekämpfen, weil wir selbst meist schon in unserer Kindheit erfahren haben, dass wir nicht wütend sein dürfen, dass Wut etwas Negatives sei. Doch das, was wir – oft schon jahrzehntelang – unterdrücken, bringt unser Kind für uns an die Oberfläche. Unsichtbares wird sichtbar.

Das Gesetz der Schwingung

Im Leben ist alles Bewegung. Alles beeinflusst anderes und wird beeinflusst. Energie kann weder erzeugt noch „leer" werden, sie wird lediglich umgewandelt in eine andere Form. Sowohl unsere Körper als auch unsere Gedanken sind energetische Schwingungen mit unterschiedlichen Frequenzen. Bewegung drückt sich in unserem Alltag und unserem Leben durch Veränderung aus. Wir können das beobachten am Alterungsprozess von Lebewesen. Auch unsere Gedanken und Gefühle verändern sich ständig. Schauen wir uns unseren Herzschlag an, erkennen wir auch dort die Bewegung und die Pulsation unseres Herzens. Keine Bewegung bedeutet kein Leben. Unsere höchste Schwingung ist unser Bewusstsein – unser bewusstes Sein. Niedriger schwingt unsere emotionale Ebene und noch niedriger unser Körper. Auch unsere Emotionen werden eingeteilt in niedrige und hohe Schwingungen. Zu den niedrig schwingenden Emotionen zählen die für uns meist als unangenehm empfundenen Emotionen wie Traurigkeit, Ärger, Neid, Hass, Wut oder Ohnmacht, während hohe Schwingung in positiven Emotionen wie Liebe, Dankbarkeit, Freude, Vertrauen zu finden sind. Unser Bewusstsein hilft uns, unsere eigene Schwingung beeinflussen zu können. Du kannst das hier jetzt gleich praktisch testen. Denke an einen Wutanfall deines Kindes und prüfe für dich: Welche Gefühle in dir werden getriggert? Denke an den tollsten Urlaub, den du je erlebt hast, oder dein erstes Verliebtsein und nimm die Gefühle wahr, die bei diesem Gedanken in dir entstehen. Spürst du, dass deine eigene Schwingung davon abhängt, ob du etwas als gut oder schlecht bewertest? Dazu darfst du wissen, deine Bewertungen sind nichts anderes als angelernte, vielleicht auch übernommene Wertevorstellungen von Menschen, die uns geprägt haben und immer noch prägen. Bewertungen packen alles und jeden in Schubladen. So passiert es nicht selten, dass Klientinnen zu mir kommen und zuvor schon gelernt haben, dass sie aufhören sollen zu bewerten. Doch das können sie erst erreichen, wenn sie damit aufhören, sich selbst zu bewerten. Schlecht ist etwas nur dann, wenn wir es als schlecht bewerten. Andere als die bisherigen Ergebnisse erreichen wir nur dann, wenn wir, statt zu bewerten, in die Wahrnehmung wechseln. Wahrnehmung sieht neutral das, was ist, ohne es zu bewerten. Erst dann können wir überhaupt sehen, was ist.

Praktisch heißt das jetzt für dich:

Trainiere dich darin, die Schwingung zu erkennen, die dich beeinflusst. Unsere Schwingung verändert sich unter anderem durch Sorgen, Ängste, Pessimismus oder Nachrichtenschauen, um nur ein paar davon aufzuzählen. Deine Schwingung erhöhen kannst du bewusst durch Meditation, gefühlte Dankbarkeit, Hingabe, Leidenschaft, Begeisterung, Wertschätzung, liebevolle, nährende Gedanken, Lächeln oder einen Besuch in der Natur. Wähle gezielt, was deine Schwingung positiv oder negativ beeinflusst. Du hast das Steuer in der Hand!

Das Gesetz der Polarität

Alles hat seinen Gegensatz. So können wir das Licht nur als Licht erkennen, weil wir auch die Dunkelheit und die Nacht kennen. Die größten Erkenntnisse und Learnings bekommen wir nicht im Licht, wenn alles problemlos verläuft, sondern dann, wenn die Dinge nicht so sind, wie wir uns das vorgestellt haben. Wenn wir unseren Schatten ins Gesicht schauen, anstatt vor ihnen zu flüchten, entwickeln wir uns weiter. Wahrheiten sind nur Halbwahrheiten. Wenn dein Partner duscht und seine eingestellte Wassertemperatur als warm empfindet, so kannst du unter Umständen ein ganz anderes Empfinden haben und nimmst seine Duschtemperatur als eher kalt wahr. Umgekehrt kann es sein, dass deine Wohlfühl-Wassertemperatur von ihm als heiß oder sogar zu heiß empfunden wird. Wir leben in einer polaren Welt. Sie dient uns. Durch sie wird unser Leben erfahrbar für uns. So gibt es groß nur, weil wir klein kennen. Es gibt dick nur, weil wir im Vergleich dazu dünn kennen. Laut können wir nur deshalb erfahren, weil es leise als Gegenpol gibt. Zu unserem polaren Leben gehören also nicht nur die schönen Erfahrungen und Dinge unseres Lebens, sondern auch die unangenehmen, schmerzvollen Erfahrungen. Allerdings wurde uns beigebracht, dass zwar die schönen Dinge, das angenehme Verhalten erwünscht ist, das negative Verhalten und die schmerzlichen Erfahrungen aber unerwünscht sind. Das ist in etwa so, wie wenn wir von der Kurve unseres Herzschlags nur die obere Hälfte haben wollten und die unteren Zacken ablehnten. Bei den Gefühlen gibt es zwei Hauptemotionen: Liebe und Angst. Wo auf Bewusstseinsebene reine Liebe ist, gibt es keine Angst. Liebe lässt uns alles annehmen als das, was es ist. Angst hingegen sorgt immer für ein Getrenntsein von uns selbst, die Engergie dahinter ist immer Mangel. Übrigens ist auch das Nicht-Entscheiden eine Entscheidung, nämlich die Entscheidung, nicht zu handeln. Schauen wir uns das an einem Beispiel an: Stell dir bitte mal für einen Moment vor, jemand würde dein Kind angreifen. Ein Pol in dir – eine mögliche Reaktion – kann Gegenangriff, Ablehnung oder Hass sein. Diese tiefen Emotionen entstehen impulsiv, aus dem Unterbewusstsein. Der Gegenpol wäre, in dieser Situation mit Verständnis, Vergebung oder Mitgefühl zu reagieren. Du hast die Wahl. Es gibt bei beiden Möglichkeiten kein Richtig oder Falsch, denn richtig oder falsch wäre nur die Bewertung von dem, was ist. Lehnst du jetzt aber eine der beiden Handlungsmöglichkeiten ab, wird das Leben uns so lange mit ähnlichen Situationen konfrontieren, bis du den Gegenpol annehmen kannst. Achtung: Annehmen heißt nicht, dass du ihn gut finden musst. Wichtig ist mir hier, deutlich zu machen, dass die Akzeptanz von dem, was ist, keineswegs bedeutet, dass du dich mit dieser Situation zufriedengeben sollst. Doch sie ist die Voraussetzung, um die unangenehme Situation zu verändern. Glauben wir also, dass Aggression etwas Schlechtes ist, so verurteilen wir die Aggression, namentlich den ersten Pol. Frieden können wir deshalb würdigen, weil wir auch den Krieg und seine Auswirkungen kennen. Behalten wir weiterhin unsere polare Sichtweise, so bleibt das einer der Hauptgründe für Konflikte, Kriege und negative Beziehungen vielleicht zu deinem Chef, deinem Partner, deinen Kindern, deinen Kollegen und anderen. Die eigene Wahrheit ist nicht die einzig richtige. Jedes Urteil, das wir über andere Sichtweisen fällen, verstärkt die Kluft und die Trennung. Es geht um das Sowohl-als-auch und nicht um das Entweder-oder. Wer immer nur perfekt sein will, zieht damit auch das Unperfekte in sein Leben. Wer immer nur stark sein will, zieht damit auch das Schwache in sein Leben. Die geistigen Gesetze sorgen permanent für Ausgleich und Balance, auch wenn es unseren persönlichen Wertevorstellungen widerspricht. Wir werden im Leben permanent geschult, *alles* anzuerkennen, was ist, und zwar in uns und um uns herum. Das ist einer der Gründe, warum das Weghabenwollen von Symptomen sogar zu verstärktem Auftreten von Symptomen führt. Du möchtest Negativität nicht in dein Leben ziehen? Dann höre auf, nur gut sein zu wollen! Versuche nicht, etwas oder jemand zu sein. Übe dich darin, einfach *zu sein*. Dem Polaritätsgesetz liegt zugrunde, dass alles im Leben immer zwei Seiten hat. Für jedes existierende Problem *muss* es also immer zwangsläufig und gesetzmäßig eine Lösung geben.

Praktisch – und wenn du willst ab sofort für dich umsetzbar – bedeutet das konkret: Vermeide Bewertung und Urteil. Trainiere, dein Außen nicht mehr zu bewerten und zu verurteilen, denn all das, was wir im Außen bewerten, sind im Grunde Bewertungen und Urteile gegen uns selbst. Jetzt ist es aber gut möglich, dass du noch bewertest und urteilst. So wurden wir geprägt und erzogen. Wir haben häufig noch angestaute „innere Müllberge" in uns, die wir mit uns herumtragen. Kämpfe nicht dagegen an, sie partout jetzt sofort weghaben zu wollen, nimm sie stattdessen wahr und übe dich darin, dich nicht mehr damit zu identifizieren. Im nachfolgenden Kapitel zeige ich dir, wie du diese Gedanken stoppen kannst. Es ist der verletzte Teil in dir – dein kleines Selbst – der diese Gedanken denkt. Akzeptiere dich, dein Umfeld und jede Situation so, wie sie ist. Das ist deine Verbindung zur allumfassenden Liebe. Solange wir das nicht tun, verstärken wir die Trennung in unserem Leben. Die Trennung zu unseren Kindern, zu unserem Partner, zu Geld, zu Gesundheit etc.

Das Gesetz des Rhythmus

In unserem Leben gibt es natürliche Zyklen. Auf jedes Einatmen erfolgt das Ausatmen. Im Herbst fallen die Blätter von den Bäumen, im Winter zieht der Baum seinen Lebenssaft in seine Mitte zurück, um dann im Frühling wieder mit Blättern und Blütenknospen zu sprießen. Täglich sterben Hautzellen von uns ab als Hornhaut, während sich gleichzeitig neue Haut bildet. Auf jede Aktivität und Anspannung erfolgt natürlicherweise Ruhe und Entspannung, bevor danach wieder die nächste Welle von Aktivität beginnt. Diese Abwechslung bringt unser

System und das der Natur in Balance. So groß wie der Pendelausschlag nach rechts ist, so groß muss auch der Pendelausschlag nach links sein. Für dich kannst du hier gleich praktisch mitnehmen: Sorge dafür, dass du zwischen deinen Aktivitäten und To-do-Listen immer wieder Auszeiten hast. Dass du zwischen den Zeiten, in denen du deine Kinder betreust, auch immer wieder Ich-Zeit für dich ermöglichst –selbst wenn es nur zehn Minuten für eine Kaffeepause sind, ist das immer noch besser, als die Anspannung nicht auszugleichen. Das Gesetz des Rhythmus lehrt uns – wenn nicht anders möglich eben auch auf bittere Weise –, falls unser Lebensbereich aus dem natürlichen Rhythmus gerät, Kräfte zu wirken beginnen, die die Aufgabe haben, das Gleichgewicht und die Balance wiederherzustellen. Demnach werden Krankheiten interpretiert als der Versuch unseres Körpers, ein bestehendes Ungleichgewicht wieder in Harmonie zu bringen. Oftmals dient Krankheit dazu, uns zur Erholung zu zwingen, wenn wir nicht rechtzeitig und deutlich Stopp sagen zu unserem zuvor in die Schieflage gekommenen Rhythmus. So entsteht ein Burn-out dann, wenn du die natürliche Balance zwischen Anspannung und Entspannung ins Ungleichgewicht gebracht hast. Je länger wir an der Anspannung festhalten, desto mehr behindern wir die natürliche Balance unseres Körpers und Geistes und umso stärker ist die Reaktion der ausgleichenden Kräfte. Signale in Form von Symptomen sind anfangs zunächst nur schwach spürbar. Machen wir aber weiter mit dem krankmachenden Verhalten, so werden die Symptome immer stärker und sichtbarer. Die Stärke der Symptome zeigt uns lediglich an, in welchem Ausmaß unser System ins Ungleichgewicht geraten ist.

Praktisch bedeutet das für dich: Wehre dich nicht gegen das Auf und Ab des Lebens! Erlaube dir, alles zu fühlen und die unangenehmen Gefühle nicht mehr wegzudrücken und hinunterzuschlucken. Wehre dich nicht gegen Krankheit, indem du sie unterdrückst, denn sie sorgt für den notwendigen Ausgleich. Lerne zu erkennen, wofür sie gekommen ist. Sie wird verschwinden, nachdem du das erkannt und für ein Gleichgewicht in deinem System gesorgt hast. Sorge selbst gut für dich – sonst tut es dein Körper, in dem er dich ausbremst, bis du genug Auszeit hattest und wieder zur Balance zurückgefunden hast. Dein Kind reagiert auch auf dich und euer Familiensystem und zeigt mit seinen Symptomen, wenn ein Familiensystem in Disbalance gekommen ist. An dieser Stelle hilft meiner Erfahrung nach, nicht das Kind zu therapieren, sondern sich das System Familie insgesamt anzuschauen und bei den Eltern anzusetzen.

Das Gesetz von Ursache und Wirkung

Alle Lebensgesetze fließen ineinander ein. Doch das Gesetz von Ursache und Wirkung hat eine besondere Bedeutung in Bezug auf Diagnosen und Symptome, ebenso auf die Qualität der Beziehungen, die wir zu unseren Lieblingsmenschen haben. Jede Ursache hat ihre Wirkung. Jede Wirkung hat folgerichtig auch ihre Ursache. Das wissen wir. Die Sonne scheint, also wird es warm. Es regnet, die Wirkung sind nasse Straßen. Jetzt ist es aber wichtig zu wissen, dass Ursachen nicht auf derselben Ebene entstehen wie ihre Wirkung, sondern vorher. Zeitlich können Ursachen und Wirkungen auch weit auseinanderliegen. Therapien an uns oder unseren Kindern bleiben lediglich auf der Ebene der Wirkung. Symptome werden bekämpft, aber die Ursachen, auf einer oftmals weit vorgelagerten Ebene, bleiben bestehen. So können Symptome oft nur kurzfristig verschwinden oder zeigen sich an anderer Stelle und in anderer Form erneut. Alles in unserem Leben hat eine Ursache. Diese haben wir bisher meist unbewusst gesetzt. Aus dem, was wir aussenden, formt sich unsere Realität im Außen. Nur wir selbst sind dafür verantwortlich. Andersrum bist auch du niemals verantwortlich für die Laune deines Partners. Wir haben unseren freien Willen. Mit diesem können wir entscheiden, welche Ursache wir setzen wollen, um die von uns gewünschte Wirkung zu erzielen. So ist geistiges Wachstum nur dann möglich, wenn wir beginnen zu verstehen, welche Auswirkungen unser Denken und Handeln hat. Es ermöglicht uns, als bewusstes

Schöpferwesen zu handeln, anstatt uns unbewusst Mist zu manifestieren. Das, was wir denken (Ursache), erscheint in unserer Realität (Wirkung). Wir ziehen magnetisch genau das an. Du kennst vielleicht die Situation, in der dir ein wertvoller Gegenstand kaputt geht und daraufhin meist gleich im Anschluss der zweite. Fährt unsere Frequenz auf Mangel herunter, ziehen wir genau davon noch mehr in unser Leben. Das Gesetz von Ursache und Wirkung funktioniert immer, ob wir bewusst leben oder unbewusst. Fasst unser Kind auf die heiße Herdplatte, wird es sich immer die Finger verbrennen. Immer. Dieses Gesetz sorgt zuverlässig dafür, dass immer auf jede gesetzte Ursache die entsprechende Wirkung eintreten wird in unser Leben.

Mangelgedanken (Ursache) erzeugen Mangelgefühle bzw. Mangelhandlungen und diese wiederum erzeugen Mangel im Außen (sichtbare Wirkung).

Füllegedanken (Ursache) erzeugen Füllegefühle und Füllehandlungen. Diese wiederum erzeugen Fülle im Außen (sichtbare Wirkung). Unser Glaube spielt hier eine entscheidende Rolle.

> *Unser Glaube hat wesentlich mehr Macht als unser Wille. So geschieht nicht, was wir wollen, sondern das, was wir glauben!*

Erinnere dich an das Schulkind mit der schlechten Note, das sich als Versager gefühlt hat. Es kann noch so gute Noten schreiben wollen – solange es von sich selbst glaubt, ein Versager zu sein, wird seine (erschaffene) Realität ihm im Außen, obwohl es viel gelernt hat, genau das immer wieder spiegeln, sich aber nicht verbessern. Unsere Energie fließt genau dorthin, worauf wir unseren Fokus richten.

Den Glauben zu haben heißt, Vertrauen darauf zu haben, dass das, woran du glaubst, wahr ist. Wir glauben nicht mit dem Verstand und unserem Kopf, sondern mit unserem Fühlen und unserem Herzen. Dein Leben ist der Spiegel deines Glaubens.

Durch das, was du glaubst, manifestierst du deine Realität im Außen. Wenn du glaubst, SymptomFREIheit und euer liebevollstes Miteinander seien für euch nicht möglich, dann wird dies auch genau so sein. Wenn du glaubst, hart arbeiten zu müssen, um Geld zu haben, wird dies Wirklichkeit sein. Deine Glaubensmuster erschaffen deine Wirklichkeit. Wenn wir mal ganz ehrlich sind, dann gibt es diesen Teil in uns, der sich wünscht, dass uns das Außen passt, genau so, damit wir daran glauben können. Doch dem ist leider nicht so. Es funktioniert genau andersherum. Wir dürfen zuerst uns und unserem Leben einen „Vertrauensvorschuss" geben. Wir dürfen zuerst daran glauben, dass es für uns möglich ist, unsere Ziele zu erreichen. *Dann* manifestiert sich das Außen gemäß unseres Glaubens.

Die anfängliche Schwierigkeit besteht darin, dass ein Großteil unserer Glaubenssätze uns (noch) gar nicht bewusst ist. Vieles von dem Glauben, wie die Welt ist, haben wir von anderen Menschen übernommen. Oft von unseren Eltern, aber auch von unseren Großeltern, Erziehern, Lehrern, Vorgesetzten, Freunden, von der Gesellschaft. Wir haben das, was diese Menschen selbst glauben, ungeprüft übernommen und ihre Wahrheit auch zu unserer Wahrheit gemacht. So ist es dir vielleicht wichtig, dass deine Kinder „bitte" und „danke" sagen, wenn sie etwas haben wollen oder geschenkt bekommen – denn du hast wahrscheinlich auch gelernt hast, dass man „bitte" und „danke" sagen muss. Vielleicht wurde dir auch beigebracht, beim Essen still sitzen zu bleiben und Tischregeln einzuhalten – und dein oder deine Kinder triggern genau dieses Thema bei euren eigenen Mahlzeiten. Das Gute ist: Alles, was wir glauben, können wir auch verändern, wenn es uns nicht oder nicht *mehr* entspricht. Doch dafür müssen wir zuallererst einmal wissen, was wir glauben und denken. Alles, was wir erschaffen wollen, müssen wir zuerst in unseren Gedanken und unserem Glauben tun. Erfolgreiche Menschen sind unter anderem deshalb erfolgreich, weil sie ihre Fähigkeit kennen und nutzen, um nach ihrer eigenen Vorstellung ihre Realität zu erschaffen.

Früher, in meiner Heilpraktiker-Praxis, habe ich nicht geglaubt, so viele Tausende Menschen mit meinem Wissen und meinen Gaben erreichen zu können. Folglich habe ich dort nur maximal sechs Patienten pro Tag erreicht. Erst als ich anfing, mich nicht mehr mit meinen alten Glaubensmustern zufriedenzugeben und meinen Glauben zu verändern, begann ich, Tausende von Menschen innerhalb kürzester Zeit damit zu erreichen und ihnen mit meinem Wirken bisher nicht für möglich gehaltene Erfolge für sich zu ermöglichen. Diese Gesetze haben seither eine enorme Relevanz in meinem Leben.

Jetzt wird es interessant für dich, denn jetzt erfährst du, wie das Erreichen des Erfolgs, deiner Ziele und Träume auch für dich möglich werden kann:

- **Dein Glaube siegt über deinen Willen!** Nicht, was du willst, geschieht, sondern was du glaubst. Hast du zum Beispiel das Ziel, erfolgreich zu sein, aber glaubst, nichts wert zu sein, dann verhinderst du mit deinem Glauben deinen Erfolg. Wie nutzt du das jetzt für dich? Ganz einfach. Du fängst gleich heute an zu glauben, dass du es wert bist, Erfolg zu haben. Du veränderst deinen Glauben.
- **Verlege das, was du dir wünschst, ins Jetzt!** Schöpferin deines Lebens bist du immer jetzt. Nie gestern und nie morgen. Sage dir statt „Ich möchte erfolgreich sein!“ besser „Ich BIN erfolgreich!“, „bin“ ist ein Zauberwort. Du sendest damit aus, dass du bereits erfolgreich *bist*, also bekommst du genau das zurück. Wie ein Bumerang. Dein Fokus ist nun auf deinen Erfolg gerichtet und du bekommst genau davon mehr geliefert. Achtung: Das gilt natürlich auch für negative Aussagen. Dort, wo du sagst „Ich kann das nicht!“, wird im Außen genau das eintreten – eine Situation, die du nicht meistern kannst. In der Persönlichkeitsentwicklung sagen wir dazu: Energy flows where the focus goes! Energie fließt dorthin, worauf wir unseren Fokus richten.

- **Zweifle nicht! Vertraue!** Zweifel ist immer der Glaube, der gegen dich arbeitet. Du darfst jetzt beginnen damit, all deine beschränkten Vorstellungen über dich abzulegen. Sonst verhinderst du dich und deinen Erfolg selbst. In Wahrheit bist du ein reines, weißes Papier – genau wie dein Kind auch – auf dem im Laufe deines Lebens aber schon viele Menschen herumgekritzelt haben. Du hast es zugelassen. So entstand ein Bild von dir, zum Beispiel das angepasste Mädchen, das du vielleicht wurdest, als du gehört hast, zu viel oder zu laut zu sein. Nun ist es an der Zeit, dieses Gekritzel der anderen Menschen von dir abzuwischen. Du kannst jetzt, in dieser Sekunde entscheiden, wieder zu einem unbeschriebenen Blatt Papier zu werden. Dann kannst du plötzlich wieder *alles* sein. Du und dein Kind – ihr wollt gesund sein. Dann sei das reine weiße Papier und beschreibe es mit „Ich bin gesund! Wir sind gesund!" Vertraue deiner Schöpfermacht und den Gesetzen, die nun *für* dich und nicht mehr *gegen* dich wirken.
- **Denke in Bildern!** Stelle dir dein Ziel, eine wunderschöne Beziehung zu deinem Kind, bildlich vor. Ihr lacht miteinander, habt den größten Spaß zusammen. Die Hausaufgaben werden in Leichtigkeit erledigt. Stelle dir vor deinem inneren Auge dieses Bild vor. Male dir aus, wir ihr beide diese neuen Situationen genießt. Bilder wecken Gefühle in dir. Sie helfen dir bei der Verwirklichung deiner Ziele. Du kannst dir aber auch dein Ziel zeichnen oder nach einem Foto von euch suchen, bei dessen Aufnahme ihr so glücklich wart zusammen. Wenn du keines zur Hand hast, kannst du auch im Internet ein Bild suchen von einer Situation, in der eine Mama mit ihrem Kind eine richtig glückliche Zeit verbringt. Hänge es dir dorthin, wo du es immer sehen kannst. Vertraue darauf, dass das Universum dich führt. So lange, bis dein gewünschter Erfolg eingetreten ist.

- **Leiste dein Tun zur Erfüllung deines Ziels!** Die Vorstellung allein führt uns noch nicht zum Ziel. Ebenso wenig, wie neue Erfolge haben zu wollen und dennoch weiterhin das Alte zu tun. Wir dürfen bereit sein, unseren Teil dazu beizutragen.

Das Gesetz des Geschlechts

Auch wenn dieses Gesetz ganz kurz erläutert werden kann, ist es dennoch ebenso wichtig für uns, es zu kennen. Geschlecht ist in allem. Jedes Lebewesen hat einen männlichen und einen weiblichen Anteil in sich.

Zu den männlichen Qualitäten bei uns Menschen zählen: aktiv sein, geben, entschlossen sein, mutig sein, handeln, rationales Denken.

Dem Weiblichen zugeordnet werden hingegen: passiv sein, empfangen, kreativ sein, sensibel sein, intuitiv entscheiden.

Jeder Mensch hat beide Qualitäten in sich. Wenn sie in Balance sind, ist unsere Schöpferkraft am größten.

Wir Frauen neigen dazu, unsere männlichen Anteile dominieren zu lassen. Wir haben gelernt, uns aufzuopfern. Es allem und jedem recht zu machen. Wir wurden schon sehr früh darauf trainiert, geben zu können. Wir neigen zu verstärkter Aktivität und dadurch zu fehlender Passivität und mangelnder Auszeit für uns. Meist haben wir nicht trainiert zu nehmen. Auf Dauer führt das zu Erschöpfung.

Handlungsempfehlung für dich:

Werde deine eigene Königin! Warte nicht darauf, dass andere Menschen dich wie eine Königin behandeln. Fang du an und stelle dich an die erste Stelle in deinem Leben. Lass dich auch verwöhnen und bedienen, anstatt immer nur deine Familie zu bedienen. Du bist es Wert zu empfangen und zu nehmen!

Das Gesetz der Anziehung (Resonanzgesetz)

Du bist die einzige Ursache in deinem Leben. Du ziehst in deinem Leben das an, worauf du deine Aufmerksamkeit gerichtet hast. Sokrates sagte: „Das Geheimnis der Veränderung besteht darin, seine ganze Energie darauf zu konzentrieren, Neues aufzubauen (Ziele), statt Altes zu bekämpfen." Wir ziehen genau das in unser Leben, was wir fühlen, denken und ausstrahlen. Die Ursache, warum so viele Menschen denken, dass das Gesetz der Anziehung für sie nicht wirkt, ist, dass sie nur mit dem rationalen Verstand damit arbeiten. Die inneren Glaubensmuster sind meist nicht auf das ausgerichtet, was wir haben wollen. Wenn du dir Gesundheit oder SymptomFREIheit manifestierst, aber noch glaubst, dass das für euch nicht möglich ist, dann wird das so sein. Das Gesetz der Anziehung bringt uns immer das, was wir auf einer tieferen Ebene glauben und wovon wir wirklich überzeugt sind. Wir ziehen in unserem Leben die Dinge an, mit denen unsere Schwingung in Resonanz geht. Es funktioniert *immer* – wir müssen nur verstehen, wie wir dieses Gesetz so anwenden, dass es uns dient. Gleiches zieht immer Gleiches an. Wenn wir das verstehen, können wir unsere Schöpferkraft aktivieren und in unserem Leben das erschaffen, was wir wollen. Dieses Gesetz lässt sich nicht austricksen. So wie außen, so innen, und umgekehrt. Wenn du innerlich im Mangel bist, wirst du auch äußerlich Mangel anziehen. Wenn du in dir Liebe spürst, wirst du auch im Außen mehr Liebe spüren und empfangen. Die Realität entspricht dann deiner inneren Frequenz. Wie müsste deine innere Welt aussehen, damit du dir im Außen das erschaffen kannst, was du möchtest?

Das klingt jetzt erstmal nach viel Arbeit. Ist es aber nicht, keine Sorge. Du wirst merken, wenn du Schritt für Schritt mit der Umsetzung beginnst, wird dein Leben und das deiner gesamten Familie immer leichter. Sei geduldig mit dir selbst. Nimm dir Zeit, das zu üben, was ich dir hier für dich mitgebe. All das haben wir nicht in der Schule gelernt. Aber wenigstens jetzt. Es ist nie zu spät, unsere Gewohnheiten zu verändern. Wir können jeden Tag neu damit beginnen und uns für *uns* entscheiden. Das sind die Grundlagen für ein glückliches, liebevolles, gesundes Leben und für unsere erfolgreichen Beziehungen untereinander. Je mehr du dich dafür öffnest, desto mehr übst du, dir dein Paradies für dich und deine Liebsten zu erschaffen. An dieser Stelle feiere ich dich jetzt erst einmal für so viele neue Erkenntnisse, die du annehmen möchtest. Im folgenden Kapitel übertragen wir diese nun in die praktische Umsetzung und du erfährst, was du bereits heute tun kannst, um eure Situation nachhaltig zu verändern.

Hier kommt meine Extraportion Liebe für dich:

Ich möchte dir Mut machen! Nur wer aussteigt und gegen den Strom schwimmt, kommt zur Quelle. Am Anfang ist der Weg vielleicht etwas holprig, aber dann bekommst du den Lohn dafür. Das ist das Gesetz!

Anstatt deine Träume aufzugeben, gib lieber jeden Tag ein bisschen mehr deine Zweifel auf!

Erinnere dich! Wenn jemand zu dir sagt: „Es geht nicht!“, dann denke daran, dass es seine Zweifel sind und nicht deine.

Ein „Ja, klingt gut, hätte ich auch gerne!“ ändert noch nichts, aber dein Entschluss, deine Entscheidung, ändert alles!

Kapitel 3

Die Lebensgesetze praktisch und bewusst angewendet – und zwar so, dass sie uns dienen

Wir sind Schöpferinnen und erschaffen unsere Realität von nun an von innen nach außen

Ich – und mit mir 99 Prozent aller Menschen – habe im Laufe meines Lebens gelernt, meine Gedanken und Gefühle von den äußeren Umständen und Situationen abhängig zu machen. Ich habe als kleines Mädchen die Erfahrung gemacht, dass ich Liebe, Lob und Anerkennung bekomme, wenn ich mich angemessen verhalte. Wenn ich fleißig bin. Wenn ich gute Leistungen abliefere. Wenn ich angepasst bin. Nicht zu leise, nicht zu laut, sondern genau so, wie mein Umfeld es von mir im jeweiligen Moment erwartet hat. Diese Erfahrungen haben mich geprägt. Sie haben ein Muster in mir erschaffen, möglichst immer so zu handeln, dass mein Umfeld mit mir zufrieden ist. Natürlich gab es viele Momente, in denen ich meine kindliche Unangepasstheit unterdrückt habe. Ich habe meine Handlungen von der jeweiligen Realität im Außen abhängig gemacht. Diese Handlungen, mit denen ich mich selbst unterdrückte, haben Gefühle in mir ausgelöst und diese wiederum Gedanken. Gedanken wie: Nicht gut genug zu sein, wenn ich nichts leiste. Oder nur dann geliebt zu werden, wenn ich alle Erwartungen erfülle. Diese Gedanken sickerten tief in mein

Unterbewusstsein. Ich habe sie geglaubt und damit zu meiner Wahrheit gemacht. Folglich habe ich mich in eine Abwärtsspirale hineinmanövriert. Ich habe immer mehr geleistet. Mich aufgeopfert für mein Umfeld. Ich habe die Bedürfnisse dieses Umfelds den meinigen vorgezogen und erfüllt. Dies führte dazu, dass einige Menschen in meinem Umfeld immer wieder über meine Grenzen gegangen sind. Unterbewusst habe ich genau das sogar bejaht. Ich habe es zugelassen. Ich war erschöpft und entfernte mich immer weiter von mir selbst. Ich habe geglaubt, die Frau zu sein, die andere Menschen in mir gesehen haben oder sehen wollten.

Als ich nun verstand, dass eine Situation im Außen meine Handlungen, meine Gefühle und Gedanken bestimmt hat, erkannte ich auch, dass ich sehr oft schlechte Laune bekam, wenn Menschen um mich herum schlecht gelaunt waren. Ihre Emotionen im Außen beeinflussten, wie ich in diesen Momenten handelte. Ich ließ mich mitreißen von ihrer negativen Energie. Und mit jedem Mal wurden meine alten Muster immer stärker und festgefahrener. Meine Stimmung wurde innerhalb kürzester Zeit auch unterirdisch schlecht und in meiner Beziehung nahm ich irgendwann bereits im Voraus an, dass mein Mann schlecht gelaunt von der Arbeit nach Hause kommt und mich mit seiner Laune ansteckt, weil das zuvor einige Male so war. Ich schwöre, genau so war das dann auch jedes Mal wieder. Es musste so sein. Es ist Gesetz. Und es hat so viel Schwere in meinem Leben kreiert, nicht zu wissen, wie es anders geht für mich.

Unser gesamtes System ist darauf ausgelegt, dass wir reagieren auf eine Situation im Außen. Die Corona-Krise hat uns das in enormem Ausmaß gezeigt. Ich habe Familien begleitet, die aufgrund der permanenten negativen Nachrichten so sehr in den Mangel gerutscht sind, dass ihre Kinder Angst und Panikzustände bekamen und nicht mehr allein einschlafen konnten oder die Schule komplett verweigerten. Ich bin zutiefst dankbar, dieses Wissen erlangt zu haben und nun weitergeben zu dürfen. Wir müssen den Spieß umdrehen!

Schöpferin in deinem Leben zu sein bedeutet konkret, dass du bei dir beginnst. In dir. Bei deinen Gedanken. Und zwar nicht mehr bei dem Gedankenkarussell, das sich vielleicht manchmal in deinem Kopf fast überschlägt, sondern bei den Gedanken, die dir dienen, deine Ziele im Außen zu erreichen. Was willst du denken, wenn *alles* möglich wäre für dich, wirklich alles? Willst du dann wirklich glauben, dass SymptomFREIheit für dein Kind oder dich nicht möglich sei? Willst du dann – wenn alles möglich wäre – wirklich glauben, dass du nicht gut genug oder nicht die beste Mama für dein/e Kind/er bist? Willst du wirklich glauben, dass ihr euch abfinden müsst mit eurer Situation, nur weil sie jetzt gerade noch so ist, wie sie ist? Nein, das willst du mit Sicherheit nicht. Sehr gut. Deine Gedanken bestimmen deine Realität. Welche Realität willst du im Außen haben? Willst du vielleicht ein prall gefülltes Konto? Dann dient es dir zu denken: „Ich bin reich." Oder: „Ich bin es wert, immer mehr als genug Geld auf dem Konto zu haben." Versuch doch mal, es jetzt gleich zu spüren: Wie fühlt sich das an? Merkst du, wie diese Gedanken deine Gefühle verändern? Das ist eine andere Energie, als wenn du sagen würdest: „Ich kann mir dieses oder jenes nicht leisten."

Magst du dir gleich mal erlauben zu fühlen, wie es wäre, wenn dein Kind absolut unauffällig und symptomFREI wäre? Oder eure Beziehung schon jetzt die allerschönste Traumbeziehung wäre? Wie du ganz fest verbunden bist mit deinem Kind oder deinen Kindern? Stelle es dir vor. Schließe für einen Moment deine Augen und fühle genau das. Du kannst dich auch an einen Moment erinnern, an dem du genau diese Gefühle hattest. Oder du schaust dir Bilder an von Familien, die genau dieses Glück ausstrahlen. Wir nennen das *Imprinting*. Wir nehmen unsere Vision und holen sie uns vor unser inneres Auge und tief in unser Herz. Bitte erlaube dir, das zu fühlen, selbst wenn es in deinem Leben Situationen und tiefe Schmerzen gegeben hat, bei denen du dir geschworen hast, nie wieder so zu lieben. Du tust es für dich. Es ist sicher für dich, dein Herz zu öffnen für deine allergrößten Ziele und Träume.

Ich möchte dir die Wichtigkeit davon nochmal verdeutlichen an dem Beispiel von Annemarie. Annemarie war eine Klientin von mir, alleinerziehende Mama von zwei Kindern im Alter von drei und sieben Jahren. Bevor sie zu mir kam, verbrachte sie ihre Nachmittage damit, mit ihrem siebenjährigen Max zur Ergotherapie, zur Verhaltenstherapie und zur Frühförderung zu gehen. Ihre dreijährige Tochter war immer dabei, da sie nicht im Kindergarten bleiben wollte und dort ständig geweint hat. Annemarie war seit der Schwangerschaft mit ihrer kleinen Tochter getrennt von dem Papa der Kinder. Er zahlte ihr keinen Unterhalt und finanziell waren die drei sehr eingeschränkt. Annemaries langjähriger Traum und ihre große Sehnsucht waren, einmal mit ihren beiden Kindern einen paradiesischen Urlaub auf den Malediven zu machen. Doch sie erzählte mir, dass das ja für sie nicht möglich sei. Kaum hatte sie es geschafft, ein bisschen Geld auf die Seite zu legen, kam auch schon wieder die nächste Rechnung zum Begleichen. Achtung: Wenn Annemarie glaubt, dass sie kein Geld hat für eine Reise, dann erschafft sie mit ihrer Schöpferkraft im Außen Umstände, die genau das wahrmachen. In ihrem Fall eine Rechnung nach der anderen, immer wieder unerwartete Kosten. Ich habe Annemarie das beigebracht, was auch du in den letzten beiden Kapiteln von mir erfahren hast. Wir haben ihr Glaubenssystem überprüft und ziemlich viele Mangelgedanken gefunden. Ich habe Annemarie dieselbe Frage gestellt wie auch dir vor ein paar Seiten. Was willst du glauben, wenn *alles* für dich möglich wäre? Annemaries Mundwinkel veränderten sich blitzschnell. In Turbogeschwindigkeit war ihr trauriger Gesichtsausdruck ersetzt durch leuchtende, strahlende Augen und ein breites Lachen bis über beide Ohren. Sie erzählte mir, wenn alles möglich wäre, würde sie in den nächsten Sommerferien mit ihren Kindern eine Woche auf den Malediven verbringen. Diese Gedanken haben alle Knöpfe in ihr gedrückt für positive Gefühle. Einzig aufgrund dieser positiven Gefühle bezüglich der Vorstellung von diesem Urlaub im Paradies hat sie anders gehandelt als all die Male zuvor, bei denen sie ihren

Traum wieder weggedrückt hat. Sie hat sich vorgestellt, wie sie begeistert mit ihren goldenen Flip-Flops, die sie damals noch nicht hatte, schon morgens von Glück überflutet durch den warmen weißen Sand zum türkisfarbenen Meer läuft.

Ein paar Tage später war sie in der Stadt mit ihren Kindern beim Friseur und fand genau diese goldenen Flip-Flops, die sie vor ihrem inneren Auge schon gesehen hatte. Sie kaufte sie und bekam sogar noch 50 Prozent Rabatt an der Kasse dafür. Diese Flip-Flops hat sie sich als Symbol dafür gekauft, bald auf den Malediven zu sein. Sie hat sie nie angezogen, sondern genau dafür aufgehoben. Jeden Morgen, als sie erwachte, erinnerten diese goldenen Flip-Flops neben ihrem Bett sie daran, dass sie eines Tages im Paradies aufwachen würde. Es verging ein bisschen Zeit und die Sommerferien standen bevor. Diese Frau hatte mittlerweile ein ausgesprochen verändertes und felsenfestes Mindset. Übrigens hatte sie inzwischen die kompletten Symptome – die Entwicklungsverzögerung und die Wutanfälle bei ihrem Sohn, ihre eigene Erschöpfung und die Angst im Kindergarten bei ihrer Tochter – vollständig aufgelöst. In nur wenigen Wochen. Ganz kurz kam wieder der Gedanke in ihr hoch: „Na toll, jetzt hast du es wieder nicht geschafft, deinen Kindern das Paradies zu zeigen! Die Sommerferien beginnen und wir können nicht fliegen." Doch sie entlarvte diese Gedanken sofort. So oft hatte sie in den vergangenen Wochen und Monaten erfahren, dass sie ihre Realität erschaffen kann, genau so, wie sie sie haben will. Sie wurde geprüft, ob sie ihre Träume und damit sich selbst ernst nimmt oder wieder in ihre alten Geschichten ihres kleinen Ichs, das zweifelt, einsteigt. Sie hat mit mir gemeinsam gelernt, wie sie diese Gedanken stoppt.

Im November desselben Jahres lag von Annemarie eine Postkarte aus ihrem Paradies in meinem Briefkasten. Obwohl ich weiß, dass es so kommt, berührt es mich jedes Mal aufs Neue so sehr, wenn Menschen nicht aufgeben und sich ihre großen Träume in ihr Leben holen. Sie wäre so gerne in den Sommerferien geflogen, jetzt war sie eben im November in den Herbstferien dort. Sie hat es sich kreiert. Sie hat ihren Glauben komplett neu ausgerichtet. Immer und immer wieder. Sie war kein Opfer ihrer Umstände mehr. Ihr Ex-Mann fing an, ihr für die Kinder Unterhalt zu zahlen, ihre Mama hat ihre Lebensversicherung ausgezahlt bekommen und ihrer Tochter einen Teil davon geschenkt. Und Annemarie fand eine Stelle, bei der sie endlich angemessen und nicht mehr unter Wert bezahlt wurde. Alles zur selben Zeit. Annemarie hatte begonnen, anders zu handeln als in den Jahren zuvor und konnte dadurch andere Ergebnisse in ihr Leben holen.

Fassen wir also zusammen:

Unsere alten Muster waren, dass unsere Ergebnisse unsere Gedanken bestimmt haben:

Unsere Ziele erreichen wir genau andersherum, von innen nach außen:

So viele Menschen reden von Manifestation. Doch wie funktioniert das konkret für dich?

Manifestation gehört zum A und O in der Persönlichkeitsentwicklung. Sie ist das Sichtbarwerden, das In-Erscheinung-Treten. Die unsichtbaren Gedanken nehmen Form an, der Geist wird zur Materie. Erschreckend finde ich, dass selbst Menschen, die zuvor schon in anderen Coachings waren, bevor sie mit mir gemeinsam an ihren größten Zielen arbeiten, immer wieder zeigen, dass sie dieses magische Werkzeug noch nicht beherrschen. Es ist mir ein großes Anliegen, jetzt und hier mit allen Unklarheiten darüber aufzuräumen und Licht in den Manifestations-Dschungel zu bringen. Manifestation ist alles andere als „Wünsch dir was“! Du kannst dir mithilfe der Manifestation alles in dein Leben holen, was du wirklich willst. Aber du musst fünf Schritte dafür beachten:

Schritt 1: Fragen

Wie willst du deine Situation haben, wenn *alles* möglich wäre? Wie bekommst du es hin, dass deine Ziele möglich werden können? Frage danach!

Es reicht hier nicht aus, nur zu wissen, wie du es *nicht* mehr haben willst. Du darfst dir klar darüber werden, wie genau du deine Situation – und am besten gleich all deine Lebensbereiche – haben möchtest. Wichtig hierbei ist, dass du deine Ziele richtig groß machst. So groß, dass sie fast unrealistisch erscheinen. Ja, ich weiß, wie oft wir uns selbst verbieten, uns große Ziele zu erlauben. Auch ich – und vielleicht kennst du das auch – habe schon unzählige Male in meinem Leben gehört, man müsse doch zufrieden sein. Nein! Das ist eine Lüge!

Sei glücklich, feiere jeden noch so großen oder kleinen Erfolg, aber sei nicht zufrieden! Du darfst mehr wollen! Du darfst alles wollen! Fülle ist unser aller Geburtsrecht. Es ist wichtig, dass du beginnst, dich für das Größtmögliche, das Allerbeste zu öffnen. Für die Frau, die in mein Coaching kommt, ist es absolut essenziell, dass sie beginnt, sich große Ziele zu erlauben. Schau: Wenn Sabrina einen Sohn hat, der mehrfach täglich unkontrollierbare heftige Wutanfälle bekommt, dann erlebe ich immer wieder, wenn ich sie nach ihren Zielen frage, dass sie mir antwortet: „Ich wäre schon zufrieden, wenn wir wenigstens nur noch alle zwei bis drei Tage solche heftigen Situationen erleben müssten!“ Achtung: Dieses Ziel von Sabrina ist zu klein! Auch wenn das natürlich ein Riesenfortschritt wäre im Vergleich zur Ausgangssituation. Sabrina darf beginnen, ihr Ziel richtig groß auszudehnen. Sie darf sich zum Ziel setzen, dass es so etwas wie Wutanfälle überhaupt nicht mehr gibt in ihrer Familie, weil künftig keine Emotionen mehr aufgestaut werden. Sie darf das Ziel entwickeln, die absolut unbeschwertesten und leichtesten Nachmittage mit ihrem Kind zu genießen. Ihr Wunschleben darf sich wie rosa Zuckerwatte und Kettenkarussell fahren anfühlen. Das Ziel, das wir uns setzen, ist das höchste, das wir erreichen können. Ist dein Ziel, dass dein Kind in seiner Therapie ein paar Fortschritte erreicht, dann wird das auch das Höchstmögliche sein, das erreicht wird. Oder stell dir vor, ich würde dich fragen, welche Geldsumme du innerhalb der nächsten sechs Monate in dein Leben ziehen willst, was du da für dich für möglich hältst. Diese Frage stelle ich in meinen Coachings immer wieder, denn Geld ist eine Größe, mit der wir alle etwas anfangen können. Liebe wird von jedem von uns etwas anders empfunden, Geld ist hier eine gut messbare Größe. Diese Frauen, die ich befragt habe, sagten mir in etwa Folgendes: „Ach, ich wäre schon froh, wenn ich im nächsten halben Jahr 2.000 Euro (oder eine ähnlich niedrige Summe) mehr als sonst in mein Leben ziehen könnte." Einige dieser Frauen spielen immer mal wieder Lotto. Im Jackpot sind meist etwa zwischen einer und 99 Millionen Euro drin. Die Frauen, die sagen, dass sie Lottospielen, weil sie den Jackpot knacken wollen und gleichzeitig höchstens 2.000 Euro für möglich halten in den nächsten sechs Monaten, die können das Lottospielen eigentlich gleich sein lassen. Energetisch ist es für sie unmöglich, den Jackpot zu knacken, solange ihr System sich gerade mal für 2.000 Euro öffnet. Ein Teil von ihnen will das große Ganze und der andere Teil hält den Deckel drauf. Wie ein Limit, das nicht überschritten werden kann. Erfolgreiche Menschen halten *alles* für möglich, damit maximal *alles* zu ihnen kommen kann. In meiner früheren Arbeit als Therapeutin war meine therapeutische Tätigkeit zu vergleichen mit dem Limit, dem Deckel, den wir auf das Kind oder die Eltern draufhalten.

Mit einem Mindset, das als Maximum Linderung hat, kann Heilung nie geschehen!

Ich zum Beispiel glaube nie, dass irgendetwas nicht heilbar oder nicht möglich ist. Ich öffne meinen Deckel für „ALLES ist möglich!". Seitdem sind schon die größten Wunder wahr geworden. Wunderheilungen sind nur dann möglich, wenn wir weder an uns zweifeln noch an dem, was wir in unser Leben ziehen möchten. Wunderheilungen erfahren diejenigen Menschen, die glauben können, dass sie selbst die Medizin sein können!

Schritt 2: Glauben

Um SymptomFREIheit im Außen sichtbar werden zu lassen, musst du anfangen zu glauben, dass es möglich ist für dich und dein Kind. Wenn du schon mehrere Hundert Male erlebt hast, dass das Zubettgehen am Abend bei deinem Kind ein Drama ist, dann fällt es dir womöglich schwer, das zu glauben. Du hast oft genug das Gegenteil erfahren. Glaubst du weiter, dass es für euch nicht anders möglich ist, dann steigst du auf die Geschichte ein, die ihr euch kreiert habt und die ihr schon mehrere Hundert Mal erlebt habt. Nicht dienliche negative Glaubensmuster sind entstanden. Wichtig ist, dich immer wieder selbst zu hinterfragen. Was glaubst du und was willst du glauben? Dankbarkeit ist hier, an dieser Stelle, ein wichtiger Schlüssel. Alles, wofür du dankbar sein kannst, kann auch dein System glauben. Du darfst hier die Dankbarkeit vorwegnehmen für die Dinge, die du dir erschaffen möchtest. So, als hättest du sie bereits in deinem Leben erhalten. Annemarie beispielsweise hat schon zu Beginn ihrer Manifestation des Maledivenurlaubs angefangen, dankbar dafür für diese Reise zu sein. So, als wäre sie schon dort. Deinem Geist ist es egal, ob du schon dort bist oder ob du dir „nur" vorstellst, dort zu sein. Kannst du dankbar sein für etwas, so kannst du es auch fühlen. Und wenn du es fühlen kannst, kannst du es erschaffen. Du könntest z. B. jeden Tag mehrmals sagen:

„Ich bin so glücklich und dankbar, dass mein Kind symptomFREI ist.“

„Ich bin so glücklich und dankbar, dass unsere Bindung so liebevoll und wunderschön ist.“

„Ich bin so glücklich und dankbar, dass mein Kind es so leicht hat in der Schule.“

Sprich diese Dankesworte ruhig jetzt schon. Natürlich sind die Themen, derentwegen du dieses Buch liest, bei euch noch vorhanden. Wenn du diese Sätze für dich sprichst, dann fühle sie. Stelle dir vor, dass es schon genau so wäre bei euch. Dein Unterbewusstsein kann nicht unterscheiden, ob das schon wirklich so ist oder ob du das denkst oder träumst. Doch das, was du aussendest, kommt zu dir zurück. Davon bekommst du mehr in deinem Leben.

Schritt 3: Folge jedem Impuls

Die gute Nachricht: Du bist eine Frau. Herzlichen Glückwunsch! Du bist in der Lage, mit deiner starken weiblichen Intuition Impulse zu empfangen. Die Schwierigkeit daran kann unter Umständen sein, dass du dir im Laufe deines Lebens deine Intuition abtrainiert hast. Das passiert häufig, wenn Menschen in einem System leben, in dem es sehr viele Regeln gibt. Menschen werden darauf konditioniert, diese Regeln einzuhalten. Dabei sind sie nicht selten gezwungen, ihre eigenen Bedürfnisse unterzuordnen. Manchmal so lange, bis sie ihre Bedürfnisse und ihre intuitive Führung gar nicht mehr wahrnehmen können. Unsere Kinder triggern uns häufig dann, wenn sie tun, was sie wollen, und wir nicht auf unsere Intuition hören, sondern stattdessen Dinge tun, die wir eigentlich gar nicht tun wollen. Die Verletzung in uns, wenn sie nicht auf uns hören in diesem Moment, ist unser Schmerz, weil sie uns vorleben, dass wir uns Regeln unterwerfen und sie frei sind, das tun, wonach ihnen gerade ist. Sie zeigen uns durch ihr Freisein auf, wo wir unfrei sind. Doch das Gute daran ist: Unsere Intuition ist nicht weg. Wir können sie wieder trainieren. Damit kannst du ganz praktisch in deinem Alltag beginnen. Dies kann so aussehen, dass du vielleicht nicht gleich den gesamten Wocheneinkauf einkaufst, sondern spontan jeden Tag entscheidest, was du heute kochen und essen magst. Oder dass du, wenn du bereits Essen zu Hause hast, du aber richtig Verlangen nach Sushi bekommst, losgehst und dir Sushi holst – und nicht wieder dein Verlangen unterdrückst und dich selbst abspeist mit dem, was du eh zu Hause hast. Ein anderer Impuls kann sein, eine Verabredung abzusagen, weil du viel Stress hattest in den Tagen zuvor und dein Körper ein Signal sendet, dass er gerne mehr Ruhe hätte. Wenn du diese Signale überhörst, dann kämpfst du gegen dich selbst. Die Kinder werden es dir spätestens am darauffolgenden Tag spiegeln, in dem auch sie mit dir in den Kampf gehen. Logisch, nicht wahr?

Schritt 4: Empfangen

Einige Manifestationen scheitern genau an dieser Stelle. Die ersten beiden Schritte, nach dem größten Ziel zu fragen und zu glauben, dass es für euch möglich sein kann, werden bei den allermeisten meiner Klienten ziemlich schnell erreicht. Jetzt gilt es, auch diesen Schritt zu integrieren. Wir senden eine energetische Botschaft aus an das Universum und das Universum liefert uns genau das, was wir zuvor ausgesendet haben. Vielleicht denkst du dir jetzt, das kann doch nicht so schwierig sein, die Bestellung, die wir ausgesendet haben, auch in Empfang zu nehmen. Es ist nicht schwierig. Doch nun dürfen wir lernen zu nehmen. Geben kannst du mit Sicherheit schon hervorragend. Das tust du vielleicht schon dein ganzes Leben. Aber kannst du auch annehmen? Kannst du ein Kompliment von deinem Partner oder deiner Freundin einfach mit offenem Herzen annehmen, ohne dass du sofort etwas darauf zurückgibst? Kannst du es stehen lassen und tief in dein Herz nehmen, ohne dass du es in Gedanken oder auch laut gleich wieder relativierst? Kannst du die Einladung auf einen Cappuccino von einer Bekannten, die du zufällig in der Stadt triffst, annehmen oder erwiderst du ihr gleich darauf, dass du beim nächsten Mal bezahlst und dann *sie* einlädst?

Zum anderen bedeutet *empfangen* auch, dass wir dafür offen sind und uns nicht in die Quere stellen und gar die Auslieferung verhindern, wenn das Universum uns unsere Bestellung liefern will, und wir nicht mit aller Kraft die Annahme verhindern. Zugegeben, das klingt komisch. Genau das passiert aber sehr häufig. Ich habe ein Beispiel für dich: Mareike kommt in meine Praxis mit dem Problem, dass seit zwei Jahren kein einziger Morgen vergeht, ohne dass ihr morgendlicher Ablauf mit ihrer Tochter eskaliert, bevor sie sie in den Kindergarten bringt. Die Nerven von Mareike wurden extrem strapaziert – und das schon seit zwei Jahren. Morgens, wenn ihre Tochter noch schläft und Mareike ganz vorsichtig im Haus herumschleicht, um niemanden aus der Familie zu wecken, überkommt sie bereits ein ungutes Gefühl in ihrer Magengegend. „Oh je, nur noch 15 Minuten und dann gibt's wieder Geschrei! Gleich wacht die Kleine auf und dann ist hier die Stimmung wieder im Eimer!" Kein Wunder, dass Mareike bisher so denkt und fühlt. Jetzt kommt sie zu mir und lernt, wie sie ihre Träume in ihr Leben manifestiert. Ich bin mir sicher, du und ich, wir verstehen beide, dass eins von Mareikes neuen Zielen ist, einen entspannten und friedlichen Morgen mit ihrer Tochter zu verbringen, um dann pünktlich aus dem Haus zu kommen und die Kleine in den Kindergarten zu bringen. Mareike beginnt, sich schon abends und gleich morgens erneut, sobald sie wach ist, vorzustellen, wie ihre morgendliche Situation friedlich und harmonisch abläuft. Sie hat solche Sehnsucht danach, sie kann sich vorstellen, wie schön das wäre.

Jetzt hat Mareike es geschafft, schon zwei Wochen jeden Tag genau das mehrfach zu denken. Genau das, obwohl sich noch nichts verändert hat in ihrer Situation. Mareikes alte Muster und Glaubenssätze sind noch aktiv. Die, mit denen sie seit zwei Jahren gespürt hat, dass sie vieles versucht hat, aber nichts bisher erfolgreich war. Mareike rutscht in dieses alte Muster zurück. Es überkommen sie Gedanken wie: „Na toll, jetzt manifestiere ich seit 14 Tagen genau das, und es klappt immer noch nicht. Ich krieg's einfach nicht hin!" Du kennst das Gesetz: Es ist, was du glaubst! Ihr kleines Ich wird laut und sie bestellt sich ihre Manifestation wieder ab. Das ist deshalb nicht schlimm, weil sie sofort wieder neu manifestieren und wieder bei Schritt eins beginnen kann: Wie will sie es haben, wenn *alles* möglich ist?

Jedes Mal, wenn wir zweifeln, bestellen wir ab, unser Ziel zu erreichen. Für Mareike, die als kleines Mädchen gelernt hat, nicht genug zu sein, wenn sie sich unangemessen verhält, und die schon in ihrer Kindheit vermehrt das Gefühl hatte, dass etwas an ihr falsch sei, weil sie nicht so war wie alle anderen Kinder der breiten Masse, war das gar nicht so leicht. Denn Selbstzweifel waren jahrzehntelang ihr Muster. Ihr nicht dienlicher Glaubenssatz, den sie vom Außen übernommen und ungeprüft in ihr Unterbewusstsein gelassen hat. An sich zu zweifeln wurde zu ihrer Wahrheit. Immer und immer wieder. Was einst ein kleiner Trampelpfad in ihrem neuronalen Netzwerk war, wurde mit der Zeit zu einer Bundesstraße und weiter zu einer sechsspurigen breiten Autobahn. Aber Mareike beginnt – genau wie du, lieber Leser – mit mir in den nächsten Kapiteln dieses Buches – ihre Selbstzweifel immer mehr abzulegen und zu erkennen, wer sie in Wahrheit ist in ihrer vollen Größe.

Jede Bestellung, die wir aussenden, braucht etwas Zeit, bis sie geliefert wird. Vorausgesetzt, wir bestellen sie nicht wieder ab in der Zwischenzeit. Ich wiederhole mich: Falls du doch unbewusst deine Bestellung cancelst, ist das nicht schlimm, dann gibst du deine Bestellung eben erneut auf. Es ist ein Training – und mit jedem Male wirst du geübter darin. Wie schnell du deine gewünschte Bestellung erhältst, liegt daran, wie sehr du glauben kannst, dass sie sich erfüllt. Manifestierst du dir deinen Lieblingsparkplatz am Supermarkt, dann erfüllt sich diese Bestellung in der Regel selbst für Ungeübte recht schnell, weil es für dein System mit hoher Wahrscheinlichkeit leicht ist zu glauben, dass das für dich möglich ist. Wenn du schon viel ausprobiert oder gar einen langen Therapiemarathon mit deinem Kind hinter dir hast, dann dauert es eventuell ein bisschen länger, bis du die gewünschten Ergebnisse im Außen bekommst. Gib dir Zeit. Sei geduldig mit dir selbst.

Und wenn du ungeduldig wirst, dann erinnere dich an den Bauer, der im Herbst seinen Weizen für die Ernte im nächsten Sommer einpflanzt. Er schaut einmal, dass er auch die richtigen Körner verwendet, und wenn er diese fünf Zentimeter tief in die Erde eingepflanzt hat, dann weiß er, dass er im Sommer Weizen ernten wird. Nicht Gerste, nicht Roggen, nicht Dinkel, sondern Weizen. Er vertraut. Sich selbst. Dem Korn. Der Natur. Dem *Naturgesetz*. Er fängt nicht an, daran zu zweifeln. Er geht nicht zum Feld hin und buddelt es wieder auf. Sonst würde er dabei die jungen Pflänzchen zerstören. Er schaut nicht nach, ob auch wirklich Weizen wächst. Denn dort wächst von Beginn an Weizen. Dieses neue, kleine Pflänzchen gibt es schon lange, bevor es durch die Erde durchbricht und er es von außen sehen kann.

Für dich und deine Manifestation ist daher wichtig, dass du bleibst und weitergehst in Richtung deiner Ziele, selbst wenn im Außen noch keine Veränderung spür- oder sichtbar ist. Als Mama gehst du voraus. Dein Kind kommt mit, aber etwas zeitverzögert. Das Universum testet dich und prüft, ob es dir wirklich wichtig genug ist, deine großen Ziele jetzt zu erreichen, oder ob du dich nicht ernst nimmst und alles wieder hinwirfst und in deine alten Muster zurückgehst.

Und last but not least:

Schritt 5: Feiern

Ganz wichtig für das Erreichen deiner und eurer Ziele ist, dass ihr auf dem Weg dahin jedes noch so kleine und große Erfolgserlebnis feiert. Es ist möglich, dass dein System erste Erfolge als ganz normal ansieht, weil es in deiner Wahrnehmung vielleicht ganz normal ist, dass viele andere Menschen ja tagtäglich genau das erreichen. Bleibe bei dir! Für euch ist jede kleine Veränderung hin zum gewünschten Ziel ein Grund zum Feiern! Mach genau das groß! Richte deinen Fokus auf das, was geklappt hat – und nicht auf das, was *nicht* funktioniert hat. Du verstärkst genau das, worauf du dich fokussierst, und ziehst dir davon noch viel mehr in dein Leben.

Der Universumskellner

Bevor wir das Thema „Manifestieren“ verlassen, möchte ich die Chance nutzen, dir den Universumskellner vorzustellen. Er ist der Bote des Universums, bei dem wir unsere Bestellungen aufgeben. Du kannst ihn dir vorstellen wie den Kellner in deiner Lieblingspizzeria. Er kommt zu dir an den Tisch und fragt dich nach deiner Bestellung. Wenn du ihm antwortest, du hättest gerne ein warmes Gericht und keinen Salat, dann wird er dich weiter fragen. Selbst wenn du ihm jetzt sagst, dass es Pizza sein soll und keine Nudeln, kann er dir so noch nichts bringen. Du darfst ihm genau sagen, was auf deiner Pizza für ein Belag drauf sein soll. Nur dann kann er dir geben, was du wirklich essen möchtest. Dasselbe gilt auch in Paarbeziehungen. Ich erlebe bei meinen Klientinnen immer wieder, dass sie sich beschweren, weil ihr Partner ihre Wünsche nicht erfüllt. Auch dort dürfen wir klar kommunizieren, was wir wollen und was nicht. Männer können zwar viel, aber unausgesprochene Wünsche von Frauennasenspitzen ablesen ist meist nicht ihr Spezialgebiet. Ich lege dir ans Herz, auch bei deinem Kind oder deinen Kindern, klar zu sagen, wie du es *haben* willst in Situationen, in denen du vielleicht bis gestern noch gesagt hast, was du *nicht* (mehr) willst.

Die einzige „Erziehungsregel“, die absolut notwendig ist

Würdest du mich schon länger kennen, dann wüsstest du schon, dass Jesper Juul einer meiner größten Vorbilder im Bereich „Familien“ ist. Er war ein dänischer Familientherapeut und Autor zahlreicher Bücher über Familienbeziehungen und Erziehung. Mich hat schon sehr früh sein Slogan „Beziehung statt Erziehung“ begeistert. In meiner langjährigen Arbeit mit mehreren Tausend Familien werde ich immer wieder gefragt, ob ich „Erziehungstipps“ für sie habe. Nun bin ich selbst Mama von zwei wunderbaren Kindern und habe für mich einen Weg gefunden, der meiner Erfahrung nach auch für die Familien, dich ich begleite, hervorragend funktioniert.

Die einzige Regel, die es bei mir zu Hause – und mittlerweile auch bei vielen Familien, die ich begleite – gibt, ist:

Folge deiner Wahrheit!

Nur wenn du so handelst, dass du dir selbst treu bist und deine Wahrheit sprichst, werden deine Kinder auf dich hören. Zugegeben, die heute sehr veraltete Methode, streng genug zu sein und mit für die Kinder einschneidenden Bestrafungen zu drohen, war lange Zeit Mittel der Wahl. Unsere Eltern und Großeltern haben es selbst genau so erfahren. Doch das wollen wir ja heute nicht mehr machen. So oft sagen wir zu den Kindern etwas, obwohl wir innerlich eine ganz andere Haltung dazu haben. Und dann wird's nicht funktionieren. Häufig wird mir die Frage gestellt, was ich empfehle, wenn Kinder sich nicht an die aufgestellte Süßigkeitenregel halten, die besagt, dass es abends vor dem Schlafengehen nichts mehr zum Naschen gibt. Schau, die größte Gefahr besteht darin, dass wir pauschalisieren. Dass wir einmal eine Regel aufstellen und die dann immer so eingehalten werden sollte. So war es zu meiner Zeit noch, als ich ein Kind war. Man ging davon aus, dass Regeln dazu da seien, der Erziehung eine Form zu geben. Damit Kinder sich daran gewöhnen und wissen, woran sie sind. Da viele Eltern heute ihre Kinder lockerer begleiten wollen, funktioniert das nicht mehr. Es ist vollkommen egal, was du zu deinem Kind sagst, ob es nun naschen darf oder nicht. Das Einzige, was zählt, ist das, was deine tiefe innere Wahrheit dazu ist. Und die muss nicht in Stein gemeißelt sein. Die darfst du jeden Tag aufs Neue überprüfen. Sagst du zu deinem Kind, dass es abends nichts mehr zum Naschen gibt, denkst aber tief in dir drin, dass es doch eigentlich heute egal wäre, wenn es noch etwas Süßes bekommt, dann wird dein Kind dein Nein nicht als Wahrheit spüren und sich infolgedessen auch nicht dran halten. Ebenso wird es sich durchsetzen, wenn du Nein sagst zu den Süßigkeiten, weil dein Verstand dir zu verstehen gibst, dass es den Zähnen schaden würde oder dein Kind dann am Abend zu aufgedreht wäre, falls du Ja sagst und sie erlaubst.

Kinder haben so feine Antennen und spüren genau, was du in Wahrheit fühlst. Ob dein Verstand antwortet oder deine tiefe Herzenswahrheit.

Kinder machen nicht das, was wir sagen und denken, sondern das, was wir tun und fühlen!

Ganz wichtig ist es mir in diesem Zusammenhang auch, dass das bei allen Kindern so ist! Warum betone ich das so? Es gibt unter anderem Kinder mit AD(H)S-Diagnose, deren Eltern werden nahezu zum Handeln aufgefordert mit den Worten: „Ihr Kind braucht klare Regeln und Normen!“ Diese Regeln sind in meinen Augen völlig veraltet und für die allermeisten Familien, die ich kenne, nicht dienlich, ganz im Gegenteil. Schon Erzieherinnen, Lehrkräfte, aber auch Therapeuten und Ärzte weisen immer wieder darauf hin, dass betroffene Eltern ihrem Kind einen strukturierteren Tagesablauf unbedingt anbieten müssten. Eltern in solchen Situationen, die ohnehin schon sehr stark an sich zweifeln und sich fragen, was sie falsch gemacht hätten, werden sich an jedem Strohhalm festhalten und alles ausprobieren, um nicht das eine „Wundermittel“ zu verpassen. Sie stellen häufig ihren Tagesablauf um und integrieren tägliche Mahlzeiten immer zur selben Uhrzeit. Auch die Schlafenszeit am Abend wird exakt festgelegt. Und wenn wir diese Eltern fragen, hören wir so oft, wie anstrengend ihr Alltag mit Kind(ern) immer noch ist.

Was passiert also, wenn wir unser Leben einem streng geplanten Tagesablauf unterwerfen? Stell dir einen Kreis vor von einem Meter Durchmesser. Das ist bildlich dargestellt die Welt eines Kindes mit AD(H)S oder sonstigen Verhaltensauffälligkeiten. In dieser Welt eckt das Kind hin und wieder an. Es bräuchte eigentlich eine größere „eigene Welt“. Vielleicht eine mit drei oder fünf Metern Durchmesser. Dann würde es weniger anecken. Was passiert also nun, wenn wir unseren Tagesablauf umstellen und unseren eigenen aufgestellten Regeln unterwerfen? Wir verengen die Welt des Kindes (und oft auch unsere eigene) immer mehr. Aus einem ein Meter breiten Kreis wird ein Rechteck mit zehn mal 70 Zentimetern. In dieser „Welt" wird das Kind noch viel mehr anecken. Die einzige Frage ist hier: Wäre dein Kind unauffällig, was wäre dann deine Wahrheit? Willst du feste Essenszeiten oder bist du eher der Typ Frau, die dann isst, wenn sie Hunger hat? Die am Wochenende dann aufsteht, wenn sie wach wird? Manchmal sind wir froh, wenn unsere Kinder abends pünktlich im Bett sind. Wenn wir einen Tag hinter uns haben, an dem wir nicht gut genug für uns selbst gesorgt haben, ist es wichtig für uns, dass wir abends Ruhe haben und unseren Akku auftanken können.

Doch unsere Kinder sind nicht dafür verantwortlich, dass wir Ruhe finden. Dafür sind wir ganz allein verantwortlich.

Wir dürfen lernen, uns selbst wieder so wichtig zu nehmen und uns Auszeiten zu ermöglichen, ohne dass unsere Kinder zu einer bestimmten Zeit einschlafen müssen, eben weil wir nur dann Erholung haben. Ein großer Schlüssel für dein harmonisches und liebevolles Familienleben kann also sein, für dich mal eine Art Inventur zu machen. Welche Familienregeln gibt es bei dir/euch? Welche Tischsitten? Was erwartest du von deinem Kind/deinen Kindern? Vor ungefähr neun Jahren war ich mit meiner Familie an einem Punkt angelangt, an dem es Zeit wurde, mir meine aufgestellten Familienregeln mal genauer anzusehen. Waren das wirklich *meine* Regeln? War es wirklich *meine* Wahrheit, dass mein Kind am Esstisch stillsitzen sollte? Wollte ich wirklich, dass es sitzen bleibt, bis wir Erwachsenen fertig aufgegessen hatten?

Sofort kommt mir da jetzt eine für mich sehr erkenntnisreiche Situation vor mein inneres Auge. Meine Mutter war zu Besuch bei uns, als mein Sohn seine Füße auf den Wohnzimmertisch legte. Sie ermahnte ihn, die Füße vom Tisch zu nehmen, da „man" das nicht machte. Mein Sohn hielt sich exakt drei Sekunden daran, und als sie sich umdrehte, waren seine kleinen Kinderfüßchen wieder auf der Tischplatte. Meine Mutter wurde getriggert davon, denn das hätte es bei ihren Eltern damals nicht gegeben – einfach nicht zu tun, was diese von ihr verlangten. Kurze Zeit später sagte sie zu mir, unser kleiner Prinz würde mir ja ganz schön auf der Nase herumtanzen. Sofort veränderte sich das Gefühl in mir. Ich spürte einen Cocktail aus Wut, Traurigkeit und Schmerz. Ein Teil in mir fühlte sich angegriffen. „Ich bekomme es nicht hin, mein Kind ordentlich zu erziehen!" Versagensgefühle. Wut auf meine Mutter, weil sie das gesagt hatte. Auf meinen Sohn, dass er mich in diese Lage gebracht hatte. Und auf mich, dass ich es nicht anders hinbekommen hatte.

Diese Situation hat mich im Nachgang noch eine Weile beschäftigt. Ich habe gelernt, alles im Leben kommt aus einem bestimmten Grund zu mir, auch wenn sich das im ersten Moment oft nicht so anfühlt. Aber okay, ich wollte das Geschenk darin finden. Als meine Mutter später wieder nach Hause fuhr, puzzelte mein Sohn auf dem Sofa sitzend und hatte wieder seine Füße auf dem Tisch. Und da wurde mir klar: Mich störte das gar nicht! Ich hatte überhaupt kein Problem damit und wollte auch nicht, dass er das sein lässt. Es hat mich getriggert, weil ich nicht dastehen wollte wie eine Mutter, die es nicht hinbekommt, ihrem Kind Manieren zu vermitteln. Es war mein Schmerz darüber, was andere über mich und mein Kind denken könnten. Es war mein eigener Käfig, in den ich mich bis dahin selbst eingesperrt hatte, damit andere Menschen nicht über uns urteilen. Kennst du solche Situationen aus deinem Leben?

Meine Mutter hat es auch gut gemeint auf ihre Art und Weise. Sie wollte früher schon meinen Geschwistern, mir und nun eben auch in dieser Situation bei meinen Sohn, dass er nicht aneckt in der Gesellschaft. Sie wollte, dass er zu Hause übt und sich „benimmt", um im Kindergarten, in der Schule und überhaupt in der Gesellschaft nicht aufzufallen. Sie hat ja dieselben Muster, wie ich sie ebenfalls hatte bis dahin. Auch sie wollte, dass es keinen Ärger gibt, und sie wollte vermeiden, es nicht so hinzubekommen, wie man es von ihr erwartet hätte. Ich habe mir zu keinem Moment Gedanken darüber gemacht oder gar Sorgen gehabt, ob mein Kind sich auch richtig benimmt unterwegs. Wenn es erstmal zu Hause Nudeln mit den Fingern aß, habe ich nie Sorge gehabt, dass es deswegen negativ auffallen könnte, wenn es im Kindergarten zu Mittag isst. Kinder wissen ganz genau, *wo* sie was dürfen oder nicht dürfen. Sie müssen nicht lernen, sich anzupassen, sie haben die natürliche Fähigkeit, sich ganz schnell an veränderte Rahmenbedingungen anzupassen. Wichtig ist, dass wir zu Hause unsere Wahrheit sprechen und leben und nicht nur deshalb wollen, dass unsere Kinder beim Essen stillsitzen, weil wir sonst als Eltern bewertet werden könnten. Niemand hat das Recht, darüber zu bestimmen, was für dich und deine Kinder richtig ist oder nicht – niemand außer dir!

Ich lade dich ein, für dich zu prüfen, wo du Muster in dein Familienleben integriert hast, die gar nicht deiner Wahrheit entsprechen, sondern die du übernommen hast von anderen. Lass sie weg. Stelle *deine* Regeln auf. Bei mir sind 80 Prozent meiner ursprünglichen Regeln komplett weggefallen seitdem. Und es funktioniert hervorragend. Ich muss meine Kinder nicht zwingen, „bitte“ und danke“ zu sagen. Ich lebe es vor. Sie tun es automatisch. Aber wir Mamas dürfen vertrauen, dass nichts falsch ist, weder mit uns noch mit ihnen. Unabhängig davon, was man als Kind zu uns gesagt hat und was wir in der Vergangenheit erfahren haben. Wir leben *jetzt*. Es ist an der Zeit, unsere eigene Geschichte zu schreiben. Und wir können in jedem Moment damit beginnen.

Warum „hoffen“ und „wünschen“ nicht funktioniert

Wenn wir mal für einen Augenblick unser Leben zurückspulen zu der Zeit, als wir nicht als Mama vor dem Weihnachtsbaum saßen am Heiligabend, sondern als Kind, dann kann es sein, dass da für uns genau das unter dem Baum lag, was auf unserem Wunschzettel stand. Manifestieren wird häufig so verstanden, als ginge es darum, sich etwas zu wünschen und das dann zu bekommen. Wenn wir die Botschaft aussenden, dass wir uns etwas wünschen, beispielsweise SymptomFREIheit, dann suggerieren wir damit dem Universum, dass wir das noch nicht haben. Sonst bräuchten wir uns das ja nicht zu wünschen. Jetzt ist es aber so, dass wir genau das bekommen, was wir aussenden. Senden wir also aus, wir wünschen uns SymptomFREIheit (weil wir sie ja noch nicht haben), dann ist die Energie dahinter Mangel. Wir bekommen, was wir aussenden, d. h., in diesem Fall würden wir also weitere Symptome oder Anstrengung bekommen, weil das dieselbe Energie ist wie die, die wir ausgesandt haben.

Gleiches passiert, wenn wir sagen: „Ich hoffe, dass ich es diesmal schaffe und wir unsere Themen jetzt auflösen!“ Mit „ich hoffe“ zeige ich, dass ich es weder glaube noch weiß. Ausgesandt wird: „Ich weiß nicht, ob ich das schaffe!“ und damit eine ganze Menge Zweifel. Mangelenergie. Genau davon würden wir mehr zurückerhalten. Energie fließt dorthin, worauf wir unseren Fokus richten. Genau das verstärkt sich, wir bekommen mehr davon. Statt „ich hoffe“ könntest du also sagen „Ich glaube ganz fest daran, dass ...“ oder „Ich weiß, dass ich es schaffe!“ Statt „ich möchte“ kannst du sagen „ich werde“ – spürst du den Unterschied? Hinter „ich werde“ steht eine klare Absicht. Wer über Geldsorgen oder über gesundheitliche Symptome nachdenkt statt über eine gute Gesundheit und Möglichkeiten, wie neues Geld zu ihm kommt, der besetzt den Platz und seine Energie mit Sorgen. Es ist in diesem Fall unmöglich, dass neue Möglichkeiten entstehen können. Das Universum ist unser Freund. Wenn eine Frau schwanger werden will und ihren Fokus darauf richtet, ein Kind zu bekommen, dann wird sie durch die Stadt laufen und lauter schwangere Frauen sehen. Die sind immer dort, aber jetzt wird sie sie verstärkt wahrnehmen. Ihr Ziel kommt näher.

Das Problem des Großteils der Gesellschaft ist es, dass viele gar nicht an das Gesetz der Anziehung glauben. Sie finden sich ab mit Situationen, die eigentlich nicht perfekt sind für sie. Sie akzeptieren Dinge, mit denen sie eigentlich nicht zufrieden sind.

Denn sie haben gelernt, dass man eben nicht alles im Leben haben kann. Das „Blöde“ daran ist: Das Gesetz der Anziehung funktioniert immer. Wenn wir es nicht zu unseren Gunsten anwenden, dann wirkt es eben zu unseren Ungunsten.

Mir liegt besonders am Herzen, dass du weißt, dass es dabei niemals um die Schuldfrage geht. 98 Prozent unserer Muster laufen – solange wir nicht hinschauen – unbewusst ab. Du kannst aber jetzt erkennen, dass die Quelle dieser Dinge in dir selbst liegt. Was du wahrnimmst, hat mit dir selbst zu tun. Dafür ist es notwendig, dass du die Verantwortung übernimmst. Mit dem Satz: „Die angenehmen Dinge in meinem Leben habe ich mir erschaffen, für den Mist will ich keine Verantwortung übernehmen oder da ist das Außen dran schuld!“, kommen wir nicht weit. Die unangenehmen Situationen werden in unserem Leben für uns so lange wiederholt, bis wir gelernt haben, wofür sie in unser Leben gekommen sind. Immer wieder kommen Menschen zu mir, deren Partnerschaft kurz vor der Trennung steht. Manchmal empfinden diese Menschen ihre Beziehung als toxisch. Würden diese Menschen sich zwar trennen, aber nicht hinschauen auf ihre eigenen Themen, dann würde es in der Regel nicht lange dauern, bis sie wieder einen neuen Partner finden. Zuerst berichten sie, dass es diesmal ganz anders sei, und nach wenigen Monaten bereits gleicht sich diese neue Beziehung dann doch wieder der vorigen an. Das passiert, wenn Beziehungen auseinandergehen oder leiden und einer der beiden Partner in die Opferrolle gerät. Wer als Opfer durch sein Leben geht, der hat als Anziehungspunkt nur einen Platz auf der „Täter“-Position frei. Der Mensch gegenüber wird diesen Platz einnehmen, denn nur dieser ist in dem Fall frei. Es nützt hier nichts, die Schuld auf den Partner oder Ex-Partner abzuwälzen, ganz im Gegenteil, damit geben wir die Verantwortung, wie wir uns fühlen, komplett an unser Gegenüber ab und verstärken selbst unseren Opferstatus.

Das Ego

Unser Ego ist das Ich-Bewusstsein, das sich ab dem dritten Lebensjahr in uns aufbaut. Unser Ego will bestimmen, es zweifelt, es spürt Mangel und es bewertet. Es ist sozusagen unser „unechtes Ich". In der Bewusstseinspraxis wird das Ego gleichgesetzt mit dem „kleinen Selbst", unserem verletzten inneren Kind in uns. Es ist ein Teil unseres Verstandes und entsteht aus der Summe aller Gedanken, Erfahrungen und Meinungen. Unbewusst übernommen oder bewusst. Daraus sind bestimmte Glaubenssätze und Muster in uns entstanden, ganz bestimmte Sichtweisen auf die Welt und auf unsere Umwelt. Du siehst die Welt nicht so, wie sie ist, sondern durch die Brille deines Egos, mit der Summe all deiner gemachten Erfahrungen. Unser Ego ist ein Bild von unserem Ich. Das Bild über die Frau, die jede von uns zu sein glaubt. Wir wurden darauf trainiert, uns mit diesem Selbstbild zu identifizieren, doch das sind in Wahrheit nicht wir. Unsere Vergangenheit und unsere Zukunft sind lediglich Geschichten in unseren Köpfen. Wir haben uns eine *Pseudoidentität* geschaffen. Wenn jemand im Außen dein Ego, von dem du glaubst, dass du es bist, kritisiert, dann bist du verletzt. Dann glaubst du, jemand würde dich infrage stellen. Wenn wir diese Bilder über uns verteidigen gegenüber den anderen Egos, dann sind wir bei der Ursache von Gewalt und Kriegen angekommen. Du bist nicht dein Ego! Deine wahre Identität und Größe kannst du nicht über deinen Verstand erkennen. Um deine wahre Größe zu erkennen, musst du dich von deinem Ego (Selbstbild), deinem Verstand und deinem Außen abwenden und nach innen gehen. In Wahrheit sind wir alle unvorstellbar größer und mächtiger als unser begrenzter Verstand. Unser Ego will nicht, dass wir unsere wahre Größe und Identität finden, denn dann würde es seine Macht über uns verlieren. Du würdest erkennen, dass dein bisheriges Selbstbild, all das, was du über dich denkst, viel zu klein ist und auf Missverständnissen und Fehlinterpretationen beruht. Unser Ego möchte die Macht über uns behalten. Es möchte, dass wir denken (das Ego ist Teil des Verstandes), dass wir grübeln, Ängste aufbauen, über Probleme nachdenken und uns Sorgen machen. Genau dieses Muster finden wir auch in unserem Gesellschaftssystem wieder. Denn so behält es die Macht über uns. Man sagt Menschen, was alles falsch ist an ihnen, macht ihnen Ängste – und die Egos der einzelnen Menschen übernehmen die Führung über sie.

Wir haben also vergessen, wer wir wirklich sind. Als wir als Baby auf diese Welt kamen, da wussten wir das noch. Da waren wir nahezu reines Bewusstsein. Wir hatten nicht das Gefühl, zu klein, zu wenig genug oder zu viel zu sein. Du weißt jetzt, dass 98 Prozent unserer täglichen Gedanken unbewusst in fast schon unendlichen Wiederholungen abgespielt werden. Solange wir nicht gelernt haben, uns diese Gedanken bewusst zu machen und sie dann zu stoppen, so lange werden wir von unserem Ego beherrscht mit Gedanken, die uns von unserem Ziel und unserer wahren Größe abbringen wollen. Zweifel versuchen immer wieder, uns wie mit Gummibändern zurückzuhalten. Wir haben gelernt, Autoritäten mehr zu glauben als uns selbst. Das Ego will uns dort halten, wo wir sind, in dem es uns auf alle möglichen Gefahren hinweist. Unglückliche Menschen versuchen immer wieder, mit ihrem Verstand das zu finden, was sie glücklich macht. Doch weder ihr Verstand noch ihr Ego können wissen, was sie glücklich macht. Wahres Glück kommt aus unserem Herzen! Wenn wir uns belohnen mit Konsum oder Ablenkung, dann macht uns das auf Dauer niemals glücklich. Wie oft bist du schon Dingen oder Zielen hinterhergerannt ohne Erfüllung? Wie oft hast du schon aufs falsche Pferd gesetzt, weil du den Weg zum Glück noch gar nicht kanntest?

Unser Ego hat einige Tricks auf Lager, um uns kleinzuhalten. Wenn wir folgende Tricks kennen, können wir es entlarven.

- Unser Ego gaukelt uns vor, wir müssten etwas erreichen, um genug und zufrieden zu sein. Aber das Ego ist nie zufrieden, es will immer mehr. Mehr Geld. Mehr Liebe.

Mehr Anerkennung. Mehr Macht. Das ist quasi das Naturell des Egos. Lassen wir uns von ihm leiten, so werden wir uns immer weiter abstrampeln. So lange, bis wir erkennen, dass die Vollkommenheit, das Glück, die Liebe und der Friede nur im Jetzt gefunden werden können.

- Ein weiteres Mittel des Egos sind Zukunftsängste. „Werden wir das bezahlen können?“, „Werde ich Menschen verlieren, wenn ich meine Meinung sage?“ Das sind Fragen des Egos. Gehen wir diesen Fragen nach, verlieren wir uns in der Zukunft oder in der Vergangenheit und kommen weg vom Hier und Jetzt.
- Unser Ego besitzt immer eine Gegenstimme, die uns abhalten will. „Du hättest dich anders entscheiden sollen!“ oder „Mach es nicht, du könntest scheitern!“ Das sind nie wir in unserer wahren Größe, sondern das ist unsere Egostimme. Sie führt dazu, dass wir uns unsicher fühlen und wir im Zweifel und Verstand bleiben, statt unseren Weg zu gehen.
- Das Ego klagt. Es beschuldigt andere für die Probleme, es will, dass du einen Schuldigen im Außen findest, damit du nicht erkennst, dass du die einzige und wahre Ursachen für deine Situation und deine Umstände bist. Würdest du das erkennen, dann wüsstest du, was für eine enorme Macht du hast. Wenn das Ego die Führung über uns übernimmt, werden wir Opfer der Umstände oder der Macht anderer bleiben. Es sorgt dafür, dass wir uns ohnmächtig und klein und hilflos fühlen. Erkenne, dass die Geschichten deines Egos ein Trick sind, um dich klein und abhängig zu halten.
- Das Ego sorgt dafür, dass innere Konflikte in dir entstehen und du dich selbst kritisierst. Die Folge kann sein, dass du immer noch mehr tust, um genug zu sein. Es hält dich im Stress, und wenn du denkst, du müsstest noch mehr tun, kannst du nicht im Frieden mit dir sein.

- Das Ego packt alles in Schubladen. Es lässt keinen Blick auf unsere Einzigartigkeit zu. Alles außerhalb dieser Schubladen verunsichert unser Ego. Sofort versucht es, uns zurückzuhalten, indem es uns als größenwahnsinnig oder lächerlich bewertet. Es hält unsere wahre Größe im Käfig gefangen.
- Das Ego stellt Fragen, die uns nicht dienen, um unsere Ziele zu erreichen. „Warum immer wir?“, „Warum passiert das ausgerechnet wieder mir?“

Es ist unsere Aufgabe, uns darin zu üben, unser Ego leiser zu stellen. Was dann passiert, ist so magisch, denn dann entscheidet unser Herz. Eine für mich so tiefe Frage, die ich mir immer dann stelle, wenn ich von meinem Ego los- und in meinem Herzen ankommen möchte ist: *Was würde die Liebe tun?*

Hier kommt meine Extraportion Liebe für dich:

Sei liebevoll mit dir! Jahrelang hast du dich kritisiert. Probiere mal aus, was passiert, wenn du anfängst, dich jeden Tag ein Stück mehr anzuerkennen. Denn wenn du deinen Wert kennst, kannst du gelassen sein, egal, was andere über dich denken. Stoppe dich selbst dabei, die Fehler zu suchen und fange an, die Lerngeschenke dahinter zu finden.

Kapitel 4

Die Botschaft der Symptome richtig verstehen

Wenn die Seele deines Kindes dir einen Brief schreiben könnte, würde sie dir folgendes mitteilen wollen

„Liebe Mama,

ich liebe dich von ganzem Herzen!

Ich liebe dich so sehr! 

Ich möchte heute mal ganz ehrlich zu dir sein.

Ich weiß, was du alles für mich tust!

Ich sehe, wie du kämpfst, jeden Tag wieder.

Ich weiß, dass du mit mir zur Therapie gehst, weil du das Beste für mich und für uns willst.

Ich weiß, dass du alles versuchen willst und dir Vorwürfe machen würdest, nicht alles zu probieren, wenn der Kinderarzt uns wieder ein neues Rezept ausstellt.

Ich sehe, wie es dich und mich stresst, dass wir kaum Zeit für uns haben, weil wir zu so vielen Terminen hetzen. Erst die Logo-, dann die Ergo-, jetzt auch noch Verhaltenstherapie.

Doch schau bitte hin, es bringt nichts!

Ich möchte kooperieren!

Ich möchte, dass wir es leicht haben!

Ich möchte nicht, dass du dauernd schimpfen musst!

Ich mache das nicht, um dich zu ärgern!

Aber ich bin als dein Kind hier auf diese Erde gekommen und ich habe eine Botschaft für dich! Ich bin gekommen, um Heilung zu bringen!

So sehr warst du ein liebes, nettes, angepasstes Kind, als du selbst klein warst.

Oma und Opa waren ganz schön streng zu dir.

So sehr musstest du gefallen,

Leistung erbringen, dann warst du genug.

Aber wehe, wenn nicht, dann gab es Ärger.

Ständig überschreitest du deine eigenen Grenzen, gehst drüber.

Ich sehe, wie geschafft du bist, und ich sehe, wie du immer wieder zu so vielen Menschen Ja sagst, obwohl du Nein meinst.

Ich bin kein unartiges Kind, aber ich lerne von dir, dass es anscheinend nicht wichtig ist, deine Grenzen einzuhalten. Dass es normal ist, dass du nachgibst.

Dass es normal ist, dass du dich hinten anstellst.

Deshalb versuche ich immer wieder, meinen Kopf durchzusetzen.

So habe ich es gelernt. So zeigst du es mir.

So oft sagst du „nein“ zu mir, wenn ich etwas haben oder machen will.

Du sagst, dass „man“ etwas nicht mache.

Doch wer ist dieser „man“?

Ich spüre, dass es dich triggert, wenn ich mit meinen neuen Schuhen durch Matschpfützen hüpfe oder nicht Zähne putzen will, weil genau das dir früher so verboten war.

Ich bin hier und lasse alle Wut und Enttäuschung für dich raus, die du all die Jahre unterdrückt und in dir angestaut hast.

Ich nehme in Kauf, dass du mich in den Momenten nicht lieb hast, aber ich bin dein Ventil!

Ich leide mit, wenn ich zuschaue, wie all die Unterdrückung sonst gegen dich selbst geht. Denn das tut sie schon viel zu lange!

Ich weiß um deine Erschöpfung.

Ich weiß, wie sehr du Ruhe brauchen würdest, um so weitermachen zu können.

Aber ich lasse nicht zu, dass du so weitermachst!

Ich bin hier, damit du das jetzt änderst!

Du bist nicht erschöpft, weil du zu klein und nicht genug bist! Das denkst du nur!

Aber das ist nicht wahr!

Du bist erschöpft, weil du deine Gefühle und Gedanken von äußeren Umständen abhängig machst. So hast du es gelernt.

Nicht erst dann, wenn du Komplimente bekommst, bist du toll! Du bist es immer! ♥

Ich bin hier, um dir beizubringen, dass du dein Leben von innen nach außen erschaffen kannst!

Das ist deine Freiheit!

Das ist deine Leichtigkeit!

Damit ersparst du dir Leid!

Dadurch brauche ich dir diese Themen gar nicht mehr alle mit meinem Verhalten zu spiegeln.

Ich möchte so sehr, dass du dich ebenso bedingungslos lieben lernst, wie du mich geliebt hast, als ich das erste Mal nach meiner Geburt auf deiner Brust lag!

Ich konnte nur ganz wenig selbst, aber du hast mich mit so einem Funkeln angeschaut und ich wusste, perfekt zu sein. Ohne, dass ich etwas leisten muss.

Genau dieses Gefühl hattest du auch einmal bei deiner Geburt. Und dann wurde es dir abtrainiert. Du kamst in dein Muster, dich beweisen zu müssen.

Du lebst dein Leben so, wie andere es gerne sehen von dir.

Es ist dir wichtig, was andere von dir denken.

Du willst, dass ich brav bin, weil du Angst vor Ablehnung hast, wenn ich mich speziell aufführe in der Öffentlichkeit. Ich spüre das.

Ich spüre, wie abhängig du von anderen Menschen bist und davon, dass sie dich und uns mögen.

Würde ich jetzt genauso brav, lieb, nett und angepasst sein wie du damals, dann würdest du diese Angst, nicht zu gefallen und davor, was andere wohl über uns denken, füttern.

Nur dann, wenn ich lieb bin, kannst du dich entspannen.

Aber ich bin nicht angepasst!

Ich zeige dir, dass mir niemand den Kopf abreißt, wenn ich mich nicht der Norm entsprechend verhalte.

Die Symptome findest du bei mir.

Aber ich bin dein Spiegel!

All das, was ich dir heute deutlich mache, machst du schon dein ganzes Leben.

Doch du merkst es nicht. Es wurde dir als *normal* vermittelt.

Du wurdest gelobt, wenn du funktioniert hast.

Ich bin hier, um alles, was du jahrzehntelang runtergeschluckt hast und immer noch schluckst, für dich an die Oberfläche zu bringen. Es rauszulassen.

Ich bin deine Befreiung!

Merkst du das?

Nimmst du es an?

Lässt du dich darauf ein, oder wie lange soll ich es dir noch spiegeln?

Geh du voraus, Mama!

Wenn du dir es noch nicht wert bist, es für dich zu tun, dann tu es für mich! Tu es für uns!

Das ist möglich, wenn du die Impulse hier in diesem Buch befolgst oder dich persönlich begleiten lässt:

- Du kommst endlich wieder in deine Kraft!
- Deine Erschöpfung, Burn-out oder Depression lösen sich und Rückfälle werden vermieden!
- Ich muss keine Wut mehr unkontrolliert rauslassen!
- Ich haue und ärgere meine Mitschüler nicht mehr!
- Meine Konzentration, LRS oder Dyskalkulie verbessern sich!
- Ich mache gerne und freiwillig meine Hausaufgaben!
- Unsere Beziehung wird absolut liebevoll!
- Du fühlst wieder, die allerbeste Mama zu sein!
- Dein Selbstbewusstsein steigert sich enorm und somit auch meins! Ich kann erst selbstbewusst werden, wenn du es auch bist! Du bist mein absolutes Vorbild! Ich lerne nicht durch deine Worte, sondern durch deine Taten!
- Du stellst dich an die erste Stelle in deinem Leben und dadurch geht es uns allen so viel besser, weil du dich nicht mehr aufopferst!
- Meine Symptome, AD(H)S, Ängste, Bettnässen, Essstörung, Wut, Schlafschwierigkeiten, Lernschwierigkeiten, Tics etc. dürfen endlich gehen und werden nicht mehr nur von außen zu unterdrücken versucht!
- Deine Beziehung zu Papa wird wieder richtig schön und leicht!
- Ständig über Probleme zu sprechen hört endlich auf.
- Die Wunden aus deiner Kindheit dürfen endlich heilen und somit ist auch meine Kindheit von nun an unbeschwert!

Mama, ich liebe dich so sehr, dass ich dir verspreche, dir diese Themen so lange weiter aufzuzeigen, bis du sie veränderst. Dann sind wir alle glücklich und frei!

In Liebe, die Seele deines Kindes“ 

Das ist das, was dein Kind dir mit seinen Symptomen und seinem Verhalten im Allgemeinen ausdrücken möchte. Es kann das nicht so benennen, deshalb reagieren manche Kinder mit Händen und Füßen, um uns aufmerksam zu machen – und manche Kinder grenzen sich immer weiter ab in ihre eigene Welt, bis wir hinschauen. Wir dürfen diese Symptome nicht unterdrücken, denn sonst bleibt die Ursache dahinter weiterhin bestehen und es treten entweder dieselben Symptome erneut auf oder andere Symptome kommen zum Vorschein.

Es ist Zeit, dass wir lernen, die Ursachen zu erkennen, damit die Symptome nicht länger gebraucht werden

Jede Krise ist immer auch die Chance, dass etwas Besseres entsteht. Wir haben die Wahl, wir sind nicht ausgeliefert und nicht Opfer der Umstände, auch wenn wir das vielleicht lange Zeit geglaubt haben. Es liegt an unserer Entscheidung, ob wir hinsehen wollen oder nicht. Allerdings „helfen" uns die Symptome, denn wenn wir nicht hinschauen, sondern sie nur an der Oberfläche bekämpfen wollen, werden sie stärker. Die eigene Krise kann der Wendepunkt in unserem Leben werden. Symptome sind der körperliche Ausdruck von Mangelzuständen in unserem inneren System, die Überbringer von Botschaften, das Sichtbarwerden von unsichtbaren, inneren Ungleichgewichten. Wenn wir verstanden haben, was unser Körper uns mit seinem jeweiligen Ausdruck sagen möchte, erkennen wir, dass er uns nicht nur aufzeigt, wo wir uns ungesund und selbstzerstörerisch verhalten, sondern auch, was zu tun ist, um die Balance in uns wieder herzustellen.

Jede Krankheit, jede Emotion, jedes Symptom und jede Diagnose entstehen zuerst im Innen. Wenn wir Druck, Erschöpfung, Anspannung und Unterdrückung nicht ernst nehmen, wird uns das auf körperlicher Ebene zeitlich leicht verzögert gezeigt. Wenn wir diese anfänglichen Symptome noch nicht beachten, kommen meist Schmerzen hinzu. Haben wir gelernt, auch die zu unterdrücken und weiterzumachen wie zuvor, verlagert sich die Botschaft auf die Ebene unserer Kinder. Sie werden zu unserem Spiegel!

Wir leben in einer Gesellschaft, in der heute viel mehr Geld ausgegeben wird für die Bekämpfung von Krankheit anstatt für den Erhalt von Gesundheit.

Diagnosen werden oft als Schicksalsschläge hingenommen oder als Störung, die man schnell beseitigen muss. „Warum gerade wir? Warum haben es alle anderen einfacher als wir?“ Es funktioniert nicht, sie nur zu beseitigen, wenn wir danach wieder genau dieselben Verhaltensmuster und Gedanken behalten wie vorher auch. Ein Großteil meiner Klientinnen hatte – bevor sie zu mir ins Coaching kamen – schon mindestens einmal eine dreiwöchige Mutter-Kind-Kur gemacht für sich und ihr Kind. Die Erholung hat immer nur sehr kurz angehalten, meist nur, bis sie zu Hause die Haustür aufgeschlossen haben und sofort wieder in ihrem Alltag standen.

Symptome und Diagnosen sind die sichtbar gemachte Aufforderung vom Leben an den Betroffenen, den bisherigen Weg zu verlassen. Keine Sorge, hier gilt es nicht, das Umfeld im Außen zu verändern. Es muss weder der Partner verlassen noch in ein Hotel umgezogen werden, um den Alltagspflichten auszuweichen. Alles beginnt mit unseren Gedanken. Die meisten Menschen haben gelernt, ihr Äußeres zu pflegen. Sie ziehen sich ordentlich an, kümmern sich um ihr Auto, reinigen ihre Wohnung oder ihr Haus, aber innerlich schütten sie sich zu mit mentalem „Dreck“, mit den vielen Gedanken, nicht genug zu sein, mit der Angst, was andere Menschen über sie und ihre Kinder denken könnten. Symptome zwingen uns, hinzuschauen, weshalb sie entstanden sind. Erst wenn wir diesen Grund erkannt haben, verschwinden sie. Wo wir uns manchmal einfach nur wünschen, dass sie mit zunehmendem Alter unserer Kinder sozusagen einfach aus ihnen herausauswachsen, werden sie mit zunehmender Dauer immer lauter und machen uns immer stärker aufmerksam. Manche Kinder bekommen Tabletten gegen ihre Symptome. Die lösen keine Ursachen, sie lindern nur die Wirkung der Symptome. Die Ursachen dahinter bleiben weiter bestehen.

Richtig hinzuschauen und uns selbst mit diesen Themen hinter dem Symptom zu konfrontieren, erscheint eventuell erst einmal unangenehm. Aus meiner eigenen Erfahrung kann ich dir aber versichern, es ist so viel leichter, als alles weiterhin beim Alten zu lassen und in der vermeintlich bequemen Komfortzone zu bleiben. Ein Teil in uns will uns am liebsten dort halten, denn das kennen wir schon, mit der Decke über dem Kopf, gemütlich auf dem Sofa als Zuschauer. Doch dort, in dieser vermeintlichen Komfortzone, gibt es nie Wachstum und Weiterentwicklung, sondern Stagnation. Es liegt an uns, uns auf die Suche und ans Finden der notwendigen Schritte zu machen, um schon bald sichtbare andere Ergebnisse zu erhalten. Symptome zu lösen und die Ursachen dahinter zu heilen ist der einzige Weg für nachhaltigen, dauerhaften Erfolg. Das bedeutet, *nicht* wieder den vorigen Zustand herzustellen, denn genau wegen dem sind die Probleme ja erst entstanden. Konkret bedeutet das: Wenn meine Patient/innen lernen, ihre Depression zu heilen, kommen sie nie mehr in ihren vorherigen Zustand. Je nach Ursache ist eine Depression vielleicht entstanden, weil die betroffene Person sich nicht genug fühlt, weil sie ihren Wert nicht erkennt und sich aufopfert für ihr Umfeld und es jedem anderen recht macht, nur nicht sich selbst – bis zur Erschöpfung und totalen Resignation. Wahre Heilung bedeutet hier, dass diese Person lernt, Grenzen zu setzen, den eigenen Wert zu erkennen und sich nicht mehr über das Außen zu definieren. Dass sie oder er lernt, für sich einzustehen, Ja sagt zu sich selbst anstatt immer nur zu anderen.

Ein Mensch, der sich einmal in der Tiefe damit konfrontiert hat und seinen Selbstwert erkennt, wird in der Regel nicht mehr rückfällig und geht nicht mehr länger über seine eigenen Grenzen. Die Symptome brauchen wir so lange als „Hinweis", bis wir das gelernt haben und praktisch beherrschen, was sie uns mit ihrer Botschaft mitteilen wollten. Hinter jedem Symptom oder negativen Verhalten steht ein ungelöstes Problem bzw. eine Mangelsituation.

Wir sind nicht nur unser Körper, sondern noch so viel mehr. Wir sind Bewusstsein. Wir haben einen Körper, der uns unsere Themen spiegelt und als Erfahrungsinstrument dient. Mit ihm können wir fühlen, spüren, erschaffen. Wir spüren die Wirkung im Körper oder unser Kind spiegelt sie in seinem Körper, aber die Ursache liegt woanders, nämlich auf einer vorgelagerten Ebene. Wenn wir uns in unserer wahren Größe blockieren, einschränken und sogar selbst sabotieren und dies nicht erkennen, weil es ein unbewusstes Muster geworden ist in uns, dann zwingt uns das Leben mit seinen Lektionen dazu, uns damit zu konfrontieren. Und zwar so lange, bis wir zu einer Erkenntnis kommen und die Botschaft verstanden haben. Erst, wenn wir den inneren Konflikt in uns – dass unser eigenes Kleinhalten und unsere wahre Größe nicht übereinstimmen – beseitigt haben, kann unsere Lebensenergie wieder frei fließen. Unsere Kinder müssen uns dann nicht mehr spiegeln.

Was wir heute in unserer Realität vorfinden, ist aus unseren Gedanken, Gefühlen und Handlungen gestern, vor einer Woche, vor einem Monat und sogar vor Jahren entstanden. Mir ist durchaus bewusst, dass dich das vielleicht triggert, aber ich sage mit meiner langjährigen Erfahrung als Elterncoach sogar, Symptome sind für mich große Geschenke! Wenn sie nicht für uns sichtbar werden würden, könnten wir unseren Weg auch nicht korrigieren – weil wir nicht erkennen würden, zu welcher Ursache sie uns hinführen. Es gilt an erster Stelle zu schauen: Wozu zwingt uns unser eigenes oder das Symptom unseres Kindes? Manchmal triggert ein wütendes Kind seine Eltern so sehr, bis auch sie wütend werden über das Verhalten ihres Kindes. Das Kind triggert so lange, bis seine Eltern explodieren. Es dient als Ventil für seine Eltern, bei sich selbst endlich den angestauten Druck und Dampf abzulassen, der sich in ihnen angestaut hat. Unsere Kinder reagieren so feinfühlig auf unsere Schwingungen.

Krisen ermöglichen uns immer zwei Wege: entweder wir leiden weiter und machen alles genauso wie zuvor – dann bleibt alles, wie es ist. Oder wir nehmen die Krise an und sie hilft uns hineinzuwachsen in unsere eigene Freiheit, die ohne die Krise und ohne die Symptome gar nicht von uns als Chance erkannt worden wäre.

Ich gebe dir Beispiele, die es deutlicher für dich werden lassen:

Fühlen wir eventuell Unbehagen mit uns selbst und können das nicht ausdrücken, weil wir uns unseren ureigenen Ausdruck verboten haben, würde das auf längere Sicht zu einer Ausweglosigkeit, inneren Anspannung und weiterhin zu Krankheit und Symptomen führen. Da unsere Kinder viel schneller auf unsere innere Schwingung reagieren, während wir unsere Gefühle nach außen noch unterdrücken, drücken sie, die Kinder, angestaute Emotionen stellvertretend für uns aus. Manchmal auch in Form von Aggressionen. Sie lassen den inneren Druck für uns nach außen hin ab. So lange, bis wir uns mit uns selbst auseinandersetzen und unsere Verhaltensmuster und Gewohnheiten nachhaltig verändern lernen. Die Kinder machen aufmerksam darauf, wo wir als ihre Eltern selbst unter Druck stehen.

Was bei Kindern als „Störung" diagnostiziert wird, ist eine Abweichung von der Norm und soll uns zeigen, was uns in unserem Leben stört. Die deutsche Sprache hilft uns hier beim Erkennen und Entschlüsseln dieser Botschaften.

Die Kette der Symptomentstehung

Bevor wir Symptome im Außen erkennen, gehen zunächst einmal Ideen, Wünsche, Träume und Gedanken damit einher, die wir ignorieren und die umzusetzen wir uns selbst verbieten. Daraufhin entwickeln sich die ersten Warnzeichen in Form von leichten Funktionsstörungen. Wir nehmen uns selbst nicht ernst. Wenn wir diese Warnzeichen nicht beachten, dann werden stärkere Symptome akut und unübersehbar. Auf lange Sicht ignoriert, werden sie schmerzhafter und gehen eventuell in einen chronischen Verlauf über.

Wann Symptome durch unseren Körper oder stellvertretend durch den unseres Kindes sichtbar werden

- Wenn wir viele verschiedene Rollen einnehmen (als Mama, Tochter, Geliebte, Ehefrau, Hausfrau, Angestellte, Freundin etc.), aber nicht unsere wahre Identität kennen und leben.
- Wenn wir so leben, wie andere Menschen es von uns erwarten, wir dabei aber unsere eigenen Bedürfnisse missachten.
- Wenn wir über längere Zeit Nein zu uns sagen und Ja zu allen anderen.
- Wenn wir anders leben, als wir es wollen, und damit uns selbst verleugnen.
- Wenn wir neidisch sind auf andere Menschen. Damit lehnen wir uns selbst ab.
- Wenn wir fremden Verhaltensmustern folgen anstatt unserer eigenen Wahrheit.
- Wenn wir gegen etwas in uns sind und uns falsch fühlen und verurteilen.
- Wenn wir Schuldgefühle haben oder andere Menschen beschuldigen.
- Wenn wir an Altem, das uns schadet, festhalten, statt es loszulassen.
- Wenn wir uns permanent damit beschäftigen, so zu sein wie alle anderen, nur um nicht aufzufallen.
- Wenn wir nicht im Hier und Jetzt leben, sondern mit unseren Gedanken permanent in der Vergangenheit oder mit Angst in der Zukunft sind.

Diese Botschaften können sich entweder auf der körperlichen Ebene durch Symptome zeigen oder auf der beruflichen Ebene – unter anderem durch Versagensgefühle oder Leistungsdruck, in der Partnerschaft durch Konflikte und Krisen, in der Familie als Disharmonie und Streit, in den Finanzen durch finanziellen Mangel auf dem Bankkonto und so weiter.

Damit wir oder unser Kind gesund werden können oder sein starkes auffälliges Verhalten sich ausgleichen kann, ist es wichtig, unseren Fokus auf Gesundheit und Fülle, anstatt auf Krankheit und Mangel zu richten. Gerade dann, wenn das Kind sowieso schon einen „Stempel" bekommen hat von seinem Umfeld.

> *Wenn eure Situation sich verbessern soll, dann ist es nötig, in ein neues Level des Bewusstseins zu gehen. Das ist die Königsdisziplin, aber wenn wir das trainieren, ist es der absolute Schlüssel in die SymptomFREIheit* für die gesamte Familie *und alle nachfolgenden Generationen.*

Symptome bei uns oder unserem Kind sind die Einladung an uns, unsere alten und bisher unbewussten Verhaltensmuster und Konditionierungen sichtbar zu machen und abzulegen. Wir haben uns selbst verloren, aufgehört, wir selbst zu sein – aber jetzt dürfen wir uns selbst zurückerobern. Das bedeutet, nichts mehr von uns vor anderen zu verstecken, unsere Wahrheit wieder auszusprechen lernen und nicht länger hinunterzuschlucken. Es ist an der Zeit, uns selbst lieben zu lernen – bedingungslos. Denn erst dann sind wir in der Lage, andere Menschen aufrichtig und bedingungslos zu lieben, ohne Wenn und Aber. Wahre Liebe ist frei von Abhängigkeit und gegenseitigem Brauchen. Das ist ein Prozess. Und das Gute ist: Wir können genau in diesem Augenblick und in jedem Moment wieder damit starten, unser altes Ich abzulegen, unser neues Ich zu werden und unseren Gedanken *und* unserem Leben bewusst eine neue Richtung geben. Immer wieder. Das Leben ist Bewegung. Egal was war, jetzt, in diesem Moment, ist es der einzige Moment, in dem wir es verändern können. Nicht gestern, denn das ist vorbei. Nicht morgen, denn das ist noch nicht hier. Genau immer jetzt. Es ist ein andauernder Prozess, mit dem unser Leben immer leichter und leichter wird. Du bist aufgefordert, das aufzugeben, was dich bisher hinderte, über dich und deine Beschränkungen und Grenzen hinauszuwachsen.

Dein Vorausgehen durchbricht transgenerationale Traumata

Wenn wir unsere unbewussten Muster und Glaubenssätze in uns erkannt haben, dann werden wir, je weiter wir zurück in die Vergangenheit gehen, erkennen, dass das Allermeiste, das uns limitiert und von der Fülle abschneidet, nicht unsere eigenen Denkmuster sind, sondern vielmehr jene, die wir von unserem Umfeld – also unseren Eltern, Lehrern, Erzieherinnen, Großeltern, Freunden und der gesellschaftlichen Norm – übernommen haben. Dazu ist es nicht notwendig, mit jeder Generation diese Themen in Einklang zu bringen. Das ist bei unseren vorigen Generationen auch nur noch bedingt möglich. Außerdem können wir nicht die anderen ändern, sondern nur uns selbst. Aber das ist ausreichend. Wir durchbrechen diese nicht dienlichen Glaubensmuster bei uns selbst, indem wir alle Gedanken, die uns kleinmachen, stoppen. Wenn unsere Eltern uns, da sie es selbst nicht anders kannten, Liebe und Aufmerksamkeit nur für gute Leistungen haben zukommen lassen, dann ist es jetzt an der Zeit, dass wir lernen, uns selbst zu lieben, unsere Aufmerksamkeit auf uns und unsere Wahrheit zu richten, und beginnen, uns selbst wertzuschätzen. Und zwar unabhängig davon, ob wir etwas leisten oder nicht. Niemand im Außen kann das für uns tun, nur wir selbst. Doch wenn wir das trainieren, dann werden wir frei und bleiben nicht länger abhängig von den Menschen aus unserer engsten Umgebung, von denen wir bisher erwartet haben, dass sie uns das geben *müssen*. Dadurch, dass wir die Verantwortung für uns selbst übernehmen und nicht mehr die Schuld an unsere Vorfahren abgeben, durchbrechen wir die Ahnenreihe und sorgen durch diese Veränderung dafür, dass unsere Kinder, Enkelkinder und nachfolgenden Generationen nicht auch das Gefühl haben, niemals gut genug zu sein, bzw. es nur dann zu sein, wenn sie Leistung erbringen. Ich erlebe es regelmäßig und es erfüllt mich mit tiefer Dankbarkeit, mitansehen zu dürfen in meinen Coachings, wie meine Klientinnen durch ihr Vorausgehen nicht nur die Beziehung zu sich selbst und ihrem Partner und ihren Kindern heilen, sondern auch die zu ihren eigenen Eltern. Dadurch, dass sie sich selbst befreien, wird das gesamte Familiensystem befreit.

Praxisfälle

Auf den folgenden Seiten werde ich dir anhand von realen Fällen aus meiner Praxis aufzeigen, welche verschlüsselten Botschaften die Symptome und das auffällige Verhalten vieler Kinder ausdrücken. Diese Erkenntnisse sollen dir dienen, bevor ich dann im nachfolgenden Kapitel genau auf die einzelnen Symptome und Situationen eingehe.

■ 1.

Sabine kam zu mir, weil eines ihrer beiden Kinder schwer auffällig in der Schule war, seine Mitschüler haute und aufgrund seines Leistungsniveaus in eine Förderschule geschickt werden sollte – gegen den Willen seiner Mutter. Als wir uns das erste Mal sprachen, erfuhr ich, dass sie getrennt lebte vom Vater der Kinder und im Laufe ihres Lebens schon einige Beziehungen hatte, die immer wieder schmerzlich endeten und in ihr eine tiefe Abhängigkeit und Versagensgefühle zurückließ. Ihre jüngere Tochter war ständig krank, sodass Sabine allein sich sehr viel kümmern musste und ihr großer Sohn schließlich deswegen immer mehr Aufmerksamkeit suchte. Sie begann, sich mir zu öffnen, und erzählte, dass sie seit 30 Jahren unter Depressionen litt und sich seit ihrer Kindheit bereits nahezu ununterbrochen durch verschiedene Therapien schleppte, bisher erfolglos. Ihr Kind spiegelte ihre Situation so sehr wider. Je unauffälliger es gewesen wäre, desto unauffälliger wäre sie damit durchs Leben gekommen, aber ihr Leiden hätte so kein

Ende gefunden. Ihre Mutter, die ebensowenig nicht fest mit beiden Beinen im Leben stand, erzählte ihrer Tochter immer wieder, was alles falsch wäre an ihr, um von ihr selbst als Mutter abzulenken. Natürlich glaubte Sabine ihrer Mutter – und hatte diese Glaubensmuster tief in sich drin schon als kleines Mädchen zu ihrer Wahrheit gemacht. Später spiegelten ihr das ihre Beziehungen zu Männern. Doch immer wieder hatte sie es geschafft, sich davon zu lösen. Bis ihr Kind, das gleichzeitig ihr größter Spiegel war, zur Welt kam und sie nicht mehr flüchten konnte, sondern hinschauen *musste*. Schon im Kindergarten musste sie in regelmäßigen Abständen zu Gesprächen kommen, in denen man ihr sagte, was alles mit ihrem Kind nicht in Ordnung sei. Als es dann hieß, ihr Kind müsse zum Kinderpsychologen, war das Maß bei Sabine voll. So kam sie zu mir.

Sie kam wegen der Symptome ihres Kindes, aber sie wusste, dass sie auch bei sich hinschauen und sich unterstützen lassen durfte. Und zwar von jemandem, der an sie glaubt, und nicht von jemandem, der ihre Krankheit bestätigt. Ich habe vier Monate mit dieser unglaublich starken Frau gearbeitet, nicht mit ihrem Kind – und plötzlich kam von der Schule die Rückmeldung, dass sich das Verhalten und auch das Lernniveau ihres Kindes deutlich verbessert hatten. Die Schule wollte die weitere Entwicklung beobachten und der Förderschulantrag sollte erstmal ruhen.

Bevor die Veränderungen bei den Kindern sichtbar werden, gibt es immer den Durchbruch auf der Elternebene. Sabine übernahm zum ersten Mal in ihrem Leben die komplette Verantwortung für sich. Wir arbeiteten tief und eingehend miteinander – so kamen wir an die Schmerzen ihrer Vergangenheit heran. Denn sie halfen ihr, zu erkennen, in welchen Bereichen sie sich selbst ablehnte. Das war der Grund, warum sie und später auch ihr Kind immer wieder Ablehnung erfuhren. Die nebligen Schleier, durch die sie mit ihren Augen alles betrachtete, lösten sich auf und sie befreite sich aus allen Abhängigkeiten. Sie fing an, sich selbst das zu geben, was sie so lange im Außen gesucht und nicht bekommen hatte. Ihre Tochter war nicht mehr so oft krank, und wenn, dann nur noch ganz leicht.

Sabines tiefer, unbewusster Wunsch nach dem Gebrauchtwerden musste also im Außen nicht mehr erfüllt werden. Stück für Stück verschwanden ihre Überforderung und ihre Erschöpfung. Ich habe noch Kontakt zu ihr. Mittlerweile hat sie ihren Job gewechselt und bekommt nun ein angemessenes Gehalt und nicht mehr nur den Mindestlohn. Heute spürt sie in jeder Zelle ihres Körpers, dass sie ihr wunderschönstes Leben verdient hat. Sie weiß, dass ihr Kind ihr größtes Geschenk war und nicht eher locker gelassen und sie so lange gespiegelt hat, bis sie ihren Weg herausfand. Das ist Heilung für die ganze Familie und die passiert, wenn wir bei uns anfangen. Diese Frau kennt heute ihren Wert, sie setzt Grenzen und lässt nicht mehr zu, dass andere Menschen und auch sie selbst sie weiter überschreiten. Diese Frau hat gelernt, sich selbst und ihr Leben zu meistern und ist heute frei, was ebenso für ihre Kinder gilt.

2.

Petra traf ich am Urlaubsort auf dem Spielplatz. Als wir ins Gespräch kamen, wollte sie meinen Sohn warnen vor ihrem Sohn, er sei ein ADHS-Kind und man würde nie wissen, wie er reagierte. Dieser Stempel half ihr, das Verhalten ihres Kindes zu erklären. Er war schon fest wie ein Tattoo auf der Stirn des Kindes und seiner Mama eingebrannt. Ich erzählte ihr, dass ich genau dafür da bin, falls sie diese Symptomatik auflösen wolle. Zuerst war sie verunsichert, schließlich hatte man ihr gesagt, dass sie sich damit abfinden müsse. Unter der Woche fuhr sie mit ihrem Kind zur Logo-, zur Ergo- und zur Verhaltenstherapie. Sie verriet mir, dass sie selbst Erzieherin sei und immer ein paar Ortschaften weiter auf den Spielplatz gehen würde, weil es ihr peinlich war, sich dort zu zeigen mit ihrem Sohn, wo man sie kennt. Was würden denn sonst wohl die anderen Mamas von ihr denken, die jeden Morgen ihr Kind zu ihr in die Kita bringen? Im Kindergarten als Erzieherin war sie total in ihrem Element, nur bei ihrem eigenen Kind klappte es nicht.

Vielleicht kennst du das auch, liebe Leserin? Das ist deshalb so, weil unsere eigenen Kinder uns unsere wunden Punkte sichtbar machen und uns spiegeln. Ihr Kind hatte mehrmals am Tag heftige Wutanfälle und neben der ADHS-Diagnose noch Entwicklungsverzögerung und Sprachstörungen. Sie selbst litt unter ihrer schwierigen Beziehung zu ihren Eltern und als alleinerziehende Frau hatte sie fast wöchentlich Stress mit dem Papa ihres Kindes. Sie sehnte sich nach einem neuen Partner, der ihr Halt geben könnte, doch dieser wollte einfach nicht auftauchen. Ihr Kind ließ es anfangs nicht einmal zu, dass sie allein aufs Klo ging. Noch am selben Abend rief sie mich an und sagte, dass sie sofort mit der Auflösung der Symptomatik beginnen wolle.

Das Allererste, woran ich mit ihr arbeitete, war, den Stempel von ihrem Kind zu entfernen. Parallel dazu schauten wir gemeinsam nach den inneren Misthaufen, die sie schon so lange mit sich herumschleppte. Sie hatte schon sehr früh gelernt, ihre Wut zu unterdrücken, und hatte es als extrem falsch empfunden, ihre Wut zu spüren. So fing sie schon als Kind an, diese kräftige Energie in sich hineinzulassen und hinunterzuschlucken, anstatt sie rauszulassen. Aber die Wut ist dann nicht weg, ganz im Gegenteil, sie wird zur Waffe, mit der wir uns selbst bekämpfen. Petra konnte noch nicht einmal im Auto schimpfen, so verboten hat sie sich ihr Leben lang, ihre Gefühle zu zeigen.

In den nachfolgenden Coachings gingen wir an diese tiefsitzenden Verbote, und sie lernte, sich aus ihren eigenen Fesseln zu befreien. Denn wo sie als kleines Mädchen gespürt hatte, dass sie ihre Wut oder ihren Zorn nicht rauslassen durfte, gibt es heute niemanden mehr in ihrem Leben, der ihr verbietet, sie selbst zu sein. Außer ihr selbst. Es sind nicht die Menschen im Außen, die komisch von uns denken. Sie sind nur da als unser Spiegel. In dem Moment, wo es uns triggert, wenn andere Menschen uns verurteilen würden, dürfen wir hinschauen und erkennen, dass in Wahrheit wir selbst es sind, die uns diese Emotionen verbieten und sie verabscheuen. Petra kam zu mir mit der Angst, wie sie und ihr Kind es bei dieser Symptomatik schaffen sollten, wenn der Sohn bald eingeschult würde. Gleichzeitig sagte sie mir mit Tränen in den Augen, dass sie nach über zwei Jahren wöchentlicher Therapietermine mit ihrem Sohn nicht länger dorthin könne. Sie setzte das um, was sie bei mir lernte und was auch du hier für dich lernen kannst. Die Behandlungen für ihr Kind ließ sie sie für vier Wochen pausieren, um dann am Anfang der vierten Woche die Entscheidung zu treffen, nicht länger dort hinzugehen.

Petra saugte jedes Wort von mir auf, und ich half ihr, ihre alten Muster komplett zu transformieren. Die Erfolge bei ihr und ihrem Kind begannen sofort und steigerten sich mit jeder weiteren Woche. Nach zwei Wochen konnte ihr Sohn zwei Stunden spielen, ohne dass sie daneben saß. Und er fing an, gerne zu seiner Oma zu gehen. Sie heilte sich – und die Beziehung zu ihrer eigenen Mutter veränderte sich grundlegend. All das, was ihr Sohn ihr zeigte, dass er nicht auf ihr Nein hörte, dass er sich kaum von ihr trennen konnte, die heftigen Wutanfälle, die verzögerte Sprachentwicklung, all das fanden wir bei ihr durchweg in all ihren Lebensbereichen. Ohne ihren Sohn hätte sie da nie hingeschaut. Sie hätte es vermutlich noch ewig hingenommen, immer die Einzige zu sein, von der ihr Arbeitgeber Überstunden verlangte, obwohl sie die einzige Erzieherin in ihrer Kita war mit kleinem Kind. Ihr Ex-Partner hätte weiter wild die Betreuungszeiten hin und her geworfen, weil sie das bisher stillschweigend mitgemacht hatte. Ihre eigene Mutter hätte Sabine weiterhin ihre „Fehler“ unter die Nase gerieben und ihr Kind wäre auch in der Zukunft permanent ausgeflippt. Ihm dann beizubringen, dass er seine Wut unter Kontrolle kriegen *muss*, wäre für ihren Sohn den Erfahrungen gleichgekommen, die sie selbst damals als Kind gemacht hat. Diese starke Wut, mit der er sich gegen all ihre Selbstunterdrückungsversuche aufbäumte, war aber nicht mit seinem Verstand zu steuern. Sie brach in ihm auf und schoss – vergleichbar mit einem Vulkan, der seine feurige Lava ausspuckt – aus seinem tiefsten Kern durch ihn durch nach außen. Diese Frau ist für mich ein Star! Sie kam in mein damals kleinstes Coachingprogramm von gerade mal sechs Wochen Dauer und hat es durch ihr Ja, durch die Meistertools in diesem Raum und durch die Konfrontation mit ihrem eigenen, inneren Kern geschafft, in nur sechs Wochen ihrem Sohn ein komplett symptomFREIes Leben zu ermöglichen. Er hat die Sprachbarriere rasant aufgeholt, fand Anschluss an die anderen Kinder im Kindergarten, bekam Freunde. Selbst heute, nach zwei Jahren ist nichts mehr von seinen alten Verhaltensmustern zu erkennen – obwohl seine Symptome zu Beginn sehr stark ausgeprägt waren. Sabine hat sich befreit. Niemand überschreitet heute mehr ihre Grenzen. Aus ihren abendlichen Horrorzeiten wurden wunderschöne Kuscheleinheiten, etwas, das zuvor nicht möglich war zwischen den beiden. Und da das, was wir hier anwenden, nicht nur gegen *ein* bestimmtes Symptom hilft, sondern für die Balance und Fülle im *gesamten* Leben sorgt, wirkt es sich auf alle Lebensbereiche aus. Sie hat schon während unserer sechs gemeinsamen Wochen begonnen, sich ihren Traummann in ihr Leben zu manifestieren. Heute leben sie zu dritt und ihr neuer Partner könnte nicht liebevoller mit ihrem Kind umgehen, als er es tut. Ein weiterer Schlüssel für ihren rasanten Erfolgsdurchbruch war auch, dass sie nicht gezögert, lange hin und her überlegt und sich nach hinten verschoben hatte, sondern direkt ihrem Impuls gefolgt und gestartet war. Schnelle Entscheidungen aus dem Herzen bringen schnelle Ergebnisse, Zögern bringt Zögern. Du siehst, die Gesetze unseres Lebens wirken immer. Die einzige Frage ist: Wählen wir sie bewusst oder lassen wir uns von ihnen bestimmen?

Aus meinem eigenen Nähkästchen

Immer wieder sagen mir Freunde und Bekannte, ich habe es ja so gut, weil ich mich traue, mir diese Zeiten für mich und mein Buch zu nehmen, ohne meine Familie. Diesen Text schreibe ich gerade, während ich mir ein Hotelwochenende nur für mich selbst und die Fertigstellung des Buches gönne. Manche finden es egoistisch, manche wollen das auch, manche triggert das, weil sie bisher kaum zwei Minuten ohne ihre Kinder verbringen können. Ich habe mir das früher auch nicht erlaubt. Ich habe mir eingeredet, ohne mich ginge zu Hause gar nichts. (Und diese Situation hielt genau so lange an, bis ich meine tiefen Gedankenmuster dazu verändert habe).

Ich komme aus einem Elternhaus, wo beide meiner Eltern nahezu jede Minute mit Arbeit verbracht haben. Hat mein Vater etwas gemacht, konnte meine Mutter sich so gut wie nie erlauben, sich auszuruhen. Also hat sie sich die nächste Aufgabe gesucht.

Vielleicht kennst du das auch. Als ich meine damalige Naturheilpraxis, nach der Geburt meines ersten Kindes, nahezu ganz heruntergedrosselt habe auf ein bis zwei Patienten am Abend, war ich häufig zu Hause und mein Mann ging arbeiten. Für einen Großteil meiner Verwandtschaft war ich die Hausfrau, die nichts anderes zu tun hatte als ein bisschen mit meinem Baby an die frische Luft zu gehen. Das hat mich damals getroffen, denn die Realität sah anders aus. Ich habe meine gut gefüllte Praxis für zwei Jahre aufgegeben und mir und meinem Sohn diese Zeit geschenkt. Für mich war klar, dass ich alles rund ums Haus selbst mache. Sogar den Rasen habe ich gemäht und die Hecke geschnitten, mit meinem kleinen Schatz in der Rückentrage.

Ich habe damit meinem Mann sein volles Papasein weggenommen. Unbewusst hab ich ihm unterstellt, dass er es ohne mich nicht hinbekommt mit dem Kleinen. Ich habe ihn benutzt als Ausrede, weil ich es damals noch nicht konnte – mir Raum für mich selbst zu nehmen. Im Außen hat sich genau das bestätigt.

Und weißt du was? Als ich meinen Themen auf den Grund ging, da zeigte sich bei mir auch eine kleine Angst, dass er es vielleicht tatsächlich besser hinbekommen könnte als ich.

Nichtsdestotrotz habe ich angefangen, kleine Auszeiten für mich zu nehmen. Die ersten paar Male mit schlechtem Gewissen. Ich habe mich dann dabei ertappt, gleich die nächsten Winterklamotten für die Kinder in der Stadt zu besorgen und die Zeit (*meine* Zeit) „sinnvoll" genutzt zu haben. Mein Mann verstand damals gar nicht, warum ich immer ziemlich platt nach Hause zurückkam.

Und ich erlebe es immer wieder. Bei Paaren in unseren Coachings sagen regelmäßig *beide*, dass sie so erschöpft sind und keiner der beiden traut sich, zuerst auch mal individuell Zeit für sich zu nehmen. Sie haben sich gegenseitig das Versprechen gegeben, sich zu unterstützen, wo es nur geht. Das klingt so schön. Aber in Wahrheit ist es eine gegenseitige Aufopferung für das gemeinsame Familienkonstrukt und ein gemeinsamer Schwur, dass beide bereit sind, ihre Akkus komplett auf null zu leeren. In manchen Familien sehen wir immer wieder, dass Erschöpfungszustände in Depressionen übergehen – denn erst dann ist es für die meisten Mamas und Papas erlaubt, Pause zu machen. Denn dann geht es ja nicht mehr anders. Bei totaler Erschöpfung muss es auch möglich sein, dass der oder die Betroffene dann einen Tag im Bett verbringt. Vielleicht kennst du das von dir und eurer Familie oder von Bekannten, die in genau solch einen Strudel hineingekommen sind.

Die Kinder in diesen Familien gehen wortwörtlich die Wände hoch! Die toben mit Händen und Füßen. Die wollen mehr. Nämlich ihre Mama oder ihren Papa wieder spüren. Lebendig, und nicht halb tot.

Deine Frau, falls du als Papa hier liest, oder dein Mann, wenn du die Mama bist, hat *nichts* davon, wenn du deine Partnerin oder deinen Partner als Steckdose benutzt, weil du dich im untersten Energiesparmodus durchs Leben schleppst, oder wenn ihr beide mit leeren Akkus versucht, euren Haushalt zu wuppen und die Kinder bei Laune zu halten!

Genau das tun wir aber, solange wir uns nicht erlauben, uns an die erste Stelle in unserem Leben zu stellen. Sofern du keinen Säugling mehr zu Hause hast, der komplett auf dich angewiesen ist, ist dein Befinden das Allerwichtigste!

Ja, du hast gehört und gelernt, du sollst dich hintenanstellen und allen anderen den Vortritt lassen. Ja, du wurdest als „gut erzogen" belohnt, wenn du allen anderen zuerst gibst, bevor du dir nimmst. Und da Anziehung ja auch in unseren Partnerschaften ein Gesetz ist, liegt es nahe, dass du dir einen Partner angezogen hast, der auch permanent über seine

Grenzen geht! Hier ist es Zeit, sich tief in die Augen zu schauen und gemeinsam aus dieser euch beide zerstörenden Kreation auszusteigen.

Vor ungefähr acht Jahren stand ich mit meinem Mann in unserer Beziehung an einem Punkt, an dem ich ernsthaft über Trennung nachgedacht habe. Wir waren die besten Partner im Abarbeiten von To-do-Listen, doch sofort gab's wieder Neues zu tun. Babysitter hatten auch nur in Ausnahmesituationen Zeit, war ja klar, denn wir haben uns ja auch verboten, uns Genuss und Auszeiten zu erlauben. Unsere Unzufriedenheit spielten wir uns natürlich gegenseitig zu.

Und ich wusste: Ich habe diesen Mann nicht geheiratet und heute mit ihm zwei wunderbare Kinder, um denen vorzuleben, dass auch sie sich später aufopfern müssen.

Ich habe angefangen, mir erst kleinere und dann größere Auszeiten zu erlauben. Und damit kann jeder anfangen. Und wenn es erstmal eine zehnminütige Kaffeepause für dich ist, wenn dein Partner zu Hause ist.

Du bist der Sauerstoff in deiner Familie!

Ich habe mich in diesen Zeiten selbst kennengelernt. Wer bin ich als Frau?
Was macht mir Spaß – auch ohne meine Liebsten?

Und vor allem: Wer bin ich, wenn ich mal nichts leiste?

Oh ja, hier setzen wir uns mit unseren inneren Feinden und Saboteuren auseinander.

Hier erkennen wir, dass wir unsere Kinder und unsere Partner „benutzen“, weil wir uns selbst gar nicht 100-prozentig annehmen können, ohne dass wir uns über Leistung definieren. Kannst du dich wertvoll finden, ohne dass du etwas tust?

Meine Auszeiten verwandelten sich immer wieder in Hotelwochenenden für mich allein. Das war der Beginn, durch den ich meinem Mann wieder so viel näher kam.

Ich habe nicht mehr gedacht, ich habe in ihm ein drittes Kind zu Hause (denn auf diesen Platz hatte ich ihn gedrängt), sondern ich bin ein paar Schritte zurückgegangen und habe ihn seinen wahren Platz als Papa einnehmen lassen. Ich habe angefangen, ihm zuzutrauen, der beste Papa für meine Kinder zu sein. Am Anfang war Chaos, als ich von den Wochenenden zurückkam, aber er war ja auch gar nicht gewohnt, allein die Stellung zu übernehmen.

Wo mein erster Sohn anfangs auf Schritt und Tritt mit mir mitkam und ich nicht mal allein aufs Klo konnte, begannen meine Männer nun, die tiefste Papa-Sohn-Beziehung miteinander aufzubauen.

Vorhin haben sie mich besucht hier im Hotel und wir haben zusammen zu Abend gegessen. Das Schnitzel im Hotelrestaurant war ausverkauft, also bestellten wir Pizza aufs Zimmer.

Sie sprudeln über, wenn sie mir erzählen, wie toll es mit Papa ist. Und sie feiern, dass bald ganz viele Familien mein Buch bekommen können und auch bei ihnen Veränderung eintreten kann.

Und ich bin heute und jeden anderen Tag stolz auf meinen Mann, denn er ist der größte, beste, allertollste Papa und Ehemann für mich und die Jungs, den ich mir wünschen kann. Aber dazu durfte ich auf *meinen* Platz gehen und ihm *seinen* freimachen.

Ich lade dich ein, liebe Leserin dieser Zeilen, für dich jetzt zu überprüfen: Welchen Platz nimmst du und welchen nimmt dein Partner ein – falls du in einer Partnerschaft lebst. Diese Anregungen können dir helfen, deinen Blick zu öffnen und neu zu wählen für dich und für euch.

Hier kommt meine Extraportion Liebe für dich:

Du bist das Kernstück deiner Familie. Erlaube dir jeden Tag mehr, dir das zu schenken, was du im Außen suchst. Und gib dir und deiner Familie ein bisschen Zeit, um dir nachzukommen.

Immer, wenn du aufgeben willst, erinnere dich daran, warum du angefangen hast, diesen Weg zu gehen!

Fange an, die unbewussten Muster zu verlernen, die du von Menschen gelernt hast, die einst selbst verletzt wurden.

Sei es dir wert, die Erwartungen der anderen Menschen an dich nicht länger zu tragen.

Kapitel 5

Dein Kind als Spiegel

Mit diesem Kapitel greife ich für dich in meine Schatzkiste und nehme dich mit, hinter die Symptome von deinem Kind oder dir selbst zu schauen. Dazu brauchst du keine Medizinkenntnisse, denn der menschliche Körper zeigt uns sehr deutlich, was er uns sagen möchte. All diese nachfolgenden Symptome habe ich mehrere Tausend Male in meiner Arbeit mit Eltern in meinem Coachingprogrammen und zuvor in meiner Praxis erkannt und bestätigt bekommen. Trotzdem möchte ich dich darauf hinweisen, dass dies keine ärztliche Abklärung ersetzt! Diese Reise für dich hier in diesem Kapitel soll dir ermöglichen, einzutauchen hinter das, was wir im Außen sehen können. Auch Vorreiter wie Dr. Joe Dispenza, ein amerikanischer Chiropraktiker, Autor und Dozent für Bewusstsein und Persönlichkeitsentwicklung, Rüdiger Dahlke, ein Arzt für Naturheilweisen und humanistische Psychotherapie, und Louise Hay, eine amerikanische Sachbuchautorin der Neugeist-Bewegung, haben mich in diesen Forschungen bestätigt. Es gibt so viele verschiedene Symptome. In meiner Ausbildung habe ich drei Jahre lang täglich mehrere Stunden Diagnosebilder studiert und bin immer tiefer in die Thematik eingestiegen. Ich habe mit all den Familien in meiner Praxis geforscht und selbst weitergelernt mit den besten Mentoren auf meinem Gebiet. Dort, wo ich las: „Höchstens Linderung möglich", habe ich mich auf die Suche gemacht nach der Tür, die hinter diesem Befund aus diagnostischer Sicht und symptomatischer Betrachtungsweise verborgen war. Und hinter diese Türen nehme ich dich jetzt mit. Versuche nicht, den Worten zu folgen, die du liest, sondern spüre die Bedeutung des großen Ganzen. Am tiefsten in dein Erkennen und raus aus dem Kopf kommst du, wenn du die nachfolgenden Seiten nicht mit deinen Augen, sondern mit deinem Herzen liest. Meine Intention ist nicht, dir Wissen als Futter für dein Gehirn zu liefern, sondern Räume in dir zu öffnen für die wesentliche Aussage dahinter.

Wenn du dein Gesicht anschauen willst, dann schaust du in den Spiegel. Er macht für dich das sichtbar, was du ohne ihn in deinem Gesicht nicht selbst erkennen könntest. Durch ihn kannst du dich sehen. Ein guter Spiegel verzerrt nichts. Er zeigt dir eins zu eins das, was du ihm von dir zeigst. Wenn du lächelst, lächelt dein Spiegelbild zurück. Wenn du wütend bist, zeigt er dein wütendes Gesicht.

Kinder spiegeln uns eins zu eins

Wenn wir uns den Symptomen widmen, dann gibt es dort diesen Eins-zu-eins-Spiegel auch. Diesen finden wir unter anderem bei Ängsten. Bei einem Kind, das unter starker Angst leidet, finden wir Ängste in der Regel auch bei den Eltern. Vielleicht nicht dieselben Ängste, die können sich unterscheiden. Selbstbewusste Eltern, die sich und dem Leben vertrauen, haben normalerweise keine Kinder mit Unsicherheiten und Ängsten. Das ist wichtig, denn wer ein ängstliches Kind hat, das sich nicht traut, auf dem Spielplatz zu klettern, oder grobmotorische Schwierigkeiten hat, der kennt höchstwahrscheinlich die Ängste bei sich selbst, die verhindern, das Kind sich frei bewegen zu lassen. Das erkennen wir an solchen Sätzen wie: „Pass auf! Fall nicht die Treppe runter!“ Viele Kinder kamen schon in meine Praxis, die zuvor bei der Ergotherapie waren. Da stand schon Entwicklungsverzögerung als Diagnose im Raum, weil sie motorisch nicht stabil waren. Eine Stunde Ergotherapie in der Woche verdampft hier meist wie ein Tropfen Wasser auf dem heißen Stein, solange zu Hause unterschwellig diese Angst, dass etwas passieren könnte, im Raum steht. Der nachhaltige und schnellste Weg, der gleich auch noch die Therapie für das Kind erspart, ist der, sich selbst seinen Ängsten zu stellen. Kinder lernen von uns, indem sie machen, was wir machen, und nicht das, was wir sagen.

Kinder spiegeln das Gegenteil

Neben dem Eins-zu-eins-Spiegel, der das übergeordnete Thema auch eins zu eins auf Kindesebene projiziert und dort sichtbar macht, gibt es noch den – wie ich ihn nenne – „gegenteiligen" Spiegel. Er spiegelt das Gegenteil. Ein klassisches Beispiel ist hierfür die Wut bei unseren Kindern. Der allergrößte Teil von wütenden Kindern mit teilweise heftigen Wutanfällen hat keine Eltern, die ebenfalls sehr häufig wütend sind oder in ihrer Kindheit wütend waren, sondern Eltern, die gelernt haben, dass sie in der Gesellschaft besser ankommen, wenn sie ihre starken Emotionen, vor allem die Wut, unterdrücken. Jedes Hinunterschlucken von Wut führt zur Selbstzerstörung. Nach außen hin „brav" und innen Selbsthass und Ohnmacht. Unsere Kinder sind so eng mit uns verbunden. Sie spüren sofort, wo wir wir selbst sind und wo wir uns unterdrücken. Sie nehmen mit ihren feinen Antennen wahr, wenn wir Eltern fast platzen vor Wut. Doch hier kommt das Verbot, das wir einst aufgeschnappt und zu unserer Wahrheit gemacht haben. Wir zwingen uns, ruhig zu bleiben. Nun werden Kinder aber niemals unterstützen, dass ihre Eltern so weitermachen damit und sich innerlich durch ihre unterdrückte Wut vergiften. Sie dienen ihren Eltern als ihr Ventil. Sie lassen die Menge an angestauter Wut, die sie bei ihren Eltern wahrnehmen, für sie heraus. Meist triggern sie uns Eltern durch ihre unkontrollierbare Wut so sehr, dass auch wir als Eltern irgendwann laut werden. Kinder helfen ihren Eltern, ihr ohnehin volles inneres Wutfass zum Überlaufen zu bringen. Damit spiegeln sie hier also das Gegenteil.

Immer, wenn andere Menschen Emotionen in dir hervorrufen, machen sie etwas in dir sichtbar. Sie zeigen dir deine inneren Trigger auf. Sie weisen auf Wunden in dir hin. Doch genauso passiert das auch im Positiven. Bewunderst du eventuell ein Idol von dir, einen Star, dann schaust du auf zu Menschen, die etwas ausstrahlen, von dem du dir wünschst, dasselbe auch für dich zu haben. Das bedeutet dann, dass du dasselbe Potenzial in dir trägst wie deine Idole. Denn ansonsten würden sie mit dir gar nicht erst in Resonanz gehen. Sie haben ihr Potenzial schon in sich freigelegt und spiegeln dir deshalb deines. Wenn du spazieren gehst und glückliche Familien siehst, dann darfst du hier auf deine Gedanken achten. Es macht einen gewaltigen Unterschied, ob du dir sagst: „Na toll, für diese Familien ist das möglich, aber wir kriegen es einfach nicht hin!“ oder „Oh, wow! So will ich es auch haben! Sie zeigen mir, was ich auch möchte. Sie zeigen mir mein und unser Potenzial!“

In Kapitel 7 zeige ich dir, warum es wichtig ist, alle Emotionen zuzulassen. An dieser Stelle möchte ich vorwegnehmen, dass es in Ordnung ist, wenn dein Kind wütend wird, wenn du den Fernseher ausschaltest. Wir wünschen uns, dass das immer ganz still und leise passiert, aber dein Kind darf hier Emotionen haben, wenn es sein Bedürfnis ist, noch weiter fernzusehen. Nachhaltig löst du solche Situationen für dich, indem du hinschaust, warum dein Kind dich triggert. Wenn du das erkannt und aufgelöst hast, dann werden solche Momente immer seltener.

Die folgende Auflistung ist meine praktisch erprobte Erfahrung mit diesen Symptomen. Sie ist ein Auszug der häufigsten Diagnosebilder und Symptome bei jenen Kindern, mit denen Eltern mich aufsuchen. Sie ist keineswegs vollständig, ermöglicht dir aber anhand ausgewählter Beispiele, hinter die sichtbaren Symptome zu schauen und an die Ursachen heranzukommen, die ich mit meinen Klienten am häufigsten finde. Natürlich müssen wir immer individuell auf jeden einzelnen Patienten schauen.

Wenn Kinder regelmäßig nicht auf das „Nein!“ ihrer Eltern hören

Kinder, die regelmäßig nicht auf das „Nein!“ ihrer Eltern hören, werden oft als unerzogene Kinder hingestellt. So spricht der Volksmund. Und es ist so einfach, das einfach zu glauben, denn ein Teil in uns drin hat das genauso gehört. Kinder, die nicht hören, triggern in der Regel ihre Eltern – und zwar meiner Forschung nach nicht, weil sie nicht hören, sondern weil die anderen Menschen sonst über die Eltern denken könnten, sie hätten ihre Kinder nicht im Griff. So oft haben wir uns das in meinen Coachings genau angeschaut. Nahezu jedes Mal zeigte sich, dass es nicht um das Nicht-Hören des Kindes ging, sondern darum, dass die Eltern sich dieses Verhalten, das ihr Kind ihnen zeigt, in ihrer eigenen Kindheit nie getraut hätten. Kinder zeigen ihren Eltern damit auf, wo in den Eltern noch Schmerz abgespeichert ist, weil sie sich als Kind unterordnen mussten.

Viele Eltern – und das schließt mich mit ein – haben als Kind gelernt, dass es eine Hierarchie in der Familie gibt. Oder besser gesagt: Eine Hierarchie speziell zwischen Erwachsenen und Kindern. Das erkennen wir an Sätzen wie: „Solange du deine Füße unter meinen Tisch stellst ...!“, „Du machst gefälligst, was ich sage!“ oder „Wer bist du schon, ich lasse mir doch nichts von einem fünfjährigen Kind sagen!“ Es gibt Menschen, die mir gesagt haben: „So war das halt damals, hat uns doch nicht geschadet!“, doch in meinen Augen ist das verbale Gewalt. Sie haben sie genauso selbst erfahren von ihren Eltern, Groß- und Urgroßeltern. Wenn wir in unserer Kindheit erfahren, dass es Macht braucht, um Kinder zu erziehen, dann liegt es nahe, dass wir genau das auch irgendwann so weitergeben. Kinder kooperieren aber nicht, wenn wir uns über sie stellen, sondern, wenn wir ihnen auf Augenhöhe begegnen. Das hat nichts damit zu tun, dass sie uns auf der Nase herumtanzen dürfen und *wir* machen sollen, was *sie* sagen. Natürlich haben wir für unsere Kinder, wenn sie noch klein sind, deutlich mehr Verantwortung als später, wenn sie dann größer sind. In Machtverhältnissen entstehen immer zwei Parteien, Opfer und Täter, Unterwerfung und Dominanz.

Wenn unsere Kinder regelmäßig nicht auf unser „Nein!“ hören, dann dürfen wir uns fragen: Wo leben wir noch nicht unsere Wahrheit? Unsere Kinder wollen uns nicht schaden und auch nicht ärgern. Wenn sie in unserem Alltag sehen, dass wir immer wieder über unsere eigenen Grenzen gehen, dass wir weiter arbeiten, wenn es uns mal nicht gut geht oder wenn wir zu anderen Menschen Ja sagen, obwohl wir eigentlich Nein sagen wollten, dann spüren sie, dass uns das nicht gut tut. Und gleichzeitig lernen sie durch das, was wir vorleben, dass es scheinbar nicht wichtig ist, seine Grenzen einzuhalten, denn ihre Mama tut es ja selbst oft nicht. Und das spiegeln die Kinder uns. Sie fordern uns auf, hinzuschauen und zu erkennen, wo wir selbst nicht auf unser Nein hören und immer wieder unsere eigenen Grenzen überschreiten. Und genau das ist hier unser Ansatz. Wenn du gelernt hast, dich wichtig zu nehmen und für dich einzustehen, dann werden sie dir genau das zeigen und dich auch ernst nehmen.

Bettnässen bei Kindern und Jugendlichen

Bettnässen ist ebenfalls ein weit verbreitetes Symptom in Familien. Damit ist ein Einnässen über die normale nächtliche Windelzeit hinaus gemeint. Als erster Schritt gilt es, die betroffenen Kinder urologisch abklären zu lassen, um eine organische Ursache auszuschließen. Bevor wir uns jetzt anschauen, warum das in vielen Fällen passiert, dürfen wir uns klarmachen, welches Organ hier betroffen ist und was dieses für eine Funktion im Körper hat. Hier geht es um die Harnblase. Diese hat die Aufgabe, Urin zu sammeln, und diesen dann bei gut gefülltem Blasenvolumen am nächsten Morgen oder auch in der Nacht kontrolliert auszuscheiden. Der Körper lässt Urin los als nicht mehr brauchbares Abfallprodukt. Einnässende Kinder zeigen uns durch ihren organischen Spiegel also an, dass es sich um ein Loslassthema handelt. Gleichzeitig sehen wir eine Häufung von Bettnässen als Begleitsymptomatik bei Menschen mit Ängsten. An allererster Stelle gilt es hier zu prüfen, ob das Kind beispielsweise negative Erfahrungen in der Schule gemacht hat, ob eine familiäre Herausforderung zu meistern ist wie vielleicht der Tod eines nahestehenden Menschen, Haustieres oder Trennung der Eltern. Kinder, die am Tag großem Stress ausgesetzt sind und für die das zu viel ist, lassen diesen Druck und ihre Anspannung nachts im Schlaf los und es kommt zum Einnässen.

Wenn wir das geprüft haben, schauen wir bei uns Eltern hin. Wir wenden den Eins-zu-eins-Spiegel an und prüfen für uns, ob es in unserem Leben Situationen gibt, die wir immer wieder loslassen, anstatt sie festzuhalten. Das können u. a. Bindungsschwierigkeiten mit unserem Kind oder in unserer Partnerschaft sein oder ein ständiger Wohnort- und Arbeitgeberwechsel. Dort, wo wir immer wieder loslassen, spiegelt uns unser Kind unser eigenes Verhaltensmuster eins zu eins und lässt Urin auch in der Nacht los. Schauen wir in den gegenteiligen Spiegel und prüfen hier: Gibt es etwas in unserem Leben, an dem wir krampfhaft festhalten, obwohl es uns nicht guttut, sondern schadet? Hier kann das Kind wieder als Ventil für uns einspringen und uns helfen, das loszulassen, woran wir krampfhaft festhalten.

Es können beide Richtungen möglich sein, hier muss individuell geprüft werden, welche Situation die betroffenen Kinder spiegeln. Das Symptom ist die Botschaft für uns, wir erkennen dadurch, dass wir bei uns hinschauen, welches Thema hier dahinterliegt. Wenn wir jetzt bereit sind, das Thema „loslassen“ oder „krampfhaft festhalten“ bei uns in Angriff zu nehmen, dann braucht das Kind seine Eltern nicht mehr zu spiegeln, denn die Ursache ist gelöst.

Ständiges Schimpfen und Meckern mit unseren Kindern

Was für viele Familien heutzutage ein großer Wunsch ist, landet immer wieder an Silvester auf der Liste der Neujahrsvorsätze. Ein Jahreswechsel ist eine tolle Möglichkeit, altes Verhalten hinter uns zu lassen und mit dem Beginn des neuen Jahres diese Veränderung auch umzusetzen. Wenn du dir das schon mal vorgenommen hast, dann weißt du wahrscheinlich, dass das Umsetzen schwieriger ist als zuvor gedacht. Damit wir unseren Vorsatz nachhaltig und erfolgreich umsetzen können, dürfen wir uns überlegen, wann wir meckern und schimpfen. Wenn wir hier tiefer gehen, dann kommen wir schnell zu der Erkenntnis, dass unsere eigenen Bedürfnisse nicht erfüllt sind. Dass wir nicht gut auf unsere Energie geachtet haben oder wir vergessen haben, wie großartig wir und unsere Kinder sind. Wir meckern, wenn wir uns beeilen müssen, um pünktlich zum nächsten Termin zu kommen – und unsere Kinder trödeln. Wir meckern, dass der Alltag zu vollgepackt ist oder wir keine Auszeiten haben. Kinder machen sichtbar, wenn es uns zu viel ist. Sie versuchen, die Bremse anzuziehen, damit wir uns nicht immer schneller und schneller irgendwann im selbstgebauten Hamsterrad überschlagen. Vielleicht kannst du spüren, wenn du hier ehrlich hinschaust bei dir, dass es nichts bringen kann, sich einfach nur vorzunehmen, weniger zu schimpfen und zu meckern, solange die äußeren Umstände genau so bleiben. Hier setzen wir an. Viele Familien haben schon zu mir gesagt, dass es in ihrem Tagesablauf nicht möglich sei, sich kleine Auszeiten zu nehmen oder, wenn die To-do-Liste zu lang ist, auch mal einzelne Termine zu verschieben oder abzusagen, um Entschleunigung einzubauen. Wenn wir das nicht freiwillig tun, obwohl es längst nötig wäre, dann tun es unsere Kinder für uns. Dann trödeln sie auf dem Weg zum Kindergarten und drehen jedes Steinchen zehnmal um oder brauchen richtig lange, um sich überhaupt erstmal anzuziehen.

Jeder von uns kann sich freie Zeitinseln schaffen. Notfalls auch erstmal kurze Momente zum Ruhen und Durchatmen. Das, was in Wahrheit viel schwieriger ist, als Zeit zu finden oder möglich zu machen, ist die Erlaubnis, sich selbst die Pause auch zuzugestehen. Sich selbst Zeit, Ruhe, Genuss zu erlauben, ist bei vielen Menschen so verboten. Dieser kleine Satz „Ich hab keine Zeit!" dient sehr oft als Ausrede, das Schwierigere dahinter ist meist, sich Auszeiten zu erlauben, in denen wir nichts tun müssen. Und das ist so wichtig für jede Mama und für jeden Papa. Ein unabdingbarer Schritt, um aus der Mecker- und Motzfalle herauszukommen.

Magersucht beim Kind

Dieses Thema liegt mir besonders am Herzen. Unter all meinen Klienten, die ich während der vergangenen Jahre begleitet habe, waren 13 Familien, in denen das Kind magersüchtig war – und zwar schon so weit fortgeschritten, dass es, sobald es in den lebensgefährlichen Bereich rutschte, immer wieder zu stationären Klinikaufenthalten als Zwangsmaßnahme kam, begleitet von Psychotherapien. Bei Essstörungen *müssen* die Eltern miteinbezogen werden. Wir beginnen zuallererst damit, dass wir uns fragen, was der Körper des betroffenen Menschen mit diesem Symptom zeigen will. Wir stellen uns die Frage, wofür der Körper Nahrung benötigt. Die Antwort: zum Überleben. Wenn das gesichert ist und wir gut versorgt sind, dann ist Nahrung auch für den Genuss da. Folglich übertragen wir die körperlichen Anzeichen nun auf die psychische, die innere Ebene. Ein Kind, das nicht lebensgefährlich abgemagert ist, sich aber schon an der Grenze zum Untergewicht befindet und zwanghaft auf sein Gewicht schaut, deutet auf das Genussthema hin. Wir prüfen bei uns als Mama: Wo lehne ich Genuss in meinem Leben ab?

An dieser Stelle möchte ich noch einmal explizit anführen, dass es bei den Themen, die unsere Kinder spiegeln, nie darum geht, dass wir als Eltern schuld sind. Ich weiß, wie sehr Eltern dazu neigen, sich selbst die Schuld dafür zu geben, dass ihr Kind diese Symptome zeigt. Wir dürfen hier als Eltern unseren Fokus drehen. Anstatt uns selbst zu verurteilen, besteht eine große Chance für jeden Einzelnen von uns darin, unsere Macht anzunehmen. Sobald wir über die Spiegelung arbeiten, die unser Kind mit seinem Verhalten aufzeigt, können wir bei uns die Veränderung in die Wege leiten. Wir können andere Menschen nicht ändern, aber wir können bei uns selbst beginnen – dann verändert sich unser Umfeld mit, unsere Kinder brauchen uns nicht mehr zu spiegeln und können wieder ganz sie selbst sein. Bei stärker ausgeprägter Magersucht prüfen wir bei uns: Wo lehne ich mein Leben oder stellvertretend meine

Lebendigkeit ab? Denn genau das zeigt uns das Kind durch seine Magersucht. Den Körper mit einer Magensonde immer wieder aufzupäppeln, hilft auf lange Sicht nichts, wenn das Kind die Eltern, insbesondere die Mama, spiegelt und somit sichtbar macht, dass diese sich und ihr Leben ablehnt.

Das Kind ist dauererkältet im Winter und kann nur selten in den Kindergarten

Bei Erkältungen spricht der Körper sehr deutlich mit uns. Ständige Probleme mit der Nase und den Nasennebenhöhlen führen uns zur Frage: Wovon habe ich so sehr die Nase voll? Unsere Kinder sind unsere Spiegel. Wir schauen bei uns hin. Immer wieder auftretende oder gar chronische Mittelohrentzündungen öffnen die Frage bei uns: Was kannst du nicht mehr hören? Je kleiner unsere Kinder sind, desto mehr muss ihr Immunsystem erst lernen, mit den Erregern der Umwelt umzugehen. Hier meine ich wirklich jene Kinder, die von Herbst bis Frühjahr quasi dauererkältet sind und immer wieder Fehlzeiten im Kindergarten oder der Schule haben. Die letzten Jahre habe ich verstärkt die Erfahrung gemacht, dass die Mamas in ihren Jobs oft unglücklich waren und die Kinder ihnen – so anstrengend das dann auch für diese Mamas war mit ihren kranken Kindern – durch ihre Krankheiten ermöglichten, Auszeiten von ihrem Arbeitsplatz zu haben. Wenn wir nicht gut auf uns achten, dann spiegeln uns das unsere Kinder. Was im Außen nach Extraaufwand aussieht, ist ein unbewusst gemachtes Geschenk der Kinder an ihre Mamas. Wenn das zutrifft, dann ist es wichtig, sich nicht zu ärgern über die Situation, sondern die komplette Verantwortung für uns als Elternteil zu übernehmen und gut für uns zu sorgen. In den allermeisten Fällen, die ich begleitet habe, ließ das Kranksein bei den Kindern dann nach, wenn die Mamas den Job gewechselt, die Arbeitszeiten verändert oder ihre Konditionen neu ausgehandelt haben und wieder mit Freude zur Arbeit gehen konnten.

Immer diese Geschwisterstreitigkeiten

So wunderschön haben wir uns unser Familienleben ausgemalt – wenn da nur nicht immer wieder die ständigen Streitereien der Kinder wären. Sie provozieren sich gegenseitig. Nehmen sich ihr Spielzeug weg. Wir schauen, was das für Ursachen haben kann. Zum einen ist Neid auf das Geschwisterkind ein häufiger Auslöser. Anstatt hier die Gummibärchen abzuzählen, damit jedes Kind gleich viel hat, dürfen wir schauen, ob das Thema Neid auch in unserem Leben präsent ist. Alles ganz gerecht und akkurat aufzuteilen, ist für den ersten Moment eine symptomatische Behandlung, macht aber auf Dauer das Leben mit Kindern sehr anstrengend. Neid bei Kindern finden wir dort am häufigsten, wo auch die Eltern in ihrer damaligen Kindheit sich häufig ungerecht behandelt gefühlt haben und jetzt glauben, es müsste alles genau und möglichst gerecht aufgeteilt werden. Die Energie dahinter ist der Mangel, zu wenig zu haben. Das Nachhaltigste ist in so einem Fall, dass wir bei uns selbst überprüfen, was für Bewertungen und Glaubenssätze wir in uns haben, die uns denken lassen, dass wir nicht genug bekommen könnten. Hier ist die innere Ausrichtung das Mittel der Wahl, um wieder uns selbst, dem Leben und der unendlichen Fülle für uns zu vertrauen. So bekommen auch unsere Kinder wieder das Vertrauen, dass sie sich nichts mehr erkämpfen müssen, sondern selbst teilen können.

Ein sehr hilfreiches Tool, wie Kinder untereinander teilen lernen, ohne dass wir Erwachsenen uns einmischen oder es Streit gibt, ist das folgende: Ein Kind teilt etwas in zwei gleich große Stücke auf und das andere Kind darf sich dann aussuchen, welches Stück es nehmen möchte. Probiere es aus, es funktioniert super!

Kennst du das – falls du mindestens zwei Kinder hast –, dass alles ruhig ist, die Kinder spielen, und auf einmal fängt ein Kind an, wild um sich zu hauen, oder sie fangen Streit an wegen eines Spielzeugautos, obwohl doch noch ganz viele andere Autos daneben stehen? Fragst du dich, wie kann man wegen so eines Autos ein derartiges Drama starten? Was, wenn's in Wahrheit gar nicht um dieses Auto geht? Schau, jeder Mensch hat eine Art Frustfass in sich drin. Das füllt sich über den Tag, so lange, bis es explodiert. So kann es beispielsweise sein, dass wir unser Kind wecken und es noch länger schlafen möchte. Punkt eins der Unzufriedenheit ist schon erfüllt. Dann kann es sein, dass dein Kind seine Sommerhose anzieht, obwohl es draußen ein Grad minus hat, und du schickst es zum Umziehen. Punkt Nummer zwei ist erfüllt. Wenn das Kind dann zum Frühstück kommt und du es zurückschickst zum Zähneputzen, fühlt es erneut Frust. Hier hast du Punkt drei. Endlich am Frühstückstisch angekommen stellt es fest, dass der Honig leer ist und es nur noch Marmelade gibt. Das ist dann Punkt vier. So geht das jetzt am Vormittag bei deinem Kind weiter. Die beste Freundin ist krank, schon wird es erneut mit seinem Frust konfrontiert. So sammelt sich ordentlich Munition an auf der Frustskala deines Kindes, bis es irgendwann am Nachmittag scheinbar wie aus dem Nichts heraus explodiert. Wenn wir das verstehen, dann ist es um einiges leichter, unser Herz offenzuhalten. Wenn wir hier mit Verständnis und Liebe für unser Kind reagieren, dann bleibt die Liebesleitung zwischen unserem Herzen und dem Herzen unseres Kindes offen. Wir können es auffangen. Wenn wir genervt reagieren, weil wir nicht verstehen, warum man wegen eines Spielzeugautos so ein Theater machen kann, dann klemmen wir diese Leitung zwischen uns und unserem Kind ab und das Drama wird umso größer. Wenn beide, Mama und Kind, nun mit schlechter Laune auf dem Boden sitzen, dann kann keiner dem anderen dabei helfen, schnell wieder aufzustehen.

Ein weiterer, nicht zu unterschätzender Grund für Geschwisterstreitigkeiten ist die Suche nach Aufmerksamkeit. Hier dürfen wir darauf achten: Sind wir mit unseren Kindern in einem Raum, aber mit unseren Gedanken ständig abwesend, sind wir im Problemdenken, überlegen uns eine Einkaufsliste, sind wir gedanklich am Abarbeiten der To-do-Liste oder sind wir präsent *da* bei unseren Kindern? Das soll keineswegs heißen, dass wir uns jede Minute um unsere Kinder kümmern müssen und sie beschäftigen sollen, aber unsere Kinder wollen von uns Präsenz. Sie wünschen sich, dass wir anwesend sind mit Körper, Gedanken und Herz. Sie wollen uns spüren und in Verbindung mit uns sein. In meinen Coachings lasse ich die Frauen sich umstellen auf immer wieder 20 bis 30 Minuten Präsenzzeit mit ihren Kindern. Vollkontakt. Kein Handy im Raum. Fernseher und Radio aus. Nur sie und ihre Kinder. Bereits nach wenigen Tagen erleben sie spürbare Veränderungen. Auf einmal beginnen die Kinder, nach dieser halben Stunde mit ihren Eltern, allein zu spielen und sich zu beschäftigen. Denn jetzt sind sie aufgetankt mit Liebe und Präsenz. Ab diesem Zeitpunkt berichten mir die Eltern, dass sie wieder mehr freie Zeit haben und fast keine Streitereien mehr erleben zwischen ihren Kindern. Für uns Eltern ist es auch so wichtig, wieder viel mehr ins Hier und Jetzt, in den Moment zu kommen. Denn dort – und nur dort – findet das Leben statt. Und nach Auskosten dieser intensiven Begegnung mit unseren Kindern haben auch wir aufgetankt, Pause gemacht und die weitere Arbeit geht uns leichter von der Hand. Gleichzeitig dürfen wir Mamas und auch die Papas aber genauso dafür sorgen, dass sie regelmäßige Auszeiten für sich selbst haben – und falls keine da sind, dass sie sich dann welche nehmen. Manchmal taucht hier wieder das innere Verbot auf, das wir uns selbst auferlegt haben – uns nämlich keine Pause für uns selbst gönnen zu dürfen. Doch wenn wir uns das Verbot gegeben haben, können wir es auch wieder entfernen.

Hausaufgabenstress mit deinem Kind

So viele Eltern verurteilen sich selbst dafür, dass sie die Hausaufgabensituationen mit ihren Kindern anscheinend nicht besser hinbekommen, sodass sie regelmäßig eskalieren. Hast du schon einmal dein Nachbarskind bei seinen Hausaufgaben begleitet? Falls ja, dann wirst du vermutlich festgestellt haben, dass es dabei keine Schwierigkeiten gab. Das heißt aber nicht, dass dein Nachbarskind ein fleißigeres, lieberes Kind ist als deins. Es ist normal, dass wir bei Kindern, die nicht unsere eigenen sind, wesentlich geduldiger und ruhiger sind, denn die spiegeln uns nicht. Unsere Kinder sind die am engsten mit uns verbundenen Menschen in unserem Leben und haben die Aufgabe übernommen, uns unsere tiefsitzenden Wunden zu triggern und unsere Themen aufzuzeigen, damit wir sie in Heilung bringen können.

Manche Kinder tun sich schwerer in der Schule und bei den Hausaufgaben als andere. Für die einen sind die Aufgaben eher zu leicht, für die anderen eher zu schwer. So müssen sie Aufgaben machen, die ihrem momentanen Lernstand nicht entsprechen. Da kommen Frust, Langeweile oder Versagensgefühle auf. Mit den Familien in meinen Coachings prüfe ich als Lerntherapeutin immer auch, ob nicht eine bisher unerkannte Lernstörung, eine Lese-Rechtschreib-Schwäche, eine Rechenschwäche oder eine Konzentrationsstörung vorliegt. Ich vergleiche es immer so: Ein Kind mit einer Lernstörung, das im Unterricht sitzt oder zu Hause Aufgaben machen muss, das fühlt sich in etwa so, als würden wir Erwachsenen uns heute Abend an der Uni zum allerersten Mal in eine Chinesisch-Vorlesung setzen, während alle anderen Menschen dort schon mindestens zwei Jahre die Vorlesung täglich besucht hätten und die Sprache bereits ziemlich gut beherrschen. Wir wären vermutlich ganz schön überfordert in dieser Situation. Wir würden vielleicht aus dem Fenster schauen oder uns ab und zu einen Kaffee aus der Mensa holen. Unsere Kinder machen das nicht, sondern sie fangen an zu zappeln oder flüchten in ihre „Scheinwelt“. Das ist ein Schutz unseres Körpers, um uns nicht permanent damit zu konfrontieren, dass wir den verlangten Anforderungen nicht gerecht werden können. Als Eltern erkennen wir manchmal nur unsere Sicht auf die Situation. Wir haben vielleicht noch einen Teil des Haushalts vor uns, müssen vielleicht noch einkaufen oder haben am Nachmittag noch einen anderen Termin – also muss es schnell gehen. Wir dürfen hier ganz bewusst einmal unsere Gedanken prüfen und auf Sätze achten wie: „Musst du so faul sein?“ oder „Mann, jeden Tag derselbe Mist! Musst du immer so trödeln?“ Warum erwähne ich diese Sätze hier? Es reicht schon, dass wir diese oder ähnliche Sätze denken, und die Energie im Raum mit unserem Kind ist ziemlich schwer und negativ. Wir machen innerlich zu, unser Kind fühlt sich nicht verstanden und wird bockig. Daraufhin werden wir als Eltern noch mehr getriggert und die Abwärtsspirale des Nachmittags kommt voll in Fahrt. Wieder einmal. Hier jetzt nach kurzfristigen Tipps zu suchen, um diese Situationen zu entschärfen, ist zu oberflächlich und hält erfahrungsgemäß nicht lange vor. Viel wichtiger ist es zu überlegen, was du tun kannst, wenn ihr davon betroffen seid, um erst gar nicht mehr solche Situationen in eurem Alltag zu haben in naher Zukunft.

Und hier wären wir bei der größten Stellschraube, der Manifestation. Erinnerst du dich? Die Theorie habe ich dir in Kapitel 3 bereits erklärt, hier machen wir es nochmal ganz praktisch am Alltagsbeispiel „Hausaufgabensituation“ deutlich: Wenn du diesen Stress bei euch zu Hause bei den Hausaufgaben kennst, dann vermutlich deshalb, weil ihr solche Nachmittage und solch explosive Situationen nicht das erste sondern vielleicht schon unzählige Male erlebt habt. Lange, bevor dein Kind also von der Schule nach Hause kommt, beschäftigt sich dein Unterbewusstsein schon damit und lässt in dir unbewusst und unablässig Gedanken entstehen wie: „Hilfe! Es ist schon 11 Uhr! In zweieinhalb Stunden kommt mein Sohn/meine Tochter von der Schule nach Hause und dann gibt’s wieder Stress, sobald ich die Hausaufgaben nur erwähne!“ Dieser Satz und deine ganze Erfahrung der unzähligen Male, in denen es genau so war, wird zur selbsterfüllenden Prophezeiung! Du gehst also vormittags bereits davon aus, dass es nachmittags wieder eskaliert bei den Hausaufgaben. Genau hier liegt aber auch die stärkste Kraft, eure Realität zu verändern. Dieses festgefahrene innere Muster bei dir mit diesen negativen Gedanken darfst du verändern. Dazu musst du aufmerksam werden in deinem Alltag, welche Gedanken du hast. Sobald du diesen oder einen ähnlichen nicht dienlichen Gedanken zu dieser Situation erkennst, sagst du

„Stopp!“ Und drehst ihn gleich um in den Gedanken, den du haben möchtest, wenn *alles*, also auch das Positive, möglich ist! Wichtig ist, dass du da dranbleibst und nicht aufhörst, diese Gedanken zu drehen, falls es nicht sofort klappt und innerhalb von vier Tagen das gewünschte Ergebnis noch nicht sichtbar ist. Dieses alte Glaubensmuster hatte lange genug Zeit, es sich in dir drin richtig gemütlich zu machen und sich auszubreiten. Hab Geduld und werde jeden Tag ein Prozent bewusster. Die Belohnung ist gigantisch!

AD(H)S

AD(H)S darf hier in diesem Zusammenhang nicht fehlen. Das ist eins der großen Themen bei den Kindern der Eltern, die in meine Coachings kommen, und für mich die Diagnose, die mich „SymptomFREI“ hat gründen lassen. In meiner Wahrnehmung haben Eltern bei den meisten anderen hier aufgeführten Symptomen noch die Hoffnung, dass sie das bei ihrem Kind gut in den Griff bekommen. Bei AD(H)S-Diagnosen, die die Eltern mir sehr oft mitbringen von ihrem Kind, spüre ich sehr oft eine ziemlich starke Resignation. Natürlich wollen sie es anders haben für sich und ihr Kind, aber gleichzeitig merke ich sehr häufig, dass sich ein Teil von ihnen abfindet mit dieser Diagnose. Bei Wutanfällen und Lernschwierigkeiten warten viele Eltern noch ab. Die Trotzphase, die Pubertät, irgendwie lässt sich in diesem Zusammenhang immer noch eine Erklärung finden. Aber bei einer AD(H)S-Diagnose oder bei dem Verdacht darauf gehen die meisten meiner Klienten zeitnah los und lassen sich unterstützen. Denn hier dauert es meist nicht lange, bis auch die Schule auf eine Abklärung und eine Therapie dringt. Leider handeln viele Eltern erst ab dieser Stufe. Ich ermutige dich, schon vorher anzufangen, um es erst gar nicht so weit kommen zu lassen.

AD(H)S hat in meinen Coachingprogrammen die größten Durchbrüche im Vergleich zu den anderen hier aufgeführten Symptomen, weil die meisten Eltern diesbezüglich anfangs nur Linderung erwarten und eben keine *große* Veränderung.

Ich habe dazu im Anhang dieses Buches ausführlich geschrieben und verweise dich dorthin, denn diese Symptomatik und das entsprechende Coaching zu schildern würde hier den Rahmen sprengen. 50 Prozent meiner Klientinnen kommen mit AD(H)S-Diagnosen ihrer Kinder zu mir.

Lese-Rechtschreib-Schwäche

Lese-Rechtschreib-Schwäche (LRS) ist eine Diagnose, die zu den Lernstörungen zählt, genau wie die Dyskalkulie (Rechenschwäche). 20 Prozent kommen mit einer diagnostizierten Lernschwäche zu mir, entweder Lese-Rechtschreib-Schwäche oder Rechenschwäche, meist kombiniert mit einer AD(H)S-Diagnose. Eine Schulung, wie du mit deinem Kind umgehst, das unter einer Lese-Rechtschreib-Schwäche leidet, bekommst du von mir in Kapitel 10 in diesem Buch.

Dein Kind klagt über Magenschmerzen und hat Verdauungsprobleme

Bauchschmerzen, Übelkeit, Erbrechen, Durchfall sind Leiden, die viele Kinder mit sich herumschleppen. Auch mein Sohn hatte im Alter von zweieinhalb Jahren diese ganze Bandbreite an jedem einzelnen Morgen unter der Woche, als ich ihn damals in die Kita bringen wollte. Bevor wir hier weiter Ausschau halten nach der Ursache, vergewissern wir uns gegebenenfalls durch ärztliche Abklärung, dass andere körperlichen Ursachen ausgeschlossen sind und wir keinen Notfall übersehen. Wenn dabei alles unauffällig ist, dann prüfen wir weiter. Auch kommen Nahrungsmittelunverträglichkeiten (sehr häufig Kuhmilch oder Gluten in Getreide) als Auslöser in Frage. Sehr häufig – und so war es auch damals bei uns – waren Ängste, die mein Sohn zeigte, der Auslöser. Sein kleiner Körper hätte damals am liebsten den ganzen Vormittag auf der Toilette gesessen, nur um nicht in die Kita zu müssen. Es war reines Fluchtverhalten. Sein Körper half ihm und entzog sich der Situation.

Diese Ängste waren aber nicht seine Ängste, sondern wieder ein Spiegel, ein Sichtbarmachen, eine Verlängerung unserer unbewusst ablaufenden Ängste, die wir als seine Eltern schon mit uns herumschleppten, ohne sie so deutlich zu bemerken. Diese Ängste – oder stellvertretend jedes andere Thema, das sich hier zeigt – sollte von unserem Körper losgelassen werden, damit wir frei davon werden. Da wir das aber nicht erkennen, zeigte und spiegelte der kleine Körper meines Sohnes das in Form von morgendlichem Durchfall, einem unkontrollierten Loslassen. Die Bauchschmerzen zuvor in der Magengegend bedeuten, dass es ein schwer verdauliches Thema in uns gibt, das wir bisher noch nicht erkannt und gelöst haben. Am Wochenende schwenkten die Symptome dann um in Verstopfung, bevor es montagmorgens dann wieder mit Durchfall weiterging. Diese Verstopfung war das sicht- und spürbar gemachte, krampfhafte Festhalten an seinem sicheren Zuhause und an uns Eltern. Genau wie wir Erwachsenen leidet ein Kind sehr unter solchen Zuständen und wir sollten schauen, dringend an diesen Themen, die hinter den körperlichen Anzeichen auf ihre Erlösung warten, zu arbeiten – denn nur dann ist unser Kind und sind auch wir wirklich frei. Ich habe schon mehrfach erlebt, wie manche Eltern, die es sich zeitlich einrichten konnten, ihr Kind dann lange Zeit zu Hause lassen, anstatt es in die Kita zu schicken. Doch zum einen geht das dann in der Schule später nicht mehr so einfach, und zum anderen bleibt es eine Vermeidungsstrategie.

Besser ist stattdessen eine Auflösung dieser anstehenden Themen. In meiner tiefsten Überzeugung gibt uns das Leben immer genau das, was gerade für uns aktuell zu lösen ist, um weitere Freiheit in unserem Leben und das unserer Kinder zu erreichen.

Schulverweigerung und/oder Mobbing

Wenn ein Kind die Schule verweigert, muss geschaut werden, was die Ursache dafür ist. Das Erste, was wir prüfen dürfen, ist die Frage: liegt Mobbing vor? Weitere Gründe, warum ein Kind die Schule verweigert, sind Lernschwierigkeiten, Leistungsdruck, Versagensgefühle, Trennung der Eltern und immer wieder auch Eltern, die das Schulsystem ablehnen. Auch die Corona-Krise führte dazu, dass einige Kinder zusätzlich die Schule verweigerten. Es ist wichtig, wenn ein Kind wieder zurück in die Schule integriert wird, dass dies sanft geschieht. Ein Sprung ins kalte Wasser halte ich hier für unangebracht. Es ist notwendig, dass das Kind in kleinen Schritten zurückkommt und dabei gute Erfahrungen macht. Die besten Erfahrungen habe ich gemacht bei den Kindern, die ich zurück in die Schule begleitet habe, dass wir uns langsam wieder an die Schule annähern, besonders dann, wenn das Kind einige Monate nicht mehr dort anwesend war. Am ersten Tag habe ich mit dem Kind einen Spaziergang gemacht – und zwar an der Schule vorbei. Am zweiten Tag liefen wir gemeinsam über den Schulhof. Am dritten Tag war ich nach Absprache mit der Schulleitung nach Unterrichtsende, wenn alle Lehrer und Schüler schon auf dem Heimweg waren, allein im Schulgebäude und wir, also das Kind und ich, haben zusammen etwas gebastelt und gespielt im Schulkind-Betreuungszimmer. Noch einen Tag später waren wir die letzten 20 Minuten zusammen in der Schulkindbetreuung, während die anderen Kinder auch noch dort waren. Und erst danach, als wir schon einige kleine Erfolge in den Vortagen hatten sammeln können, näherten wir uns dem Klassenzimmer an. Zuerst wieder alleine. Dann mal für eine Pause und nun erst für eine Unterrichtsstunde. Und jedes Mal entweder mit mir oder einer Vertrauensperson nach Wahl des Kindes.

Wurde das Kind zuvor gemobbt, dann bedarf es einer Prüfung, ob das Kind an diese Schule zurückgehen kann oder ob es nicht einfacher wäre für das Kind, an einer anderen Schule in der Nähe ganz neu zu starten. Die Mobbingopfer, die mit ihren Eltern bei mir waren, haben einen Selbstverteidigungskurs gemacht, um die Sicherheit zu bekommen, sich in der Not verteidigen zu können. Und dennoch reicht es hier nicht aus, nur mit dem Kind zu arbeiten. Ein Kind, das gemobbt wird, ist ein Opfer. Also gilt es hier zu prüfen, wo auf der Elternebene leben die Eltern des Kindes in einer Opferrolle? Hier könnte es beispielsweise der Fall sein, dass die Eltern sich aufopfern und zu vielem Ja sagen, obwohl sie Nein meinen. Das können Abhängigkeitsverhältnisse sein oder geringes Selbstwertgefühl. Dieses zu stärken, ist hier das A und O schon auf der Elternebene. Starke Eltern leben das ihren Kindern vor. Würde man das Selbstwertgefühl beim Kind stärken und nicht bei den Eltern, wäre der Effekt hier nicht nachhaltig, denn ein selbstbewusstes Kind bleibt nicht lange selbstbewusst, wenn die Eltern in diesem Zusammenhang nicht auch stabil aufgestellt sind.

Nägelkauen

Nägelkauen kommt sowohl bei den Eltern als auch bei ihren Kindern in meinen Coachings immer wieder vor. Das ist zwar meist für die Betroffenen kein belastendes Symptom, aber es verrät uns, welche Themen dahinter gelöst werden wollen. Beim Nägelkauen werden meist die Nägel komplett bis aufs Fleisch abgebissen. Sinnbildlich geht es hier um das „Krallenentfernen". Es wird in Verbindung gebracht mit dem Verbot, sich zu wehren. Krallen und Nägel sind Ausdruck von Wehrhaftigkeit. Wer sich die verbietet, der lässt zu, dass der ganze Druck nach innen geht.

Erschöpfung, Burn-out und Depression bei Erwachsenen

Kaum eine Mama kommt in mein Coaching, die *nicht* erschöpft ist. Wenn dieser Zustand über lange Zeit anhält, dann kommt es häufig zu einem Burn-out oder einer Depression. Die Dunkelziffer ist hier recht groß, da viele Menschen gelernt haben zu funktionieren, selbst wenn ihre Kraftreserven längst aufgebraucht sind. Viele Eltern fühlen sich abends ausgelaugt und müde. Sie sind froh, wenn die Kinder im Bett sind und sie sich aufs Sofa legen können. Doch was sich so entspannt anhört, ist häufig ein Teufelskreislauf. Wenn wir ausreichend Schlaf haben und dennoch abends erschöpft sind, dann hilft am Abend Bewegung, Sport oder ein Spaziergang mehr als die Couch. Eltern mit Depression und Erschöpfung haben fast immer auffällige Kinder. Diese zeigen ihren Eltern durch ihr Verhalten auf, wo diese permanent über ihre Grenzen gehen. Viele Mamas, die zu mir kommen, waren zuvor oft jahrelang deswegen in Therapien. Depressive Menschen haben mir immer wieder gezeigt, dass sie glauben, „zu klein" zu sein für diese Welt. Nicht genug. Zu schwach, um mithalten zu können. Doch das ist nicht wahr. Meine langjährige Erfahrung zeigt, dass die betroffenen Menschen eigentlich „zu groß" sind für das System, in dem sie leben. Menschen, die gelernt haben, in Schubladen reinpassen zu müssen, in die sie aber gar nicht reinpassen können oder wollen. Dafür verurteilen sie sich oft selbst. Wer dauerhaft aus seiner Depression heraus will, der muss sein Leben verändern. Drei Wochen Kur und dann zurück in das System, das krank gemacht hat, kann nicht funktionieren. Die Frauen, die ich begleitet habe und die konsequent das anwenden, was ich hier in diesem Buch zeige, fallen nicht mehr zurück in Erschöpfung, Burn-out oder Depression. Es ist essenziell für sie, zu lernen, sich selbst in ihrem Leben an die erste Stelle zu stellen. Menschen mit Burn-out oder Depression haben sich selbst, ihre Bedürfnisse und ihre Gefühle meist schon jahrelang unterdrückt. Hier reicht es nicht, zu tun, was sie früher gerne getan haben, um wieder in ihre Freude zu kommen. Hier bedarf es der Aktivierung der Wut als Initialzündung, um den Antrieb zurückzubekommen, und einer intensiven Unterstützung – also genau der Dinge, die ich in meinen Coachings anbiete.

Migräne

Schauen wir uns die Symptome von Migräne an, dann zeigen sich heftige Kopfschmerzen, das Liegen ist nur in abgedunkelten Räumen auszuhalten, manchmal von einem Anfall von dumpfen Ohrengeräuschen begleitet und nicht selten tritt Erbrechen auf. Die meisten Patienten bekommen vor einem Migräneanfall eine Aura, das ist eine Art Vorbote, mit dem sich der Anfall ankündigt. Wahrnehmungsstörungen kündigen die bevorstehende Kopfschmerzphase an. Das sind in vielen Fällen Sehbeschwerden wie beispielsweise Blitzlichter, Zickzacklinien oder verschwommenes Sehen in einer Dauer zwischen fünf und 60 Minuten. Etwa eine Stunde nach diesen Vorboten kommt es dann zum eigentlichen Migräneanfall. Wenn hier keine Notbremse gezogen wird, dann folgt meist spätestens am nächsten Tag die Migräneattacke, die zum kompletten Rückzug zwingt.

Das körperliche Bild passt zu den Fragen: Was ist gerade zu viel? Was kannst du nicht mehr sehen und hören? Welchen in dich hineingestopften Ballast hast du jetzt, den du am liebsten ausspucken würdest? Migräne zeigt uns, dass wir die Auszeiten für uns freiwillig nehmen dürfen, ansonsten reagiert der Körper des Betroffenen so heftig, dass er ihn zur Ruhe zwingt.

Schlafschwierigkeiten (Einschlaf- und Durchschlafschwierigkeiten und nicht im eigenen Bett schlafen)

Immer wieder bekomme ich die Fragen gestellt: Was tun, wenn mein Kind nicht allein einschlafen kann oder will? Das Allerwichtigste ist, dass niemand außer dir und deinem Partner oder deiner Partnerin das Recht hat, sich hier einzumischen und dir Ratschläge zu geben, solange du nicht explizit darum bittest. Was ich so oft erlebe, ist, dass Eltern am Abend geschafft und froh sind, wenn die Kinder endlich schlafen und sie, die Eltern, ein paar Minuten alleine für sich Zeit haben, bevor sie dann auch schlafen gehen. Unsere Kinder spüren das sehr genau. Wir Erwachsenen dürfen unser Leben so gestalten, dass wir nicht abhängig davon sind, wie schnell unsere Kinder nun endlich einschlafen, denn sonst erzeugst du unterbewusst Druck. Und Druck erzeugt immer Gegendruck. Unsere Kinder sind nicht verantwortlich dafür, wie sehr wir auf unsere Auszeiten achten oder nicht. Das Wichtigste ist, dass du nicht permanent deine Grenzen überschreitest und dich nur dann mit deinem Kind hinlegst, wenn es für dich stimmig ist. Und gleichzeitig: Wie viel mehr dürfen wir hier unser Herz noch weiter öffnen für uns und unser Kind? Abends ist für viele Kinder eine sehr intensive Eltern-Kind-Zeit. Viele Kinder genießen das.

Was kann ich tun, damit mein Kind in seinem eigenen Bett schläft und nicht jede Nacht bei uns? Wie immer reicht ein pauschaler Tipp hier nicht aus. Das Erste, was es zu klären gibt, ist: Was willst du wirklich? Ich erlebe immer wieder zwei mögliche Situationen. Die eine ist, dass Eltern sagen, wie gerne sie es hätten, dass ihr Kind in seinem eigenen Bett schläft und nicht im Ehebett. Manchmal will das der Verstand, aber ein Teil in uns kann noch nicht loslassen und unser Kind tut uns dann den Gefallen und bleibt bei uns. Oft gibt es hier den Zusammenhang zu Trennungssituationen, die der Mama oder ihrem Kind schwerfallen, wie z. B. der Abschied im Kindergarten. So kommt es zu einem Festhalten aufgrund eines tiefsitzenden Mangelgefühls. Aber es kommt auch vor, dass Kinder ins elterliche Bett kommen, meist phasenweise, wenn sie beispielsweise Angst vor Monstern unter ihrem Bett haben und sich dann im Bett der Eltern geborgen fühlen.

Weiterhin kommt es gar nicht mal selten vor, dass sich Kinder bei Unstimmigkeiten der Eltern nachts zwischen ihre Eltern legen, sozusagen als Keil. Wenn Erwachsene Eltern werden, dann verändert sich für viele ihre Sexualität. Viele Frauen haben mir berichtet, dass – obwohl es eng war im Bett, wenn das Kind dazwischen lag – sie insgeheim auch froh waren, keine körperliche Nähe von ihrem Partner zulassen zu müssen. Hier ist es wichtig, dass wir uns die Partnerschaft genau anschauen und auch da Veränderungen geschehen, denn sonst muss das Kind als „Trennstreifen" zwischen seinem Papa und seiner Mama fungieren und unterbewusst verhindern wir so, dass es frei in seinem Bett schlafen kann. In jeder Situation muss individuell geprüft werden, was hier zutrifft, und die jeweilige Ursache dann aufgelöst werden. Gelingt uns Müttern das Loslassen, können wir fühlen, dass es sicher ist für uns und unser Kind – dann ist es meist recht schnell geschafft, dass die Kleinen im eigenen Bett schlafen. Und wenn wir wollen, dass unser Kind mit zehn Jahren noch in unserem Bett mitschläft, dann ist das auch in Ordnung. Denn dann haben wir das gewählt.

Niemand im Außen hat das Recht, dir und euch zu sagen, wie ihr eure Situationen handhaben sollt. Das Einzige, was hier zählt, ist die Frage: Wie wollt ihr es haben?

Emotionale Störungen bei Kindern

Sehr viele Kinder in meiner Praxis brachten diese Diagnose mit. Übersetzt bedeutet sie für mich, dass diese Kinder anders mit ihren Emotionen umgehen als die Mehrheit der Menschen. Was damit bei Eltern und Kindern, die betroffen sind, passiert, ist viel fataler. Denn damit fühlen sie sich falsch mit ihren Emotionen. Therapeutische Ansätze beim Kind wären hier Methoden aus der Verhaltenstherapie. Es wäre ein langwieriger Ansatz. Richtig große Durchbrüche und schnelle SymptomFREIheit haben wir dann erreicht, wenn wir die einzelnen Symptome genommen und geschaut haben, was die Kinder ihren Eltern spiegeln. Wenn wir als Eltern gelernt haben, falsch zu sein mit unseren Gefühlen, dann überträgt sich das auf unser Kind. Woher sollen unsere Kinder wissen, wie sie mit *ihren* Emotionen umgehen sollen, wenn wir sie selbst *bei uns* immer wieder weggedrückt haben? Zu den Emotionen erfährst du mehr in Kapitel 7.

Neurodermitis

Viele Kinder, die zu mir in meine Praxis kamen, litten unter teilweise starker Neurodermitis. All das, was sie im Außen tun konnten, sei es Nahrungsmittelverzicht bei Nahrungsmittelunverträglichkeiten, Vermeidung von pH-verändernder Seife oder die Verwendung von Cremes, hat höchstens Linderung gebracht. Erst als wir uns anschauten, was ihre Kinder meinen Klientinnen mit ihrem Symptom spiegelten, begannen die Symptome bei ihren Kindern dauerhaft zu verschwinden.

Die Haut ist von der Oberfläche her unser größtes Organ. Sie trennt unser Inneres von unserer Umwelt. Bei Neurodermitis und anderen Hauterkrankungen, bei denen die Haut aufreißt, platzt sozusagen bildlich übertragen das Innere nach außen heraus. Der Druck im Innen aufgrund ständigen Hinunterschluckens der eigenen Wahrheit wird so groß, dass die Haut zum Ventil wird und entgiftet. Sie lässt heraus, was wir im Innen zurückgehalten haben. Hier darf das Vertrauen, die eigene Stimme zu erheben, zurückerobert werden. Es ist von immenser Wichtigkeit, dass wir als Eltern nichts mehr hinunterschlucken. Nicht jeder Moment und jedes Gegenüber bieten sich an, deine absolute Wahrheit vor ihm oder ihr laut auszusprechen. Doch anstatt dich jetzt von dieser Begegnung zu verabschieden und einige Dinge unausgesprochen zu lassen, ist es wichtig für dich, dass du dir und diesen unausgesprochenen Dingen Raum gibst. Dass du sie einmal aussprichst. Viel wichtiger, als den anderen Personen in deinem Umfeld deine Wahrheit zu sagen, ist es, dass du sie überhaupt aussprichst. Und wenn du sie deiner Wand oder deiner Katze oder deiner Zimmerpflanze erzählst.

Ich vergleiche das immer mit Biomüll, den wir in unserem Haus oder unserer Wohnung anhäufen. Den bringen wir auch spätestens nach zwei Tagen nach draußen, denn sonst fängt er an zu riechen. Es würden Fruchtfliegen entstehen und deine Küche würde stinken. Da bringt es nichts, wenn du mit einem wohlriechenden Duftspray deine Küche einsprühst – wenn du den angefallenen Müll nicht rausbringst in die Mülltonne oder auf deinen Kompost, stinkt es nun mal in deiner Küche und dieser Geruch lässt sich nicht übertünchen. Beim Hausmüll völlig logisch. Doch wir neigen dazu, den inneren Müll in uns drin zu vergessen. Aber auch diesen müssen wir rausbringen, um uns nicht selbst damit zu vergiften. Wenn wir in diesem Punkt nicht gut auf uns achten, tun das unsere Kinder für uns. Häufig über ihre Haut.

Hochsensibilität

So viele Kinder in Deutschland sind heute hochsensibel. Sie haben extrem feine Antennen und nehmen Emotionen aus ihrem Umfeld sofort und ungefiltert wahr. Nach meiner Wahrheit und all den Erfahrungen mit meinen Klienten liegt das daran, dass auch die Sinne ihrer Eltern sehr stark ausgebildet sind. Kein Wunder, schließlich haben wir einen Körper, der Millionen von Sinneszellen hat, mit denen wir sehen, hören, spüren, tasten, schmecken, riechen können. Doch vorherige Generationen haben gelernt, ihre Emotionen nicht auszudrücken, sondern hinunterzuschlucken. Nicht selten erzählen mir Eltern, dass sie versuchen, sich nicht vor ihren Kindern anmerken zu lassen, wenn sie einmal traurig oder enttäuscht sind. Sie gehen in den Alltag über, ohne diesen Gefühlen Raum zu schenken. Kinder, die stark sensitiv reagieren, die haben es sich zur Aufgabe gemacht, noch viel schneller und stärker aufzuspüren, wie es ihrem Umfeld geht. Sie merken sofort, ob ihnen ihre Eltern etwas vorspielen oder ob sie authentisch reagieren und ihre wahren Gefühle zeigen. Du kannst deinem Kind sagen, dass es sich keine Sorgen zu machen braucht, aber wenn du unruhig bist, dann zählen diese Worte nicht. Für hochsensible Kinder zählt das, was wir ausstrahlen. Genauso wie Hunde oder Pferde schon auf Hunderte von Metern entfernt spüren, ob ein Spaziergänger vor ihnen Angst hat oder freudig auf sie zugeht, nehmen auch Kinder unsere Frequenzen wahr, die wir aussenden. Beispiele für hochsensible Kinder können sein, dass diese Kinder nur mit ihrer Lieblingsschlafanzughose ins Bett gehen oder nur ein bestimmtes Paar Socken aus dem Schrank anziehen, weil die anderen kratzen. Zum Dilemma wird dies meist, wenn wir Eltern es eh schon eilig haben und loswollen zur Arbeit und unsere Kinder dann trödeln, indem sie besonders oft stehenbleiben auf dem Weg zum Kindergarten. Der Versuch, ihnen so gut wie alles recht zu machen, scheitert dann, denn in Wahrheit geht es nicht um das eine Paar Socken oder das Etikett in der Jeanshose, das kratzt, sondern darum, dass dein Kind unbewusst ein Muster kreiert hat, mit dem es deine Emotionen in häufigen Intervallen an die Oberfläche bringt. Hochsensibilität bei Kindern lässt sich hervorragend behandeln, indem wir Eltern losgehen und lernen, unsere Emotionen zu leben.

Hier kommt meine Extraportion Liebe für dich:

Nachdem du jetzt dieses Wissen über die Symptome und ihre Botschaften hast, ist es mir ein großes Anliegen, nochmal extra zu betonen, dass es hier nie um Schuld geht. So viele Familien in Deutschland kämpfen mit dem Verhalten und den Symptomen ihrer Kinder.
Ich erkenne dich so sehr dafür an, dass du dich nicht zufrieden gibst mit dem, was ist.

Folgende Affirmationen möchte ich dir schenken.
Wenn du willst, lies sie hier gleich laut und sprich sie mir nach:

> *Ich erlaube mir, meinen Schmerz und den meiner eigenen Eltern nicht mehr länger zu tragen.*
>
> *Ich bin für mich selbst verantwortlich und gehe liebevoll mit mir um.*
>
> *Ich höre auf, bei anderen etwas zu suchen oder einzufordern, was sie mir nicht geben können, weil es meine Aufgabe ist, mich selbst zu schätzen und zu lieben.*
>
> *Ich achte auf mich und überprüfe meine Gedanken. Damit nehme ich den Ereignissen in der Vergangenheit die Macht. Das ist wahre Freiheit.*

Kapitel 6

So kommst du in die Umsetzung

In Kapitel 1 bis 5 habe ich dir tiefe Einblicke gegeben und dich fühlen lassen, worum es geht, wenn wir hinter die Symptome und das auffällige Verhalten unserer Kinder schauen. Nun gehen wir in die nächste Phase, denn Erfolg ist, was erfolgt. Das Wissen allein ist nur die halbe Miete. Wenn wir Veränderung wollen, dürfen wir ganz praktisch etwas verändern. Das Erste, worauf es ankommt, ist, dass du deine Gedanken veränderst und die Lebensgesetze aus Kapitel 2 verstehst. Nun nehmen wir die praktische Umsetzung dazu.

Unsere alten Muster und Glaubenssätze, die wir irgendwann – meist schon in unserer Kindheit – gebildet haben, sind mittlerweile schon richtig fest etabliert in uns. Es wird Zeit, alles, was uns davon nicht mehr dient, zu verändern. Dazu brauchen wir neue Glaubenssätze und Handlungsmuster in unserem Leben. Wenn du heute damit beginnst, kannst du davon ausgehen, dass dein Unterbewusstsein circa vier bis sechs Wochen braucht (wenn du sie täglich anwendest), um neue und dir dienliche Muster und Glaubenssätze zu verankern und in dir abzuspeichern. Probiere es aus und bleib dran! Dein Mindset ist ein Muskel, der genauso regelmäßig trainiert werden möchte wie unser Körper im Fitnessstudio. Je regelmäßiger du trainierst und je länger du kontinuierlich dran bleibst, umso mehr verkümmern deine alten Muster und werden durch die neuen ersetzt. Ich verspreche dir, dein Leben wird dadurch so viel leichter und schöner. Was du heute säst, kannst du in wenigen Wochen bis Monaten ernten.

Um dir folgende Tools anzugewöhnen und sie in deinen Alltag zu integrieren, empfehle ich dir, dass du jeden Tag ein weiteres der folgenden Tools einführst in dein Leben. Vergiss dabei nicht, die bereits eingeführten Tools weiterzuführen. Wiederholung macht die Gewohnheit.

1. Klebezettel

Besorge dir Klebezettel (Post-its):
Ganz leicht fängst du damit an, dass du dir Klebezettel besorgst – falls du keine zu Hause hast –, auf die du dir je Post-it einen der folgenden Sätze schreibst:

Ich bin genug, in jedem Moment!

Ich bin die beste Mama für mein Kind! (falls dein Partner mitmachen mag: der beste Papa!)

Mein/e Kind/er ist/sind immer für mich, nicht gegen mich!

Mein/e Kind/er handelt/handeln in jedem Moment nach seiner/ihrer besten Option!

Schreibe jeden Satz auf ein separates Post-it. Schreibe sie mehrfach auf. Klebe die Post-its in deiner Wohnung oder deinem Haus an verschiedenen Stellen auf, also dort, wo du ständig vorbeigehst. Vielleicht am Badezimmerspiegel, in der Küche, in der Garderobe, im Wohnzimmer. Schau ganz bewusst jedes Mal da drauf, wenn du an ihnen vorbeigehst. Erlaube dir, diese Sätze mehrfach täglich durchzulesen und laut aussprechen – und sie in dein Unterbewusstsein eindringen zu lassen. Mache es regelmäßig. Damit überschreibst du die alten Muster und Gedanken von dir, nicht genug oder keine gute Mama zu sein. Das ist nicht wahr! Diese Sätze helfen dir, dich nicht mehr angegriffen zu fühlen, wenn dein Kind dich mal beschimpft oder nicht das macht, was du von ihm willst. Es will seine Bedürfnisse erfüllt haben und ist nicht gegen dich.

Achtung: Das gilt genauso andersherum! Auch du handelst in jedem Moment nach deiner besten Option!

Und wenn du mal nicht so reagierst, wie du dir das gewünscht hast, dann deshalb, weil es gerade nicht anders für dich möglich war. Und nächstes Mal wählst du neu. Auch du – wenn du Ja zu dir sagst – sagst damit nicht Nein zu anderen, sondern einfach Ja zu dir! Das ist wichtig, dass du das nicht nur bei anderen so sehen kannst, sondern auch bei deinem eigenen Handeln. Fang am besten gleich damit an – und du wirst sehen, dass du diese Sätze nach wenigen Wochen bereits richtig gut fühlen kannst und deine Wahrheit überschrieben hast.

2. Ho'oponopono

Ho'oponopono ist ein hawaiianisches Ritual zur Aussöhnung und Vergebung. Seine Wirkung ist tief. Es besteht aus fünf Sätzen, die ich dir hier aufgeführt habe. Mit dem Sprechen dieser Sätze werden fünf Gefühle benannt. Diese sind geordnet von niedrig schwingenden Gefühlen (wir kennen sie als negative Gefühle) bis hin zu stark positiven Gefühlen wie Liebe und Vertrauen, die auch eine positive Schwingung in unserem Körper erzeugen. Diese fünf Sätze in der unten angeführten Reihenfolge kannst du dann sprechen, wenn dich jemand verärgert hat und deine Energie ins Negative abgerutscht ist. Eine Vielzahl meiner Klienten berichtet mir immer wieder von bereichernden Erfahrungen in Situationen, in denen sich Wutanfälle bei ihren Kindern ankündigen oder sogar schon begonnen haben. Anstatt dass wir Eltern jetzt hier in das Drama unseres Kindes mit einsteigen und folglich dann ein paar Minuten später genau dieselbe Stimmung in uns haben, können wir auch kurz den Raum verlassen, tief durchatmen und die Sätze des Ho'oponopono sprechen. Einmal, zweimal oder vielleicht auch fünfmal hintereinander, je nach Bedarf. Du spürst, wann sie wirken.

Ho'oponopono ist ein mögliches Tool für den Start der Veränderung in eurem Familienleben. Ein Anfangstool. In heftigen, bereits stattfindenden Wutanfällen kann es sein, dass sie nicht stark wirken, weil du dich schon hast triggern lassen von deinem Kind und auf sein Drama eingestiegen bist. Aber bevor eure Situation eskaliert, ist Ho'oponopono Gold wert. Probiere es für dich aus. Schreibe dir die fünf Sätze am besten raus und lege sie griffbereit in deine Nähe, sodass du dich im akuten Fall daran erinnerst und sie sprechen kannst. Die Frauen in meinen Coachings lieben dieses Tool. Ziel ist natürlich, auf ihrem Weg schon bald tiefer hinzuschauen und die alten, nicht dienlichen Muster aufzulösen, sodass die Wutanfälle gar nicht mehr auf der Tagesordnung stehen.

Ho'oponopono

Ich bedauere.

Ich verzeihe

Ich liebe

Ich bin dankbar.

Ich vertraue.

Wichtig ist: Bevor du deinem Gegenüber verzeihst, darfst du zuerst dir selbst verzeihen. Bevor du deine Mitmenschen liebst, darfst du zuerst dich selbst lernen zu lieben. Wenn du für andere Menschen dankbar bist, sei auch für dich selbst dankbar. Bevor du anderen vertraust, vertraue dir selbst bedingungslos. Das ist wichtig! Viele Menschen in meinen Coachings haben zuvor schon einmal irgendwelche anderen Coachings für sich gemacht. Und dann kommen sie manchmal zu mir und sagen, dass sie es nicht schaffen, andere Menschen nicht mehr zu bewerten. Oder, sie Schwierigkeiten haben, beispielsweise ihren eigenen Eltern zu verzeihen. Sie verurteilen sich dafür. Sie glauben, es nicht hinzubekommen. Und dann frage ich sie, ob sie sich selbst verurteilen, ob sie Schuldgefühle haben, sich ständig bewerten und kritisieren. Denn es ist eine ganz normale Konsequenz, dass wir im Außen die Fehler suchen und auch finden, wenn wir an uns selbst ständig Fehler suchen. Das ist eine ganz natürliche Reaktion. Es ist auch der Selbstschutz von unserem Körper. Wenn wir uns kritisieren, dann werden wir es nicht schaffen, in den anderen Menschen die Geschenke zu finden. Wir werden auch sie bewerten. Wir fangen bei uns an. Immer. Wenn wir das trainiert haben, dann gelingt es uns nach und nach besser im Außen. Dann werden wir richtig frei.

3. „Friede beginnt bei mir!"

Ganz kurz, aber enorm kraftvoll und stimmungsverändernd ist dieser Satz. Probiere ihn für dich aus! Ganz gleich, ob dir im Straßenverkehr jemand die Vorfahrt nimmt oder dein Kind dich nervt und zur Weißglut bringt mit seinem Verhalten. Mir hilft dieser kurze Satz sehr, mich daran zu erinnern, dass ich nicht in die Geschichten und das Drama meines Gegenübers einsteige. Wenn wir uns triggern lassen, dann kommunizieren nicht wir in unserer wahren Größe mit unserem Gegenüber, sondern unser inneres, verletztes Kind spricht für uns. Eine von beiden Parteien muss aussteigen aus den Diskussionen. Mach du es! Warte nicht, bis dein Gegenüber es tut. Wenn du drauf einsteigst, schadest du dir in Wahrheit am meisten.

4. Dankbarkeitsritual

Ein heiliges Tool in der Persönlichkeitsentwicklung ist das Schreiben von Dankbarkeitsjournalen. Was für manche Menschen im ersten Moment nach Arbeit klingt, ist eine so wunderschöne Aufgabe. Ich empfehle dir, damit am besten gleich heue anzufangen und deine Dankbarkeit in deinen Tag zu integrieren wie das tägliche Zähneputzen. Viele Menschen, mit denen ich arbeite, wissen zu Beginn unserer gemeinsamen Zeit ganz genau, was sie nicht mehr haben wollen in ihrem Leben. Sie können mir eine ganze Liste von Dingen aufzählen, die heute nicht schön waren, nicht gut liefen und nicht geklappt haben. Wenn ich sie dann frage, wofür sie heute dankbar sind, dann kommt nach einem sofortigen „Ähm ..." sehr häufig eine ganz lange Stille. Unsere Erziehung, unser Gesellschaftssystem, viele Schulen und unser Umfeld neigen dazu, Fehler zu suchen. Schreiben unsere Kinder in der Schule Diktate, dann werden in der Regel die fehlerhaft geschriebenen Wörter rot angestrichen, anstatt die richtigen Wörter grün hervorzuheben. Für unser Gefühlssystem und das unserer Kinder spielt es eine entscheidende Rolle, ob da steht: 100 Wörter – davon 8 Fehler oder 100 Wörter – davon 92 Wörter richtig geschrieben. Dies zieht sich an vielen Stellen auch durch unseren Alltag und unser Leben. So viele Menschen – und das war früher auch bei mir der Fall – sehen in den Spiegel und finden sofort die Dinge, die sie an sich auszusetzen haben, anstatt den Fokus darauf zu haben, was ihnen an sich gefällt und wofür sie dankbar sind. Ich spreche sehr häufig mit Eltern, die mir erzählen, ihre Kinder wären undankbar, weil sie nicht schätzen, was ihre Eltern für sie tun. Und dann schaue ich mit ihnen *bei ihnen selbst* hin. Achtung: Ich meine hier nicht, ob du „bitte" und „danke" sagst, wenn du jemanden um Hilfe bittest oder etwas von anderen bekommst. Ich kenne keinen Menschen, der heute Mama oder Papa ist und sich nicht bedankt. Denn ich arbeite mit Menschen, die mit anderen freundlich und höflich umgehen.

Nein, ich schreibe hier von echter Dankbarkeit für die großen und kleinen Schätze in unserem Leben. Du kannst es jetzt in diesem Moment sofort testen: Wofür bist du heute dankbar? Die Wirkung deiner Dankbarkeit ist noch stärker, wenn du sie dir jeden Tag aufschreibst, anstatt sie nur in deinem Kopf zu denken, ohne sie niederzuschreiben. Manche Frauen sagen mir zu Beginn des Coachings, ihnen falle nichts ein, wofür sie dankbar sind. Ja, so fühlt sich das für sie manchmal an. Aber das ist nicht wahr. Beginne doch einfach mal so: „Ich bin glücklich und dankbar für mein warmes Bett. Ich bin glücklich und dankbar für das saubere Wasser und mein Dach über dem Kopf." Und dann näherst du dich immer weiter deinen ganz persönlichen Momenten an. Vielleicht hast du ein Kleinkind, das jeden Morgen auf dem Weg von deiner Haustür bis zum Kindergarten trödelt, sodass du ständig stehen bleiben musst. Dann bist du jetzt dazu eingeladen, dich nicht darüber zu ärgern, dass es jeden Morgen so lange dauert und du es eilig hast, sondern in dem Verhalten deines Kindes die Geschenke zu finden.

Ja, manchmal muss man sie suchen wie die Nadel im Heuhaufen, aber das gelingt jeden Tag leichter. Vielleicht kannst du dankbar sein, dass *du* durch das Trödeln deines Kindes mal wieder Zeit hast, die Blumen am Wegrand zu begutachten. Vielleicht kannst du auch Dankbarkeit dafür empfinden, dass du wahrnimmst, mit welcher Ausdauer und kindlichen Freude dein Kind noch – ohne auf die Uhr schauen zu müssen – jeden einzelnen Schritt seines Weges genießt. Denn das ist die Einladung, die dir dein Kind in einer solchen Situation macht. „Schau hin, Mama! Das Wesentliche im Leben ist nicht mit den Augen und dem Blick auf die Uhr zu erkennen, sondern mit deinem Herzen und deiner Liebe." Lass dich berühren! Erlaube dir, dich ganz bewusst auf die Suche zu machen nach den kleinen und großen Momenten, für die du dankbar bist. Beginne heute und höre nie mehr damit auf! Dieser Aspekt der Dankbarkeit als gewohntes Ritual hilft dir, deinen Fokus wieder auf das Positive zu lenken und nicht mehr länger im Negativen zu verharren. Von dem, worauf du deine Energie lenkst, bekommst du mehr in dein Leben. Eroberst du dir die Fähigkeit wieder zurück, für viele Dinge, Menschen und Situationen in deinem Leben dankbar zu sein, dann verbringst du viel mehr Zeit mit dem, was dich erfreut, und ziehst damit in Zukunft noch mehr davon in dein Leben.

Dankbarkeit hat noch einen zweiten, sehr wertvollen Aspekt. Wenn wir uns unsere Ziele manifestieren, dann ist Dankbarkeit ein wesentliches Werkzeug, um Ziele aus der Zukunft in die Gegenwart, in dein Leben zu holen. Spüre mal diese Macht, die wir durch die Dankbarkeit haben, wenn wir sie in unser Leben als festen Bestandteil integrieren. Nehmen wir an, unser Ziel ist, wenn alles möglich ist, dass unser Kind endlich symptomFREI wird. Dann kann es jetzt vorkommen, dass ein Teil in dir drin das noch gar nicht glauben kann. Deshalb kommt jetzt meine Frage an dich: Kannst du dir (ungefähr) vorstellen, wie es wäre, wenn dieses Ziel bald für dich

Realität wird? Wie fühlt sich das in dir an, wenn dein Kind endlich seine Symptome losgeworden ist? Das kannst du dir sicher vorstellen. Das kannst du fühlen. Und jetzt kommt das Hilfsmittel für dich, bis du es *wirklich* glauben kannst: Alles, was du fühlen kannst, dafür kannst du dankbar sein. Jetzt schon. Nicht erst, wenn ihr euer Ziel erreicht habt. „Ich bin so glücklich und dankbar, dass mein Kind symptomFREI *ist!* (Achtung: an dieser Stelle bitte nicht „wird“ verwenden. Durch das Wörtchen „ist“ holst du dir das Ergebnis in die Gegenwart und lässt es nicht in der Zukunft.)

Dankbarkeit ist auch ein großer Schlüssel
in der Manifestation deiner Ziele.

Ich empfehle dir, täglich ein paar Sätze darüber aufzuschreiben, wofür du dankbar bist am heutigen Tag, und anschließend ein paar Sätze lang deine Ziele, die du dir damit in die Gegenwart holst. Und für diese Ziele gehst du von nun an jeden Tag einen Schritt weiter. Bis du dein Ziel erreicht hast. Dann setzt du dir neue Ziele.

5. Deine morgendliche Ausrichtung

Morgens ist es besonders wichtig, mit positiver Energie in deinen Tag zu starten. Eine wunderbare Möglichkeit, die ich mittlerweile seit neun Jahren selbst täglich praktiziere und meinen Klientinnen mitgebe, ist, dich morgens auszurichten auf deinen Tag in herrlicher Fülle. Ich lade dich ein, dir die folgenden Zeilen rauszuschreiben und sie dorthin zu legen, wo du jeden Tag direkt nach dem Aufwachen vorbeikommst. Meine Ausrichtung liegt im Bad, in Folie laminiert hinter dem Wasserhahn des Waschbeckens. So habe ich sie sofort vor Augen, wenn ich morgens ins Bad komme. Ich lasse keine Ausrede zu, sie *nicht* zu sprechen. Wichtig ist, dass du diese Zeilen, die du gleich von mir bekommst, nicht nur leise abliest, denn sonst bleiben es Zeilen, die *ich* dir gebe. Mache sie zu deinen eigenen Sätzen, indem du sie laut aussprichst. Damit bejahst du sie und erlaubst ihnen, tief in dein Unterbewusstsein hineinzusinken und dort *für* dich zu wirken. Sollten deine Kinder schon wach sein, wenn du aufstehst, nimm dir dennoch zwei Minuten Zeit dafür. Ziehe dich in dein Schlafzimmer zurück dafür oder sprich sie vor deinen Kindern. Auch sie profitieren davon.

Bevor du startest, stelle oder setze dich aufrecht hin, nimm einen Atemzug und atme Liebe ein. Mit deinem Ausatmen atme dann alle Sorgen, alle Schwere und alle Gedanken in deinem Kopf, die dir jetzt nicht dienen, aus.

Diese Sätze sind von mir für dich:

Ich nehme mir Zeit für mich!

Ich bin wertvoll und schön!

Ich genieße die Zeit mit mir!

Ich bin verbunden mit mir!

Ich bin verbunden mit meinem Herzen!

Ich bin verbunden mit meiner inneren Stimme!

Ich höre meine innere Stimme und folge ihr bedingungslos!

Ich weiß, wer ich bin in Wahrheit!

Ich weiß, was ich bin in Wahrheit!

Ich weiß, wie ich wirke in Wahrheit!

Wort, ich bin Wort!

Ich bin hier! Ich bin hier! Ich bin hier!

Ich mache alles neu! Jetzt!

Ich weiß genau, was ich will, in jedem Moment!

Ich erlaube mir, alles zu fühlen!

Mein Herz ist offen! Es ist leicht und sicher für mich!

Ich bin geliebt, geborgen und geführt in jedem Moment!

Ich vertraue mir und dem Leben!

Ich öffne mich in meiner Stimme!

Ich erhebe meine Stimme!

Ich spreche meine Wahrheit!

Ich erlaube mir, jeden Tag mehr und mehr in meiner höchsten Wahrheit zu leben!

Ich bin frei!

Ich erschaffe mir mein Leben von innen nach außen!

Ich bin die Schöpferin in meinem Leben und ich kann in jedem Moment neu entscheiden!

Ich komme bei mir an!

Ich entspanne mich tief in mir selbst!

Ich bin mein eigener Schatz!

Ich genieße meine Reise zu mir und in die Freiheit!

Ich bin es mir so wert, mich tief in meine Erkenntnisse fallen zu lassen!

Es ist genau jetzt so wichtig für mich!

Es ist genau jetzt für mich so einfach!

Es ist genau jetzt für mich so klar!

Danke, danke, danke!

Wort, ich bin Wort!

6. Bedürfnisgerechte Elternschaft fängt bei dir an

Eine Vielzahl meiner Klientinnen hat sich zu Beginn ihres Mama-Seins mit dem Konzept „Bedürfnisgerechte Elternschaft" befasst. Gründer dieses Ansatzes waren William Sears und seine Frau Martha. Hierbei steht die Bindung zwischen Eltern und ihren Kindern im Vordergrund. Eltern hinterfragen die Bedürfnisse ihres Kindes und ihre eigenen. So lernen sie ihre Kinder und sich selbst besser kennen. Es ist mir ein besonderes Anliegen, darauf hinzuweisen, dass ich immer wieder beobachte, wie Sears' Ansatz in einigen Familien in einer eher ungünstigen Richtung ausgelebt und missverstanden wird.

Heutige Erwachsene haben in ihrer Kindheit häufig die Erfahrung gemacht, dass die Erziehung, so wie sie sie erlebt haben, ihnen schmerzlich in Erinnerung geblieben ist. Sobald die Familienplanung und -gründung beginnt, nimmt sich eine nicht unerhebliche Zahl von Müttern vor, die Erziehung ihrer Kinder anders zu gestalten – und nicht so, wie sie ihre eigene Erziehung erlebt haben. Sie wollen, dass es ihr Kind leichter hat als sie selbst. Dass es nicht so vielen Verboten, Konsequenzen und Strafen ausgesetzt ist, wie sie es selbst früher waren. Gleichzeitig besteht die Gefahr, dass sie als Eltern ihre eigenen Bedürfnisse ignorieren, denn so wurde es ihnen häufig von ihren eigenen Eltern vorgelebt. Ich erlebe regelmäßig, dass Eltern es gut meinen und ihr Kind bedürfnisgerecht erziehen wollen, aber daraus entsteht, dass sie ihren Kindern nahezu alles erlauben – aus Angst, Nein zu sagen und sie zu enttäuschen. Wir wollen niemanden enttäuschen. So sehr ist da die Angst vor Ablehnung, die Angst, nicht geliebt zu werden. Wenn wir allerdings nicht auf unsere eigenen Grenzen achten und diese wahren, dann werden unsere Kinder und unser gesamtes Umfeld immer wieder mal unsere Grenzen überschreiten.

Viele Eltern opfern sich auf und gehen auf dem Zahnfleisch, wenn sie zu mir kommen. Bedürfnisgerechte Elternschaft fängt bei uns Eltern an! Es ist unabdingbar, dass wir auf unsere Bedürfnisse achten. Dass wir sie uns erfüllen. Dann werden auch die anderen um uns herum unsere Grenzen akzeptieren. Mehr denn je ist es heute unsere Aufgabe, hinter das Verhalten unserer Kinder zu blicken, um ihre wahren Bedürfnisse zu erkennen. Manchmal ist ein Kind, das vom Kindergarten oder der Schule nach Hause kommt, müde und reagiert dann mit geringer Frustrationstoleranz oder einem Heulanfall, wenn es nicht fernsehen darf. Wenn wir das erkennen, können wir ganz anders auf unsere Kinder zugehen und sie vielleicht mit einer ausgiebigen Kuschelrunde stärken und nähren. Wir dürfen entscheiden lernen, ob unser Kind einen Wunsch äußert oder ein Bedürfnis hat. Bedürfnisse sollten erkannt werden und ihre Aufmerksamkeit bekommen. Hingegen müssen wir einem Wunsch unseres Kindes durchaus nicht immer nachkommen. Je mehr du dir angewöhnst, auf deine Bedürfnisse zu hören und sie ernst zu nehmen, desto schneller gelingt dir das auch bei deinem Kind.

7. Deine Bullshit-Liste

Ab dem Moment, von dem an du dich mit deinen Gedanken beschäftigst und wachsam dafür wirst, was du den ganzen Tag über denkst, stellst du mit allergrößter Wahrscheinlichkeit fest, dass eine Vielzahl deiner Gedanken negativ sind. Sie dienen dir nicht. Vielleicht haben sie einen pessimistischen Charakter. Das Glas ist eher halb leer statt halb voll. Du fängst an, diese Denkmuster bewusst zu bemerken. Doch sie sind nicht neu. Die meisten Gedanken haben uns in unserer Kindheit während unserer ersten Lebensjahre geprägt und haben sich seitdem in unserem Unterbewusstsein abgelagert. Dort sind sie nahezu ununterbrochen aktiv, nur haben wir sie bisher eben noch nicht so stark bemerkt wie jetzt, weil wir uns nun erlauben, uns diese Gedanken bewusst zu machen. Wir können ganz pauschal festhalten: Alle Gedanken, die uns nicht dienen, die negativ und bewertend sind, die dich oder andere Menschen kritisieren, die negative Gefühle in uns auslösen, sind nicht die Wahrheit in deiner vollen Größe. Es sind Bullshit-Gedanken, die wir irgendwann vor langer Zeit in unser System hineingelassen und zu unserer Wahrheit gemacht haben. Bullshit-Gedanken sind Gedanken, die uns abhalten, unsere großen Ziele zu erreichen. „Ich kann das nicht!“, „Ich schaffe das nicht!“, „Mach das nicht!“, „Das ist nicht möglich!“, sind nur ein ganz kleiner Ausschnitt solcher Bullshit-Gedanken. Befreie dich Stück für Stück von ihnen! Hierzu kann es sehr hilfreich für dich sein, dir diese limitierenden, beschränkenden Gedanken aufzuschreiben. Lege dir am besten dazu einen Ordner an oder ein kleines Büchlein, in die du sie immer dann notierst, wenn sie dir bewusst werden. Erinnere dich daran: Alles, was auf deiner Bullshit-Liste steht, ist nicht wahr! Es sind die Saboteure in dir drin, die versuchen, dich davon abzuhalten, deine Ziele zu verwirklichen. Je regelmäßiger du dir aufschreibst, was deine negativen Gedankenmuster sind, desto eher erkennt dein System, dass sie nicht wahr sind. Denn sonst würden sie ja nicht auf deiner Bullshit-Liste aufgeführt sein. Je mehr du diese Erfolgsverhinderer in dir aufspürst, desto seltener werden diese noch aktiv sein. Irgendwann hat auch dein Unterbewusstsein kapiert, dass du es nicht mehr zulässt, dich von diesen negativen Gedankenmustern beherrschen zu lassen. Damit erleichterst du dein Leben enorm, wenn diese Sätze nicht mehr weiter ungefragt und unerkannt in dir aufpoppen und wirken. Bravo! Jetzt entsteht deine Bullshit-Liste. Feiere das! Jeden negativen Satz, den du in dir aufspürst und stoppst, dem nimmst du seine Energie weg und holst deine Macht wieder zurück zu dir.

8. Deine Fülle-Liste

Listen helfen dir, den Überblick zu behalten. Neben deiner Bullshit-Liste legst du dir am besten auch gleich deine Fülle-Liste an. Mit der kannst du jetzt anfangen und sie in der nächsten Zeit immer wieder ergänzen. Auf diese Liste gehören all die großen und kleinen Dinge, die zu tun dir Freude bereiten. Die dich aus einem kleinen Tief herausholen können. Dinge, die du schon so lange einmal machen wolltest und bisher immer verschoben hast. Hobbys, die du gerne hast oder früher schon gerne hattest. Auf dieser Liste können eine Weltreise stehen, falls sie zu deinen Träumen und Sehnsüchten gehört, der nächste Sommerurlaub – aber auch viele kleine, günstige und schnell verfügbare Sachen wie die zehnminütigen Kaffeepausen während der Hausarbeit oder nach dem Abholen der Kinder. Es kann auch der Wunsch auf der Liste stehen, bei klarem Himmel am Abend in die Sterne zu schauen. Eine Stunde Zeit für dich zu haben in der Badewanne. Setze auf die Fülle-Liste, was immer dir Kraft und Erholung spendet. Schau, dass du täglich ungefähr vier dieser Dinge umsetzt. Nimm dir ganz bewusst die Zeit dafür, denn deine Energie entscheidet über die Stimmung in deiner Familie. Geht es dir gut, achtest du auf dich, nimmst du dich ernst, dann geht es auch deinen Kindern gut.

9. Dein inneres „Verkaufsschild"

Du musst keine Verkäuferin sein, um dich bzw. deine Energie zu verkaufen! Wir tun es ständig. Wir „verkaufen" uns nahezu in jedem Moment, in dem wir mit Menschen in Kontakt treten. Hier ist entscheidend, *wie* wir auftreten, um in der Gesellschaft und in unserem Umfeld, in unserer Beziehung, in unserem Job, bei unseren Kindern ernst genommen zu werden. Und in diesem Zusammenhang ist nicht primär das entscheidend, was du sprichst, sondern deine innere Haltung. Was im privaten Kontext vielleicht noch abstrakt klingt, möchte ich dir jetzt an gängigen Beispielen aufzeigen.

Überall dort, wo wir uns ausgenützt fühlen, wo wir uns selbst als „Depp" für unsere Mitmenschen fühlen, wenn unsere Schwiegermutter beispielsweise meint, sich mit ungebetenen Ratschlägen ständig in unser Familienleben einmischen zu müssen – in all diesen Situationen gibt es in unserer inneren Ausrichtung noch Diskrepanzen zu dem, was wir uns im Außen erschaffen wollen. Ruft abends öfter eine Bekannte bei dir an und bittet dich, für sie etwas zu erledigen, obwohl es dir längst für so etwas zu spät ist, dann gibt es auf deinem inneren Verkaufsschild vermutlich – zwar tief unbewusst, aber anwesend – Glaubenssätze wie: „Man kann mich zu jeder Tages- und Nachtzeit erreichen und ich erfülle alle Wünsche für ihn oder sie!". Oder: „Menschen in meinem Umfeld dürfen sich ungefragt in mein Leben einmischen und eventuell sogar noch über mich bestimmen!" Und dies sind nur ein paar Beispiele. Meistens ist uns gar nicht bewusst, dass solche Glaubensmuster in uns wirken. Was wir aber sehen können, ist das Ergebnis dieser Muster im Außen. Lassen wir unser inneres Verkaufsschild so, wie es bisher war, werden wir immer wieder dieselben Ergebnisse erhalten. Und das wollen wir in der Regel nicht.

Nehmen wir uns also immer wieder mal die Zeit, um zu überprüfen: Was zeigt mir das Außen? Was müssen folglich meine inneren negativen Glaubensmuster sein, die mir im Außen sichtbar gemacht werden? Diese negativen Muster und Sätze formulieren wir um. Wir gestalten unser neues inneres Verkaufsschild also genau danach, was wir im Außen ernten wollen. Das kann dann in unserem Beispiel wie folgt aussehen:

- Anrufe nehmen ich zwischen 9 und 19 Uhr an, später nicht mehr. Es sei denn, es ist ein wirklicher Notfall (Achtung: *Du* definierst, was ein Notfall ist und was nicht!)
- Ich treffe meine Entscheidungen selbst und bin nur offen für solche Ratschläge, nach denen ich bewusst frage.
- Ich bin die Königin in meinem Leben und meine Familie ist für das Aufräumen ihrer eigenen Wäsche und ihres Mülls selbst verantwortlich.

Natürlich steht es uns frei, diese neu formulierten und jetzt förderlichen Sätze laut an unser Gegenüber auszusprechen, aber es ist kein Muss! Es reicht, wenn wir in uns selbst unsere Werte und Bedingungen neu definieren und uns selbst damit so lange konfrontieren, bis sie in Fleisch und Blut übergegangen sind. Wenn wir klar sind mit den Angaben auf unserem inneren Verkaufsschild, dann werden wir nach 19 Uhr keine Anrufe mehr bekommen. Dann signalisieren wir unseren Kindern deutlich – auch ohne klare Ansagen –, dass wir nicht mehr bereit sind, ihre dreckige Wäsche vom Fußboden einzusammeln oder ihre Süßigkeitenverpackungen in den Mülleiner zu werfen. Ebenso dürfen wir eine klare innere Haltung beziehen, bevor wir in der Schule unseres Kindes zu einem Elterngespräch gehen. Dort, wo wir im Innen wackelig agieren, werden Menschen im Außen versuchen, unsere Grenzen zu überschreiten.

Erlauben wir uns aber, unsere veränderte innere Haltung zu trainieren, unsere Standards neu zu setzen und uns von innen darauf auszurichten, bringen wir mit großem Schwung eine neue Leichtigkeit in unseren Alltag und unser Leben.

10. DU stehst an erster Stelle!

Ich gebe dir hier nun zwei sehr essenzielle Fragen mit:

1. Wer ist der wichtigste Mensch in deinem Leben?

Diese Frage habe ich dir in der Überschrift eigentlich schon beantwortet. Natürlich kann es sein, dass du noch gerne anders antworten würdest. Meine Kinder, mein Partner, meine Eltern – all das sind häufig die Antworten, die Frauen mir auf diese Frage geben. Aber das darf sich jetzt ändern. *Du* bist der wichtigste Mensch in deinem Leben! Du selbst und die Person, mit der du gerade zusammen Zeit verbringst. Und wenn du noch nicht der wichtigste Mensch bist in deinem Leben, dann darfst du es werden, jeden Tag ein bisschen mehr! In dem Fall – der hoffentlich nie eintreten wird –, dass im Flugzeug bei Druckabfall die Sauerstoffmasken von der Decke fallen, würdest du ganz intuitiv zuerst dir diese Maske aufsetzen und dich dann um deine Kinder und die Menschen in deiner Nähe kümmern. Nur wenn du dich zuerst selbst mit Sauerstoff versorgst, kannst du deinem Umfeld auch angemessen helfen. Nur dann bist du der größte und wichtigste Beitrag für die Menschen um dich herum. Was du hier intuitiv so machen würdest, gilt auch in deinem Alltag.

Erst du, dann die anderen.

Wenn du geschafft bist von der Arbeit und dem Haushalt und deine Kinder mit dir spielen wollen, gönne dir zuerst selbst eine Auszeit und fülle deine Akkus wieder auf! Wenn du für dich selbst gut gesorgt hast, kannst du präsent sein für dein Gegenüber. Lasse dich immer wieder darauf ein, wenn dein Kind dich zum Spiel auffordert. Nimm dir bewusst Zeit für euch, ohne Handy, ohne im Kopf schon wieder dran zu denken, was du noch einkaufen musst, oder dir zu überlegen, was du morgen kochst. Das kannst du *nach* der Zeit mit deinem Kind machen, aber nicht währenddessen. Geh auf Augenhöhe mit deinem Kind. Wenn wir zwar physisch anwesend, aber geistig abwesend sind, dann wird unser Kind immer noch mehr Präsenzzeit mit uns einfordern. Kinder wollen Vollkontakt und keine Mama, die zwar rund um die Uhr anwesend, aber ständig abgelenkt ist und nebenher noch mehrere andere Sachen erledigt. Lieber kurze Intervalle, in denen wir da sind. Dann können wir uns auch wieder zurücknehmen und die anderen anfallenden Dinge erledigen.

2. Wann ist die wichtigste Zeit in deinem Leben?

Die wichtigste Zeit ist immer JETZT! Nicht gestern und nicht morgen, sondern immer jetzt. Die meisten Menschen machen den Fehler, dass sie entweder in der Vergangenheit leben („Hätte ich doch dieses oder jenes bloß anders gemacht damals!") oder in der Zukunft („Hoffentlich passiert mir so was nicht wieder!"). Wenn sie negative Erfahrungen aus der Vergangenheit auf die Zukunft projizieren, dann entstehen Ängste. Auch bei Schulkindern stellen wir immer wieder fest, dass sie sonntags schon Angst haben vor dem Montag. Auch hier sind wir das Vorbild für unseren Nachwuchs. Dort, wo wir wieder viel mehr lernen und uns erlauben, das Hier und Jetzt bewusst zu genießen, dort werden auch die Kinder immer entspannter.

11. Setze dir große Ziele

Eine Ursache, wegen der manche Menschen im Leben scheitern, ist, dass ihre Ziele zu klein sind. In der Vergangenheit stecken zu bleiben bedeutet, dass wir so nie über uns hinauswachsen können. Zum Sinn des Lebens gehört es aber nun einmal, zu wachsen. Wachstum ist ein Gesetz der Natur, um sich zu entwickeln. Wachstum zu unterdrücken bedeutet immer ein Zurückgehen. Stillstand. Eine Krise ist immer die Chance zur Heilung – sofern wir sie nutzen.

Wenn ich zu Beginn meiner Coachings die Teilnehmerinnen frage, was für Ziele sie haben auf diesem Weg, den sie mit mir gemeinsam gehen, dann höre ich oft: „Ich wäre schon froh, wenn die täglichen heftigen Wutanfälle nur noch zwei- bis dreimal pro Woche und nicht mehr täglich auftreten!" oder „Wenn wir uns als Paar wieder besser verstehen würden, wäre das schon toll!" JAAAA! Es ist toll! Und wenn das eintritt, dann sind das richtig tolle Meilensteine, die schon geschafft sind, die wir auf jeden Fall gebührend feiern sollten! Aber es sind eben noch keine Ziele. Es sind Zwischenetappen. Wunderschön, aber als Ziel deutlich zu klein.

Schauen wir uns jetzt mal gemeinsam das Ziel „Wutanfälle nur noch zweimal pro Woche statt täglich" an. Ist das ein Ziel, für das wir absolut brennen? Ist das ein Ziel, für das wir bereit sind, konsequent den Weg zu gehen und umzusetzen, was dafür notwendig ist? Nein! Meine lange Erfahrung bei mittlerweile über 4.000 Klientinnen bestätigt mir, dass wir große Ziele brauchen! Ziele, bei denen alles in uns drin vor kribbeliger Vorfreude vibriert. Ziele, für die ich bereit bin, alles Notwendige zu tun, um sie wahr werden zu lassen. Ziele, so groß, dass ich bereit bin, mich mit mir und meinen tiefsitzenden inneren Mustern auseinanderzusetzen und nicht mehr umzudrehen. Ziele, so gigantisch und so wunderschön, für die ich losgehe, während andere Menschen mit viel zu kleinen Zielen auf der Stelle treten und in ihrem Sumpf verharren. Mache nicht nur ein bisschen Linderung in eurer Situation zu deinem Ziel, sondern die komplette SymptomFREIheit. Die wunderschönste und erfüllendste Beziehung zu deinem Partner. Tiefste Liebe und absolute Leichtigkeit in eurem Familienalltag. Gesundheit auf der ganzen Ebene. Das sind Ziele. Das ist so wichtig für dich! Denn wir können wirklich das maximale Ziel in unserem Leben erreichen, für das wir uns öffnen.

Deine Ziele darfst du so groß machen, dass dein Verstand nicht mehr hinterherkommt. Deine Ziele wählst du immer aus, wenn *alles* möglich ist für dich und nichts irgendwelchen Einschränkungen unterliegt. Erlaube dir, diese großen Ziele zu fühlen, ganz egal, wie weit sie in diesem Moment gerade von deiner aktuellen Situation entfernt sind.

Beschränke dich nicht auf das *eine* Thema, das dich gerade am allermeisten beschäftigt. Erlaube dir, deine größten Ziele in all deinen Lebensbereichen zu definieren. Du musst dich nicht entscheiden, ob du deine Partnerschaft heilen oder für deine bzw. die Gesundheit deiner Kinder losgehst. Genauso wenig musst du dich entscheiden zwischen Wohlstand und Liebe. Wähle beides! Kein Entweder-oder mehr! Sondern Sowohl-als-auch! Eines meiner größten Ziele, ja, meine Vision ist es, Symptome und Diagnosen bei Kindern und Familien auf der Welt auszumerzen. Dieses Ziel ist riesengroß. Dafür brenne ich. Dafür stehe ich jeden Morgen auf und unterstütze tausende Menschen dabei, genau das und noch so viel mehr in ihren Familien zu erreichen. Mein Verstand, der früher einmal ganz laut war und heute noch manchmal zu mir flüstert, der will mir erzählen, das Ziel sei zu groß. Das schaffst du doch niemals. Mach es kleiner, das ist realistischer ... bla bla bla. Ich will es nicht klein und realistisch! Ich erschaffe mir meine Realität neu. Vor ein paar Jahren hatte ich in meiner Praxis einen kleinen Bruchteil an Familien aus meinem Umkreis. Heute schreibe ich dieses Buch. Damit auch du, die vielleicht nicht gerade bei mir ums Eck wohnt, diesen hilfreichen und fruchtbaren Weg lernen kannst. Es werden täglich mehr Frauen, die sich und ihre ganze Familie befreien. Das ist mein Feuer. Mein Motor.

Große Ziele zu haben, bringt dich schneller genau dorthin – an deine großen Ziele. Sei glücklich und dankbar für jeden erreichten Meilenstein, aber nicht zufrieden! Frag nach mehr und du wirst mehr bekommen. Manchmal fühlt es sich schwierig an, unsere Ziele groß zu machen, weil wir von außen vielleicht hören, dass das nicht ginge. Dass höchstens Linderung möglich sei. Aber was, wenn's doch geht? Was, wenn es für dich trotzdem möglich ist? So viele meiner Klientinnen haben das schon bewiesen. Mache die Tür dafür ganz weit auf.

12. Dein Selbstbild

Jetzt habe ich dir schon ganz viele Werkzeuge an die Hand gegeben, die dir – wenn du sie kontinuierlich anwendest – dabei helfen werden, dein Leben und das deiner Familie zu verändern. Was nicht fehlen darf, ist dein positives Selbstbild. Wie denkst du über dich? Wie sprichst du über dich? Was erlaubst du dir und was nicht? Wo machst du dich noch klein? Was, wenn du jetzt an dieser Stelle, wo du genau diese Zeilen liest, gleich damit beginnst, die höchsten, besten und wertschätzendsten Gedanken über dich selbst zu denken, die du überhaupt nur denken kannst? Mache sie groß. So groß, dass du das Gefühl hast, zu übertreiben. Sag nicht: „Ich bin eine gute Mutter." Sprich zu dir selbst: „Ich bin für meine Kinder die beste Mama auf der ganzen Welt." Sag nicht: „Ich bemühe mich, eine gute Partnerin für meinen Mann zu sein." Sondern: „Ich bin die allerschönste, begehrenswerteste Partnerin der Welt für meinen Mann!" Dabei geht es nicht um einen Wettbewerb, besser zu sein als alle anderen Frauen und Mamas. Es geht allein um dich. Nur um dich. Du bist für dich die allerbeste Partnerin für deinen Mann? Dann bist du es auch in der Realität für ihn.

Mache aus jedem „Ich möchte" ein „Ich tue" und aus jedem „Ich spüre" ein „Ich mache".

So viele Frauen halten sich selbst klein. Dabei sind wir alle so große Frauen. Doch irgendwann in unserem Leben wurden wir mal verletzt. Ausgelacht. Kritisiert. Bewertet. Dabei hat das mehr mit dem Menschen zu tun, der dich kritisiert, als mit dir selbst. In den Momenten, wo uns allerdings triggert, was andere Menschen im Außen über uns denken oder sagen, ist es ein Spiegel für uns. Sie machen sichtbar, in welcher Hinsicht wir noch mit uns selbst abfällig und bewertend sprechen oder wir uns selbst verurteilen. In Wahrheit sind wir alle hell strahlende Sonnen. Doch im Laufe unseres Lebens hat unsere Sonne mit jedem Schmerz, mit jeder Bewertung ein paar schwarze Aufkleber bekommen. Mit jedem Aufkleber konnte sie ein bisschen weniger ihr Scheinen zeigen. Unsere Sonne wurde zu einer dunklen Kugel, die von außen nicht mehr wie eine strahlende Sonne ausschaute. Aber sie ist immer noch eine Sonne. Sie ist nicht verloren gegangen, sondern wurde nur zugeklebt.

Ich bin diese Sonne. Du bist diese Sonne. In Wahrheit sind wir alle diese Sonnen. Doch es kommt niemand von außen und entfernt diese vielen kleinen und größeren schwarzen Aufkleber. Wir können aber selbst diese Kleber entfernen. Ich habe meine Kleber entfernt. Du kannst deine Kleber auch wieder entfernen. Gerne helfe ich dir dabei. Dann kannst du wieder scheinen. Und ab da wirkt das Gesetz der Anziehung. Wenn du als strahlende Sonne durch dein Leben gehst, dann ziehst du genau das an: weitere Sonnen. Bunte Blumen statt Dreckpfützen und dunkler Wolken. Ich lade dich ein: Stoppe jeden Gedanken, der dir nicht dient, der dir Energie raubt. Trainiere dich genau darin. Werde jeden Tag ein bisschen besser dabei. Dein Umfeld wird mit kurzer Verzögerung darauf reagieren. Das ist besser für dich als eine Million Wellnessmassagen. Und wenn es dir mal nicht gelingt, sei liebevoll zu dir. Verurteile dich nicht dafür. Dann wählst du eben im nächsten Moment neu. Du hast es so sehr verdient, deine eigene Königin zu sein.

♥ ♥ ♥

Hier kommt meine Extraportion Liebe für dich:

Liebe Leserin, so viele Tools können bei dir auf den ersten Blick vielleicht das Gefühl der Überforderung bewirken. Gehe in kleinen Schritten. Jeder Schritt vorwärts zählt. Wenn du mal zurückschaust auf deinen Start, dann achte darauf, dass du dich nicht kritisierst für den Teil des Weges, den du noch vor dir hast, sondern feiere dich selbst für jeden einzelnen Schritt, den du schon gegangen bist, für jedes große und kleine Erfolgserlebnis, für jede Erkenntnis, zu der du schon kommen durftest.

Vergiss die Gründe, die dein Verstand dir erzählt, warum du scheitern könntest – und konzentriere dich auf den einen Grund, aus dem du es schaffen kannst !

Das Geheimnis der Veränderung besteht darin, dich auf das zu konzentrieren, was du neu erschaffen willst, und nicht mehr darauf, Altes zu bekämpfen.

Deine alten Muster begleiten dich vermutlich schon viele Jahre bis Jahrzehnte. Keine Sorge, um hier in die Fülle zu kommen, brauchst du nicht so lange. Das geht viel schneller. Dafür ist es wichtig, dass du dich wertvoll genug behandelst. Es braucht deine Ausrichtung und dein Dranbleiben.

Du schaffst das!

Du bist richtig, wie du bist! Und dein Kind auch!

Kapitel 7

Der richtige Umgang mit Emotionen

„Ich muss mich besser zusammenreißen!“

„Ich hätte nicht wütend werden und schimpfen dürfen!“

Kennst du das auch, liebe Leserin? Nimmst du dir auch so oft vor, ruhig zu bleiben, und ärgerst dich dann über dich selbst, wenn du es wieder einmal nicht geschafft hast? Dein Kind triggert dich und dann bricht es plötzlich aus dir heraus? So viele Mamas erzählen mir immer wieder, wie sehr sie sich vornehmen, ihre Emotionen in den Griff zu bekommen. So haben es die allermeisten von uns gelernt. Als Kind waren wir das brave Mädchen, wenn wir lieb und ruhig gewesen sind, und das unerzogene Kind, wenn wir unseren Emotionen freien Lauf ließen. Immer wieder berichten mir Frauen, dass sie nicht verstehen, woher denn so viel Wut bei ihrem Kind kommt, schließlich waren sie doch als Kind nicht wütend. Das Problem ist, dass nicht ausgelebte Wut bleibt – und zwar in unserem Inneren. Sie lagert sich ab als hinuntergeschluckter Mangel, wie eine Art Schlamm in unserem Bauch, der uns – wenn wir die Wut nicht befreien – Stück für Stück selbst vergiftet. Nicht ausgelebte Wut ist Kampf in unserem Inneren. Selbstzerstörung. Wenn unterdrückte Wut ein Thema bei uns ist, dann nicht erst seit gestern. In der Regel haben wir bereits als kleines Kind gelernt, dass es angebrachter ist in der Gesellschaft und bei unseren Eltern, angepasst und brav zu sein. Für viele von uns Eltern waren die Strafen und Konsequenzen als Kind zu groß, um sich zu trauen, alle Gefühle auszuleben. Dieses Muster haben wir erlernt und tragen es mit uns herum bis in die heutige Zeit. Jetzt hast du mit diesem Buch schon gelernt, dass Kinder unsere Spiegel (hier: gegenteilige Spiegel) sind. Sie sind unser Ventil, wenn wir uns nicht erlauben, unsere Emotionen auszuleben. Sie tun es für uns. Sie übernehmen damit eine Verantwortung, die eigentlich bei uns bleiben sollte. Unsere Kinder triggern uns mit ihrem Verhalten, bis unsere eigenen Emotionen – und da vor allem die hinuntergeschluckten –hochkommen. Dort, wo wir uns von uns selbst abschneiden, folgen die Kinder ihrer Intuition.

Es ist essenziell, dass wir hier dringend umlernen und uns erlauben, all unsere Emotionen zuzulassen.

Unterdrückte, nicht gelebte Trauer beispielsweise kann bis zur Depression führen. Ich beobachte schon lange, gerade bei uns Frauen, dass Weinen in den allermeisten Fällen noch erlaubt ist, aber bei Wut greift das Verbot. Wenn ich mit Frauen in meinen Coachings in die Tiefe gehe, bei denen das so ist, dann ist da überlagerte und nicht ausgelebte Traurigkeit. Traurigkeit darüber, dass ihre Situation so schwer ist und nicht so leicht, wie sie bei ihren Nachbarn zu sein scheint. Traurigkeit darüber, dass die Beziehung zu ihrem Kind gerade so angespannt ist. Traurigkeit darüber, dass Menschen im Außen hinter ihrem Rücken reden. Und wenn wir hier weitergraben, dann weichen der Schleier und Deckmantel der Traurigkeit und wir kommen an die Wut heran, die so lange hinuntergeschluckt wurde. In der Wut steckt eine enorme Power. Besonders fatal finde ich, wenn zu depressiven Menschen gesagt wird, sie sollen sich auf eine Parkbank setzen, die Sonne genießen und sich an den Frühlingsblumen erfreuen. Das funktioniert nicht! Hier muss erst wieder die Wut aktiviert werden. Denn darin liegt ihre Power. Wenn wir lernen, diese für uns einzusetzen, dann wirkt sie für uns konstruktiv und nicht destruktiv, so wie uns das früher erzählt wurde.

Es ist menschlich, dass wir uns wünschen, all die wunderschönen Gefühle zu fühlen. Dankbarkeit. Liebe. Vertrauen. Freude. Spaß. Am liebsten würden wir nur diese Gefühle empfinden. Die Emotionen, die negativ auf uns wirken, wollen wir am liebsten aus unserem Leben entfernen. Traurigkeit. Enttäuschung. Zorn. Hass. Wut. Manchmal fühlen wir sie. Aber sie sind mit einem Verbot belegt. Wir assoziieren ein nicht erwünschtes, negatives Gefühl mit „ICH bin unerwünscht, wenn ich wütend bin!“. Folglich triggert es uns als Eltern, wenn unsere Kinder dieses „unerwünschte“ Verhalten an den Tag legen. Sie trauen sich, dieses Gefühl zu zeigen – was uns häufig so verboten war. Unsere Kinder spiegeln das so lange für uns, bis wir uns erlauben, *alles* zu fühlen. Das Angenehme und das Unangenehme. Wir müssen die unangenehmen Gefühle nicht mögen, aber wir sind aufgefordert, sie anzunehmen als das, was sie sind, nämlich ein Teil, der genauso zu uns gehört wie unsere angenehmen Gefühle. Unsere Emotionen sind tief in uns und unserem Unterbewusstsein gespeichert. Dort laufen sie ständig unbemerkt ab. Werden wir getriggert, kochen diese Emotionen unkontrolliert hoch und zeigen sich, ohne dass wir sie in diesem Moment steuern können. Doch das können und dürfen wir ändern.

Wie kommst du von deinen unbewussten Emotionen in dein Bewusstsein?

Ich lade dich ein, dir selbst folgende Frage zu stellen:

> *„Lasse ich mich von den Emotionen meines Kindes vereinnahmen oder nehme ich die Emotionen meines Kindes wahr?“*

Das sind zwei grundlegend verschiedene Ansätze. Lass es mich dir beispielhaft aufzeigen. Sabine hat einen sechsjährigen Sohn, bei dem sie seit zwei Jahren gegen regelmäßige, nahezu tägliche heftige Wutanfälle in verschiedenen Situationen ankämpft, bislang jedoch ohne Erfolg. Sobald Sabine ihren Sohn darum bittet, den Fernseher auszumachen, wehrt er sich dagegen. Er schimpft, fängt an zu toben, stampft und wirft sich schließlich auf den Boden und zeigt lautstark mit Händen und

Füßen, dass ihm die Entscheidung seiner Mutter nicht passt. Sabine kennt diese Situation. Das ist nicht das erste Mal, dass ihr Kind so reagiert. Auch in ihr steigt dann die Wut hoch und sie beginnt zurückzuschreien. Sabine lässt sich von der Reaktion und den Emotionen ihres Sohnes komplett vereinnahmen. Sie fühlt sich so, als ob eine große emotionale Lawine auf sie zustürzt und sie überrollt. Dadurch kann sie sich selbst nicht mehr kontrollieren. Sie handelt im Affekt. Sabine und ihr Sohn stehen sich in deren Wohnzimmer gegenüber. Das Parkett auf ihrem Fußboden wird zur gemeinsamen Bühne der beiden. Die Situation gleicht einem Stierkampf. Sabine ist voll involviert in den Wutanfall ihres Kindes. Sie sind nun beide Akteure. Sie fühlt sich angegriffen in diesem Moment. Auch ihr Kind fühlt sich angegriffen und nicht gesehen in seinen Bedürfnissen. Ihr Herz verschließt sich und sie baut in Sekundenschnelle eine dicke Mauer um sich herum auf. Die Verbindung – ich nenne es „Liebesleitung" – zwischen ihr und ihrem Sohn ist in diesem Moment zwar nicht durchtrennt, aber abgeklemmt. Die beiden steigern sich hinein und das Drama vergrößert sich. Hier wird nochmal deutlich, wie groß die Macht der Emotionen aus unserem Unterbewusstsein ist, wenn wir nicht lernen, sie zu steuern. Denn in Sabines Situation haben ihre unbewussten Muster und getriggerten Emotionen eindeutig die Macht über sie.

Soforttipps dienen hier nicht, vielmehr ist das Training des eigenen Bewusstseins der nachhaltigste Schlüssel. Sabine entschied sich, nicht länger das Opfer ihrer eigenen Prägungen zu bleiben, und ich durfte ihr beibringen, wie sie die Schöpferin in ihrem Leben wird und sich ihre Handlungsmacht zurückholt. Dafür war es unabdingbar, dass Sabine lernte, die Emotionen ihres Kindes wahrzunehmen, anstatt sich noch länger davon vereinnahmen zu lassen. Damit es ihr gelingt, diese ihr entgegengebrachten Emotionen lediglich noch wahrzunehmen, sich aber nicht mehr darauf einzulassen, ist es wichtig, dass Sabine die Bühne, die ihr Sohn eingenommen hat im Wohnzimmer, verlässt. Das muss nicht unbedingt körperlich passieren, sondern vielmehr durch emotionalen Abstand zum Drama ihres Kindes.

Als Bild kannst du es dir so vorstellen, dass Sabine die Mitte des Wohnzimmers verlässt und sich in den Türrahmen stellt und von außen ins Wohnzimmer hineinschaut. Ebenso hilfreich kann es für dich sein, dir vorzustellen, dass Sabine wie ein Adler über ihrem Haus kreist und von oben auf das schaut, was unten im Wohnzimmer passiert. Sie wechselt in die Vogelperspektive. So bekommt sie den nötigen Abstand und kann die Emotionen ihres Kindes von außen betrachtet wahrnehmen. Mit diesem Shift wechselt Sabine aus ihrem Unterbewusstsein in ihr Bewusstsein. Sie wird also von der Akteurin zur Beobachterin. Hier bleibt sie klar und erkennt, was es für ihren Sohn gerade braucht, da sie jetzt den nötigen Abstand hat und nicht mehr selbst involviert ist. Sie erkennt, dass er frustriert ist, weil er seinem Bedürfnis nach Fernsehen nicht mehr länger nachgehen darf. Er fühlt sich in diesem Moment nicht in seiner Wahrheit gesehen und vergisst für einen Moment, wie großartig er ist. Durch diesen Perspektivwechsel schafft es Sabine, ihr Herz offen zu halten, und bleibt in der Verbindung und im Mitgefühl mit ihrem Kind. Weder muss das Kind es toll finden, dass der Fernseher jetzt aus ist, noch muss sie es gut finden, dass ihr Sohn wütend ist. Doch beide Gefühle dürfen sein. Sie gehören zum Leben dazu, wenn unsere Bedürfnisse nicht erfüllt werden. Es ist okay, enttäuscht zu sein. Es ist okay, Wut auszudrücken. Diese runterzuschlucken macht auf Dauer krank und uns klein. Es verschließt das Herz. Alternativ zur Vogelperspektive kannst du dir auch vorstellen, dass Sabine in ihrem Wohnzimmer ein paar Schritte von der Bühne des Dramas runtergeht, sich in die erste Reihe eines Theaters setzt und von dort aus ihrem Sohn, der gerade auf seiner Bühne seinen Frust rauslässt, zuschaut. Auch mit diesem Bild wird sie von der Akteurin zur Zuschauerin.

Wenn Schauspieler einen Krimi drehen, dann versetzen sie sich dabei so tief in ihre Rollen, dass sie für diesen Moment die Identität ihrer Rolle annehmen. Würde man ihre Hormonkonzentration und ihren Pulsschlag und Blutdruck messen, wären diese genauso hoch wie bei einem echten Täter oder Opfer.

Auch bei uns ist das so, wenn wir in die Emotionen unseres Gegenübers einsteigen und uns von unseren eigenen Emotionen überrollen lassen. Unser Nervensystem läuft dabei auf Hochspannung.

Schauen wir im Fernsehen oder im Theater einen Krimi an, dann sind wir eventuell auch etwas aufgeregt, aber doch so viel ruhiger und klarer als die Schauspieler in der Situation selbst. Den Film nehmen wir wahr, aber wir werden nicht von ihm vereinnahmt. Der Shift ins Bewusstsein: für mich und meine Familie und mittlerweile über 4.000 Menschen, die ich begleiten durfte, ist das ein absoluter Gamechanger.

Wütend *sein* versus sich wütend *fühlen*

Worte manifestieren. Dafür finden wir in unserem Leben unzählige Beispiele. Ob wir uns selbst erzählen, dass unser Geld knapp ist oder dass wir die beste Mama für unser Kind sind – in beiden Fällen werden wir recht behalten. Vorausgesetzt, wir glauben uns diese Geschichten. Die Wirkungskraft unserer Worte ist enorm. Worte können Leben verändern, die Skala reicht von richtig schmerzhaft und zerstörerisch bis zum Spüren deiner wahren Größe. Das Außen wird uns exakt das widerspiegeln, was wir in Wahrheit glauben. Da unsere Sprache so mächtig ist, dürfen und sollten wir wachsam sein in ihrem Gebrauch.

Wir haben gelernt, unsere Gefühle auszudrücken, indem wir sagen: „Ich bin wütend!“ oder „Ich bin müde!“ oder „Ich bin erschöpft!“ Stell dir einmal vor, du würdest diese Sätze laut aussprechen. Kannst du spüren, was sie in dir bewirken, liebe Leserin? Ich kann noch so fit und energiegeladen sein, aber wenn ich mir zehnmal hintereinander selbst sage, dass ich müde bin, dann wird sich jede Zelle meines Körpers auch müde anfühlen. Ich würde mir damit erzählen: *Ich bin* das Gefühl! Ich gebe somit meine Identität ab und nehme die Identität der Müdigkeit an. Logisch, dass sich alles in mir somit müde anfühlt. Doch das ist nicht wahr! Ich bin Alexandra Zengerling,

Elterncoach und Autorin. Ich bin *nicht* die Müdigkeit. Ich bin ich und ich *fühle mich* müde. Ich bleibe somit ich selbst und das Gefühl nimmt mich nicht mehr komplett ein, sondern ist gerade vielleicht bei mir wie ein Rucksack, den ich auf meinem Rücken geschultert habe. Diesen kann ich viel schneller und leichter wieder ausziehen. Genau auf diese Weise dürfen wir darauf achten, *wie* wir uns ausdrücken, denn Worte kreieren. Worte und Gedanken, die wir denken oder sprechen, schaffen Gefühle in uns.

Aus „Ich bin wütend!“ machst du besser ein „Ich bin ich und ich *fühle* mich wütend!“.

Aus „Ich bin erschöpft!“ machst du besser ein „Ich *fühle* mich erschöpft!“.

Was für dich selbst gilt und für dich wichtig ist, ist ebenso wichtig in der Beziehung zwischen dir und deinem Kind. So oft berichteten mir Klientinnen, dass sie – sobald ihr Partner nach seinem Feierabend nach Hause kam – ihm erzählten, dass ihr Kind bei den Hausaufgaben schon wieder total wütend, also quasi die Wut in Person war. Auch hier ist es hilfreich, umzudenken: „Mein Kind *fühlte* sich heute Nachmittag bei den Hausaufgaben wütend.“ Sobald mir das gelingt, sehe ich mein Kind wieder als mein Kind, mit einem Rucksack gefüllt mit Wut auf seinem Rücken – und nicht mehr als die Verkörperung der Wut schlechthin. Das ist ein himmelweiter Unterschied, wie ich finde. Diese Umstellung in unserer Denk- und Sichtweise erfordert ein bisschen Achtsamkeit in unserer Wortwahl, erzielt aber so einen großen Mehrwert an Leichtigkeit in unserem Leben. Sei liebevoll zu dir, auch wenn es am Anfang einen Moment lang dauert, bis du das in dir verankert hast.

Es ist ein Prozess, bis sich neue Handlungsmuster in uns gefestigt haben. Dieser Prozess wird in vier Schritte eingeteilt und beginnt mit dem ersten Schritt, der unbewussten Inkompetenz. Das ist der Moment, wo wir das alte Muster – in diesem Fall den alten Satz „Ich bin müde!“ – verwenden, weil wir noch nicht wissen, dass das hinderlich ist für uns. Jetzt, wo du dieses Kapitel bis hierhin gelesen und in der Theorie erfahren hast, dass wir uns damit Schwere in unser Leben ziehen, ist dieses Muster zur bewussten Inkompetenz für dich geworden. Jetzt wendest du vielleicht dieses großartige Tool gleich für dich an, und damit wird es zur *bewussten* Kompetenz. Es dient dir zwar schon, aber du musst es noch bewusst steuern, bewusst dran denken und achtsam sein in deinem Wortgebrauch. Das Unterbewusstsein braucht circa vier bis sechs Wochen, je nach Trainingsintensität, bis alte, nicht dienliche Muster und Glaubenssätze von neuen, hilfreichen Mustern überschrieben und ersetzt werden. Hier ist es ganz besonders wichtig, dranzubleiben. Dir eine Routine anzugewöhnen ist besser, als dich „nur“ auf deine Motivation zu verlassen. Nach erfolgreicher und konsequenter Umsetzung geht deine neue bewusste Kompetenz in eine unbewusste Kompetenz über. Die Anstrengung, ständig daran zu denken, fällt weg und übrig bleibt eine neu gewonnene Leichtigkeit, weil du nun unbewusst so handelst, dass es dir dient. Das ist das gleiche Prinzip wie Atmen oder Zähneputzen. Das haben wir verinnerlicht. Beides läuft heute unbewusst und ganz selbstverständlich ab und wir müssen uns nicht darauf konzentrieren.

Das Wutfass

Auch hier warten wertvolle Lerngeschenke auf uns, wenn wir das verstehen. Fragst du dich manchmal, warum dein Kind wegen einer für dich unbegreiflichen Kleinigkeit so ausflippen und mit Händen und Füßen um sich schlagen muss? Kommst du manchmal an deine Grenzen, weil dein Kind wie hysterisch zu schreien beginnt, nur weil sein Bruder oder seine Schwester ein Spielzeugauto hat, das es selbst gerne haben möchte? Hier neigen wir Erwachsenen häufig dazu, uns mit großen Augen, offenem Mund oder vor das Gesicht gehaltenen Händen zu fragen, wie unser Kind wegen so einer – in unseren Augen – Nichtigkeit so ein Drama machen muss. Wir wurden darauf getrimmt, dort nach Fehlern zu suchen, wo das Problem sich zeigt.

> *Doch Ursachen liegen immer auf einer anderen Ebene als die Symptome.*

Was für uns manchmal so klein aussieht, ist in Wahrheit für unser Kind viel größer als das, was wir sehen. Es ist mir ein Anliegen, dich dafür zu sensibilisieren. Jeder Mensch hat ein inneres Wutfass. Ein Frustbehältnis, das sich über den Tag füllt. Nehmen wir an, wir wecken morgens unser Kind für die Schule. Nun kann es gut sein, dass es gerne noch länger schlafen möchte. Es wacht auf und spürt Frust. Nun möchte es vielleicht eine kurze Hose und Sandalen anziehen, obwohl gerade Winter ist und es geschneit hat. Wir schicken es zurück, damit es sich umzieht. Als es zum Frühstück kommen möchte, bemerken wir, dass es vergessen hat, sich die Zähne zu putzen. In dem Moment, in dem wir es deswegen nochmal zurück ins Bad schicken, hat es auf seiner inneren Frustsäule schon den dritten Punkt erreicht, der nicht so verlief wie gewünscht. Endlich am Frühstückstisch angekommen, stellt das Kind fest, dass der letzte Rest seines heißgeliebten Schokoaufstrichs gerade von seiner Schwester aufgegessen wurde und nur noch ein Marmeladebrötchen übrig bleibt. Jetzt möchte es so gerne noch ein bisschen spielen, bevor es zur Schule muss, doch dafür ist leider keine Zeit mehr. Wäre es doch ein paar Minuten früher aufgestanden. Dieses „Spiel“ geht im Kindergarten oder in der Schule genau so weiter. Die Lieblingslehrerin ist krank und die unausstehliche Vertretungslehrerin unterrichtet an deren Stelle. Der beste Freund ist heute beleidigt und spielt lieber mit anderen Kindern. Die Klassenarbeit, für die sich dein Kind so angestrengt hat, wird zurückgegeben, die Note ist schlechter als von ihm erwartet. Die Zeit vergeht und am Nachmittag kommt es von der Schule zurück. All diese Situationen haben die innere Frustsäule unseres Kindes zum Ansteigen gebracht. Viele Kleinigkeiten ergeben irgendwann auch eine ganze Füllung. Die meisten dieser Situationen, wenn nicht sogar alle, haben wir als Mama gar nicht wahrgenommen. Unsere Generation hat größtenteils gelernt, sich zufriedenzugeben. Sich abzufinden. Wir an Stelle unseres Kindes hätten halt einfach schnell noch unsere Zähne geputzt und auch das Marmeladenbrötchen gegessen. Wir wären ganz selbstverständlich nach dem Frühstück zur Garderobe marschiert und hätten uns für unseren Termin oder unsere Arbeit angezogen und wären losgegangen. So viele Menschen haben sich ihren Willen und ihre Bedürfnisse abtrainiert. „Erst die Arbeit, dann das Vergnügen!" Doch wie sehr würden auch wir uns wünschen, uns noch Zeit nehmen zu können für einen gemütlichen Kaffee in unserem Lieblingssessel, bevor wir los müssen?

Mittlerweile ist es für unser Kind schon Nachmittag, es kommt nach Hause in seine geschützte und sichere Umgebung und explodiert förmlich bei der nächsten Kleinigkeit. Das Fass ist voll! Dieses Spielzeugauto, um das es in Wahrheit gar nicht geht, wenn unser Kind wild zu kreischen beginnt, hat das Fass dann zum Überlaufen gebracht. Allein schon dadurch, dass wir diese Zusammenhänge verstehen, werden wir spüren, dass wir unserem Kind so viel besser mit weit geöffnetem Herzen begegnen und in der Verbindung zu ihm bleiben können, als wenn wir uns oder direkt unser Kind fragen, warum es wegen einer – aus unserer bisherigen Sicht – Lappalie so einen Aufstand macht.

Aus einer anderen Perspektive betrachtet hilft uns unser Kind auch – indem es uns triggert, nervt oder nicht auf unser Nein hört –, unsere angestaute Wut abzuschöpfen, da es dafür sorgt, dass auch wir uns wütend fühlen. Den größten Beitrag können wir hier selbst sein, indem wir trainieren, die Verantwortung für unsere eigenen Gefühle zu übernehmen. Dann braucht unser Kind nichts mehr für uns herauszulassen.

Kommunikation statt Unterstellung

Wenn ich Frauen, die in meine Coachings kommen, frage, was gerade ihre größte Herausforderung ist, dann bricht es oft aus ihnen heraus: „Jeden Tag haben wir zu Hause ein Theater wegen der Hausaufgaben unseres Kindes!“ oder „Ständig gibt’s Ärger zwischen den Geschwistern!“ oder „Immer abends eskaliert das Zähneputzen!“ Ich fühle mit jeder Frau, die diese Sätze sagt. Sie hat alles probiert, was ihr eingefallen ist. Jeden Tipp angewendet, teils sogar schon jahrelang in diesen Situationen. Und doch ist das nicht wahr. Hier neigen wir zu Verallgemeinerungen. Wir richten den Fokus auf das, was noch nicht klappt. Aber mit großer Wahrscheinlichkeit gibt es Momente, in denen das Zähneputzen dann doch mal klappt. Oder die Geschwisterkinder friedlich miteinander spielen. Oder Tage, die besser laufen mit den Hausaufgaben, auch wenn das vielleicht im Moment noch eher selten vorkommt. Verallgemeinern wir hier, fühlt sich unser Kind angegriffen. Denn wir sprechen Behauptungen aus, die nicht der Wahrheit entsprechen. Die Motivation unseres Kindes sinkt somit noch mehr, und genau das wollen wir ja verhindern. Es ist eine Einladung des Lebens an uns, wieder mehr auf das zu schauen, was schon gut funktioniert, denn davon wollen wir ja mehr haben in der Zukunft. Wir sollten vielmehr diese Momente, auch wenn es davon wenige gibt, immer wieder vor unser inneres Auge und in unsere Erinnerung holen und sie feiern.

Das, was wir bei unserem Kind wahrnehmen, entspricht oft nicht dem, was unser Kind wahrnimmt.

Früher war ich davon überzeugt, dass mein Kind, wenn es sich trotzig verhält und mit Händen und Füßen sichtlich tobt, Wut fühlt. Denn das war mein Bild, das ich im Zusammenhang mit Wut und Wütendsein in mir abgespeichert habe. Bis vor zehn Jahren hätte ich bei so einem Verhalten gedacht oder ausgesprochen: „Musst du schon wieder so wütend sein?“ Ich bin sehr froh, einen funktionierenden Weg gefunden zu haben, wie ich uns beiden das heute ersparen kann. Mit „schon wieder“ habe ich meinem Kind nämlich unterstellt, dass sein Verhalten sehr häufig so sei, was aber definitiv nicht gestimmt hätte. Die anderen Momente, in denen es nicht so war, habe ich nämlich dann übersehen und nicht anerkannt. Das Spannende hier ist, dass ich sogar mit dem „wütend sein“ bzw. „sich wütend fühlen“ in den allermeisten Fällen komplett danebengelegen und nichts erreicht hätte. Mein Sohn hätte sofort abgeblockt, wäre ich in die Unterstellung gerutscht. Er hätte sich unverstanden und nicht gesehen gefühlt. Du kannst das an dieser Stelle gleich mal für dich überprüfen: Wie oft glaubst du zu wissen, dein Kind wäre wütend oder traurig? Wir können das hier ganz einfach lösen und herausfinden – indem wir jegliche Unterstellung dessen, wie sich unser Kind fühlt, ersetzen durch die Frage: „Kann es sein, dass du dich gerade wütend fühlst?“ Auch hier haben wir einen Gamechanger und Distanzbrecher.

Ich habe mit meinem Kind diese Situation heute so gut wie gar nicht mehr zu Hause, aber falls es doch mal vorkommt und ich frage, ob es sein kann, dass es sich gerade wütend fühlt, dann sagt es vielleicht im ersten Moment so etwas wie: „Nein! Lass mich in Ruhe!“. Jetzt schaue ich, welche Emotion nach meinem Empfinden der Wut nahekommt. Vielleicht in diesem Fall die Enttäuschung. Also frage ich mein Kind erneut: „Kann es sein, dass du dich gerade enttäuschst fühlst?“ Probiere es aus bei *deinem Kind*. Sobald es flüssig sprechen kann, so circa ab drei Jahren, kannst du diese Fragen stellen. Oftmals haben wir mit der zweiten von uns vorgeschlagenen Emotion bereits den Knackpunkt getroffen, manchmal ist noch eine dritte, abschließende Frage nötig. Wenn das Kind bei der zweiten Frage nach Enttäuschung wieder mit „Nein!“ antwortet, suche ich noch eine weitere Emotion, die es meiner Meinung nach sein könnte. Ich entscheide mich, das Gefühl von Traurigkeit abzufragen: „Kann es sein, dass du dich gerade traurig fühlst?“ Und jetzt passiert etwas grundlegend Wichtiges: Mein Kind fängt an zu schluchzen, ich habe ihm geholfen, sein aktuelles Gefühl zu benennen. Dort, wo ich früher vielleicht unterstellt und verallgemeinert hätte, öffne ich ihm nun den Raum für sein Gefühl. Es geht nicht auf Distanz, sondern merkt sofort, dass ich es sehe, wahrnehme und seine Meinung schätze. Nun kann mein Kind, wenn es möchte, mit mir darüber sprechen und seine Emotion verarbeiten. Und das für mich Allerschönste ist: Mein Kind kommt immer wieder zu mir und vertraut mir an, was es gerade beschäftigt und wie es sich wirklich fühlt.

Viele Eltern machen sich bei ihrem Nachwuchs bereits im Kleinkindalter während der Trotzphase Sorgen darüber, wie wohl einmal die Pubertät ihrer Kinder verlaufen wird. Als ihren inneren Glaubenssatz finden wir hier häufig: „Kleine Kinder, kleine Sorgen – große Kinder, große Sorgen." Falls dieser Satz mit dir, liebe Leserin, in Resonanz geht: Stoppe ihn ganz bewusst! Mache ihn nicht länger zu deiner Wahrheit. Die Pubertät mit unseren Kindern wird nur dann anstrengend, wenn wir erstens verdrängen, dass unsere Kinder immer selbständiger werden, wenn wir sie festhalten oder bevormunden wollen, wir als ihre Eltern es ablehnen, dass sie schon ziemlich groß sind, und wir zweitens bis dahin noch nicht gelernt haben, unsere Grenzen zu setzen und diese zu wahren. Wenn wir selbst unsere Grenzen stets und ständig überschreiten. Dann werden auch unsere Kinder immer wieder unsere Grenzen überschreiten. Aber wenn wir ihrer Einladung folgen und die Botschaft hinter ihrem Verhalten und ihren Symptomen verstehen, dann können wir die wundervollste Beziehung zu unseren Kindern haben und sie entspannt durch die Pubertät begleiten.

Hier kommt meine Extraportion Liebe für dich:

Wie liebevoll kannst du zu dir selbst sein? Gib dir Zeit, deine alten Muster aufzuspüren und sie zu überschreiben. Bleibe dran! Jeden Tag ein kleines bisschen. Kontinuierlich. Gib dir die Zeit, die du brauchst.

Erlaube dir, alle Emotionen zu fühlen und nichts mehr von dir wegzudrücken und hinunterzuschlucken!

Das Ziel ist es für dich, herauszufinden, wer du warst, bevor sie dir sagten, wie du sein solltest.

Wenn dir der Umgang mit deinen Emotionen schwerfällt, erinnere dich daran: Du bist heute nicht mehr das kleine Mädchen, das seine Erfahrungen gemacht hat. Heute bist du erwachsen. Hole deine Macht zu dir zurück! Du bist die Schöpferin in deinem Leben!
Und du bist so viel größer, als du denkst!

Kapitel 8

Warum Partnerschaft so ein wichtiges Thema für die SymptomFREIheit deines Kindes ist

Kommen wir nun zu einem Thema, das mir persönlich sehr am Herzen liegt und bei meiner Arbeit mit Familien und ihren auffälligen Kindern für deren SymptomFREIheit eine enorme Rolle spielt: die Partnerschaft. Den Weg, den ich mit meinen Klientinnen täglich gehe und auf den ich auch dich mitnehmen möchte mit diesem Buch, liebe Leserin, den gehe ich nun seit neun Jahren selbst – für mich und meine Familie. Ich habe mein therapeutisches Arbeiten mit Kindern hinterfragt und schließlich ganz aufgegeben, als ich mit meinem eigenen Sohn an einen Punkt kam, bei dem ich mit keiner einzigen von mir erlernten Therapieform weitergekommen bin bei seinen damaligen Ängsten. Wenn wir Sorgen, Probleme oder Schwierigkeiten mit unseren Kindern haben, dann leidet darunter in den allermeisten Fällen auch unsere Partnerschaft. Und wenn wir ganz ehrlich hinschauen – das bestätigen mir so gut wie alle Klientinnen –, dann verändert sich eine Paarbeziehung mit der Schwangerschaft und der Geburt des ersten Kindes. Prioritäten bekommen eine andere Gewichtung. Plötzlich ist da ein kleines Menschenkind, das unsere gesamte Aufmerksamkeit fordert. Schlaflose Nächte, umgestellte Hormone und weniger Zeit für Zweisamkeit sind neu an der Tagesordnung. Wenn ich Frauen befrage, wo sie ihre Beziehung auf einer Skala von eins (ganz schlecht) bis zehn (traumhaft schön) einordnen, dann liegt der Durchschnitt von Eltern mit Schulkindern bei einem Wert zwischen zwei und drei, selten auch mal zwischen fünf und sieben.

Nein, es ist nicht „normal“, dass eine Beziehung halt für ein paar Jahre Abstriche machen muss.

So ist es zwar häufig bei vielen Familien, aber es ist nicht normal und es muss auch keinesfalls so bleiben.

Dadurch, dass ich täglich in meinen Coachings sehe, was die Heilung von Partnerschaften bei Kindern mit Symptomen und Diagnosen bewirkt, habe ich mich dafür entschieden, dass dieses Kapitel mit in dieses Buch hinein *muss*! SymtomFREIheit unserer Kinder hängt ausgesprochen eng zusammen mit den Beziehungen der Elternteile untereinander. Wo vor der Zeit mit den Kindern die Beziehungen noch intakt schienen, bringen ihre Kinder nun unterschwellige Themen und Muster ihrer Eltern an die Oberflache. Sie machen sichtbar, was zuvor schon da war, aber nicht erkannt wurde. Was sich für viele Familien, bevor sie auf diese Thematik genauer schauen, wie ein Fluch anfühlt, ist, nachdem sie geschaut und etwas verändert haben, ein großer Segen. SymptomFREIheit in meinem Wirken mit Familien geht immer damit einher, dass auch die Partnerschaft angeschaut wird. Genauso wie unsere Kinder ist auch unser Partner oder unsere Partnerin unser Spiegel.

Die Schulmedizin spricht von Vererbung bei genetischen Erkrankungen. Wenn das Kind AD(H)S-Symptome zeigt und diese auch schon bei einem Elternteil in dessen Kindheit auftraten, dann wird oft der Zusammenhang über die Gene aufgegriffen. Die Epigenetik belegt, dass Kinder dieselben Symptome zeigen, weil sie im selben Milieu leben wie ihre Eltern damals schon. Sie leben und geben dieselben Verhaltensmuster an ihre Kinder weiter. So haben sie es gelernt. Partnerschaft wird nicht in der Schule gelehrt, und unsere Eltern, die uns Partnerschaft auf ihre Weise vorlebten, hatten meist keine gesunden und nährenden Partnerschaften. Vielen Menschen fehlen hier die Vorbilder. Selbst, wenn sie sich vornehmen, *nicht* dieselben Dinge zu tun, die sie in der Beziehung ihrer Eltern schon bemängelt haben, fallen sie dennoch oft in dieselben Muster wie ihre Eltern.

Eine Beziehung heilen beginnt immer zuerst bei der Beziehung zu dir selbst

Das Schöne beim Thema „Paarbeziehung“: Wir können alleine starten, diese zu verändern. Ohne den Partner vorzuschieben und die Frage, warum der sich denn nicht ändert. Wenn wir lernen, auf *unseren* wahren Platz zu gehen, dann machen wir unserem Gegenüber *seinen* Platz frei. Wenn wir lernen, uns gut zu behandeln, dann bekommen wir genau das von ihm oder ihr gespiegelt.

Ich habe mit mehr als 4.000 Familien eng an ihren Themen zusammengearbeitet und durfte miterleben, wie ihre Kinder nach und nach ihre lange bestehenden Symptome verloren haben. Bevor sie das taten, haben wir in nahezu jedem Fall festgestellt, wie Kinder als Keil für ihre Eltern dienen. Kinder, die jede Nacht ins Elternbett kamen, obwohl ihre Eltern gerne mehr Platz für sich gehabt hätten, haben das gemacht, um als Keil zwischen ihren Eltern zu liegen. Haben wir dort näher hingeschaut, dann zeigte sich sehr oft, dass einer der beiden Eltern körperliche Nähe zum Partner nicht zulassen konnte. Um den Partner nicht zu verletzten, hat dieser Elternteil auf unbewusster Ebene auch nachts an seinen Kindern festgehalten, damit er nicht überprüfen musste, warum körperliche Nähe ein Problem für ihn darstellte. Häufig wurde hier bei den Kindern das Nachts-nicht-alleine-Schlafen kombiniert mit nächtlichem Bettnässen. Kinder, die anstelle ihrer Eltern versuchen, deren Anspannung und deren Partnerschaftsproblematik über ihren Körper loszulassen. Die Heilung der Paarbeziehung ist hier maßgeblich für die SymptomFREIheit und Unbeschwertheit ihrer Kinder und der gesamten Familie.

All das, was ich dir in den vorigen Kapiteln gezeigt habe, gilt nicht nur für dich und dein Kind, sondern vielmehr für all unsere Beziehungen. Ebenso wie Kinder ihre Eltern spiegeln, so spiegeln auch Partner in Beziehungen einander. Auch für viele meiner alleinerziehenden Klienten ist der nachfolgende Inhalt voller wichtiger Lerninhalte, zum einen, um ihre vergangene Beziehung noch einmal zu beleuchten und wichtige Erkenntnisse daraus mitzunehmen, zum anderen, um nicht in einer nachfolgenden Partnerschaft wieder dieselben Erfahrungen machen zu müssen. Wir bekommen im Leben Situationen immer wieder gespiegelt, und zwar so oft, bis wir die nötigen Lehren daraus ziehen und die Lektionen verstanden haben.

Auch unsere Partnerin oder unser Partner ist unser Spiegel

Ich bin der Meinung, man sollte in der Schule lernen, wie man Beziehungen erfolgreich führt, denn Menschen sind Rudeltiere und keine Einzelgänger. Dort, wo wir uns manchmal vielleicht wünschen, allein zu sein und unsere Ruhe zu haben, da helfen uns unsere Partner, uns selbst zu erkennen. Vorausgesetzt, wir schauen hin und lernen, ihre Botschaften zu verstehen. Genau wie unsere Kinder sind unsere Partnerschaften unser Spiegel. Viele Frauen wollten sich von ihrem Partner trennen, bevor sie zu mir kamen. Manche waren bereits getrennt und haben nach ein oder zwei Jahren erneut einen Partner in ihr Leben gezogen. Zuerst war alles ganz anders als in ihrer Ex-Beziehung, doch schon nach wenigen Monaten oder Jahren wurde die jetzige ihrer vorhergehenden, gescheiterten Beziehung immer ähnlicher. Das liegt daran, dass sich diese Menschen aus ihrer vorigen Beziehung zwar befreit, aber nicht ihre eigenen Themen, die dort zum Vorschein kamen, angeschaut und gelöst haben. Sie manövrierten sich in eine Opferrolle und blieben dort unbewusst. Weil ihre inneren Muster von damals zu ihrer inneren Wahrheit wurden, blieben sie auf dieser Position des Opfers. Folglich war neben ihnen kein Platz mehr auf Augenhöhe, sondern aufgrund der Anziehung nur noch der Platz eines „Täters“ frei. Menschen an ihrer Seite mussten daher diesen einzig freien Platz einnehmen und die unangenehmen Situationen wiederholten sich immer wieder.

Wir bekommen im Leben nicht das, was wir wollen, sondern das, was wir brauchen, um das zu bekommen, was wir wollen!

In unserem Leben warten bestimmte Aufgaben auf uns, die wir lösen dürfen. Wenn wir versuchen, ihnen aus dem Weg zu gehen, dann bekommen wir sie so oft vor die Füße geknallt, bis wir sie annehmen und lösen. Daran führt kein Weg vorbei.

Auch ich selbst war vor neun Jahren an dem Punkt gelandet, an dem ich ernsthaft über eine Trennung von meinem Mann nachdachte. Was einst so schön begonnen hatte mit uns beiden, war mit der Gründung unserer Familie zu einem gemeinsamen Funktionieren und Abarbeiten von To-do-Listen im Familienalltag geworden. Weder er noch ich achteten auf unsere eigenen Bedürfnisse. Gegenseitig machten wir uns Schuldzuweisungen und haben irgendwann nur noch nach den Fehlern des anderen gesucht und uns die dann ausgiebig unter die Nase gerieben. Wir waren beide ziemlich frustriert.

Ich konnte das nicht so stehen lassen. Ich wollte keine Trennung, aber eben auch nicht warten, bis unsere Kinder groß genug seien und wir wieder mehr Platz für Zweisamkeit in unserem Leben haben würden. So fing ich an, ganz viele Dinge in meinem Leben zu optimieren. Ich bin losgegangen auf diesem Weg für mein Kind *und* für unsere Mama-Sohn-Beziehung. Das war in meinem Leben der erste Bereich, in dem ich mich von meinen alten, nicht dienlichen Mustern verabschiedete. Dadurch, dass ich diesen Weg auch auf meine Praxis übertrug, hatten auch meine Klientinnen und ihre Kinder nach kurzer Zeit die schönsten Durchbrüche für sich. Aus meiner Praxis wurde damals ein wunderschöner Ort, an dem mein Team und ich noch heute Kunden aus der ganzen Welt begrüßen dürfen. All das feierte ich sehr. Der Bereich allerdings, der damals noch hinten runterfiel, war unsere Paarbeziehung. Doch auch dort kam der Punkt, an dem Abfinden und Hinnehmen-wie-es-Ist für mich keine Optionen mehr waren. Zwischen uns standen all die Themen, die wir in ganz vielen Beziehungen vorfinden – und auch bei uns hielt mein Mann mir den Spiegel vor die Nase:

Anstatt zu sagen „Er respektiert mich nicht!", fragte ich mich: „Wo respektiere *ich* mich nicht?" Statt zu denken: „Er sieht/wertschätzt mich nicht!", fragte ich mich: „Wo sehe/wertschätze *ich* mich nicht bzw. wo werte *ich* mich ab?" Mit „Er nimmt mich nicht ernst!" überprüfte ich bei *mir*, ob *ich* mich selbst wirklich ernst nehme.

Was, wenn es in Wahrheit gar kein Außen gibt, weil die Menschen, die uns triggern, unsere Spiegel sind?

Was können wir alles lernen über uns selbst, wenn wir hier bereit sind, hinzuschauen?

Geteiltes Leid ist doppeltes Leid

Hast du auch gelernt, geteiltes Leid sei halbes Leid? Was wir dabei *nicht* gelernt haben, ist, dass wir nicht da sind, um uns gegenseitig runterzuziehen und auch nicht, um unseren Müll beim anderen abzuladen. So viele Frauen – ich habe das früher genauso gemacht – erzählen ihrem Partner, wenn er von der Arbeit nach Hause kommt, erst einmal, was alles an diesem Tag nicht gut lief. Oder wir sind zu Hause, haben richtig gute Laune und unser Partner kommt mit einer Mimik nach Hause, an der wir ihm sofort ansehen, dass sein Stimmungsbarometer gerade im Keller ist.

In Wahrheit ist geteiltes Leid nicht halbes, sondern doppeltes Leid!

Hier meine ich explizit nicht, dass wir in einer schwierigen Situation nicht gemeinsam nach Lösungen suchen sollen. Doch, natürlich sollen wir das. Aber es bringt absolut nichts, wenn wir eine unangenehme Situation, die vielleicht am Morgen stattgefunden hat, am Abend nochmal aufwärmen. Wir bringen uns wieder in diese Energie und verstärken genau das, was wir nicht mehr wollen.

Wenn Kinder in unsere Familien geboren werden, dann wirft das schon mal das ursprüngliche Gleichgewicht aus der Bahn. Neue Aufgaben und Rollen kommen hinzu. Gerade unsere weibliche Rolle verändert sich. Obwohl sich das gerade ändert, sind immer noch die Frauen in der Mehrzahl, die Elternzeit zu Hause mit Kind und Haushalt zu verbringen. Sexuelle Bedürfnisse von Frauen ändern sich häufig mit der Geburt ihres Kindes. Viele Männer fühlen sich diesbezüglich auf's Abstellgleis geschoben. Regelmäßig berichten mir Frauen davon, dass ihnen ihr Mann gar nicht oder nur unzureichend zuhause mithilft und sie nicht genügend unterstützt. Wenn wir dann in diese Situationen hineinzoomen, dann stellen wir immer wieder fest, dass viele Frauen nicht auf dem Platz sind, auf den sie eigentlich gehören, sondern vielmehr die ganze Familie unter einen Hut bringen wollen. Sie nehmen den Platz ihres Mannes gleich mit ein, was zur Folge hat, dass er keinen vollständigen Platz mehr für sich hat in der Familie.

Auch mir ist das im ersten Jahr unseres frischen Familiendaseins passiert. Ich gebe zu, ich war davon überzeugt, mein Mann könne mich nicht ersetzen als Bezugsperson für unser erstes Kind. Die Konsequenz war, mein kleiner Schatz krabbelte mir jeden Schritt hinterher bis auf die Toilette, anstatt bei seinem Papa zu bleiben, bis ich wiederkam. Als ich dann doch immer wieder mal für ein paar Fortbildungstage das Haus allein verließ, habe ich meinem Mann alles vorbereitet: Klamotten für unser Kind rausgelegt, die Ersatzklamotten gleich mit dazu, Essen vorgekocht. Als ich dann mal spontan länger weg musste, wusste mein Mann nicht, wo die Sachen waren bzw. was er unserem Kind geben sollte. Wir beide hatten damals ziemlichen Stress miteinander. *Er* war genervt, dass ich ihn die Dinge nicht schon früher hatte machen lassen, und *ich* war verärgert, weil er nichts gefunden hatte oder Chaos hinterließ. Für uns beide war das sehr anstrengend. Ich durfte lernen, auf meinen Platz zu gehen, und ihm seinen, den ich gleich mitbesetzt habe, freizumachen. Das beginnt mit innerer Arbeit, bevor wir im Außen andere Ergebnisse sehen. Wir fangen bei uns an. Das verändert alles. Es war an der Zeit, dass wir unsere Familie gemeinsam zu führen begannen. Heilung der Themen in unserer Partnerschaft mit Familie heißt, dass wir unsere Muster aus der Vergangenheit erkennen und aufgeben. Dass wir aussteigen aus der Opferrolle, in die wir uns einst begeben haben.

Wie oft haben wir uns schon verboten, Ja zu uns selbst und unseren Bedürfnissen zu sagen? Wie oft haben wir uns selbst schon davon abgehalten, Nein zu anderen Menschen zu sagen, wenn sie von uns etwas verlangten, das wir in diesem Moment nicht wollten? Wie oft haben wir früher schon unseren Mund nicht aufgemacht, der Oma zuliebe oder weil man uns sagte, das sei unangebracht? Und dann erwarten und hoffen wir, dass unser Mann uns alles von den Augen abliest? Auch eine Beziehung kann uns tief in unsere Wunden führen. Denn in dieser Tiefe ist der Ort, wo diese Wunden heilen können.

Um berührt zu werden, musst du dein Herz öffnen

Frauen wünschen sich, berührt zu werden. Männer wünschen sich, ihre Liebe schenken zu dürfen. Aber um wirklich berührt zu werden, müssen wir das Risiko eingehen, verletzlich zu sein. Verletzlichkeit ist das, was wir nicht wollen. Wir haben so lange daran gearbeitet, unsere Panzer anzuziehen. Verhärtungen, Splitter: Wie Hornhaut auf der Seele. Die darf aufgeweicht werden, damit wir empfangen können, was wir empfangen wollen und wonach wir uns so sehr sehnen. Oftmals stoßen wir auf die Kluft zwischen der Frau, die verführt werden will, die sich aber als Lustobjekt vorkommt, und dem Mann, der versucht, seine Liebe und Aufmerksamkeit auf seine Art zu zeigen. Sie liegen beide beim jeweils anderen daneben und die Fronten verhärten sich. Spannungen sind auf dieser Ebene programmiert.

Wir sind aufgefordert, alle Erwartungen an unseren Partner fallen zu lassen. Beziehungen zwischen zwei Herzen sind nicht mit dem Verstand erklärbar. Ich spreche nun zu dir in Bildern und lade dich ein, dein System ganz weit aufzumachen und dich einzulassen auf diese Anschauung von Paarbeziehung.

Der Ausgangspunkt jeder Beziehung sind wir selbst. Und in unserem Leben und auch schon im Leben unserer Mütter und Großmütter wurden wir in unserer Existenz immer wieder mit Schmerz konfrontiert. Von außen zugefügter Schmerz und Schmerz, den wir uns selbst angetan haben. Meist behandeln wir uns selbst schlechter als die Menschen um uns herum. Fühle mal die Schwerter, die da in dir drinstecken, wenn du nicht mit dir selbst verbunden und in deiner Mitte bist. Die stecken schon seit vielen Jahren in dir. Das ist eine Schutzmaßnahme. Sie sicherte unser Leben. Wir selbst haben uns diese Schwerter reingesteckt, um nicht vom Außen verletzt zu werden. Wir dachten, es wäre gut, – und in diesem Moment war es das vielleicht auch. Niemand kann uns diese Schwerter wieder rausziehen, das können nur wir selbst tun. Unsere Hände haben schon so viel in unserem Leben gemacht und geschafft. Kinderpopos abgewischt, Kartoffeln kleingeschnippelt, Briefe geschrieben, Schuhe zugebunden. Die wissen, was sie tun. Sie haben bereits so lange trainiert. Wenn du bereit bist, greif zu. Zieh! Zieh diese Schwerter raus. Lass das alte, verkrustete Blut abfallen. Es kann sein, dass eine Wunde nachblutet. Erlaube es ihr. Mache diesen Raum, der da jetzt entsteht, richtig groß. Es ist die Wiedervereinigung mit dir selbst. Keine Trennung mehr von dir.

Wenn du spürst, dass du dir irgendwann die Schwerter selbst wieder reinsteckst, dann erinnere dich. Mache den Raum um dich ganz groß. Dein Bewusstsein ist groß. So groß, dass du sie dir wieder rausziehen kannst. Du darfst das. Du bist so unendlich größer als dein kleines, verletztes Selbst. Es ist okay, wenn wir sehen, dass wir uns diese Schwerter manchmal selbst wieder reinrammen. Wir haben das gemacht, weil wir kämpfen, aus Selbstschutz. Wenn wir die Perspektive wechseln vom kleinen verletzten Ich zu unserem Bewusstsein, dann sind wir auf einer höheren Ebene. Dort ist es wie ein Spiel. Wenn wir glauben, dass wir Schutzmauern um unser Herz brauchen, damit wir überleben, dann ist das okay. Aber wir können diese Mauern auch jederzeit wieder zum Einstürzen bringen und unser Herz öffnen. Die meisten Menschen, die ich kenne, haben schon ziemlich viel gelitten in ihrem Leben. Es ist Zeit, jetzt eine andere Erfahrung zu machen. Wir greifen uns selbst an. Wir fühlen, was passiert. Wir dürfen das ausprobieren. Und genau so, wie wir uns selbst sabotieren, dürfen wir das auch wieder sein lassen. Was, wenn wir in unserem ganz eigenen Universum das größte und mächtigste Wesen sind und wir uns immer wieder daran erinnern dürfen? Und jeder andere Mensch ist genau *das* auch für sich. In Wahrheit sind wir alle gleich groß und alle gleich mächtig. Weil wir uns daran aber manchmal nicht erinnern, haben wir uns immer wieder klein gemacht. Wir dürfen mit diesen Schwertern rumlaufen. Aber wir müssen das nicht mehr. Wir sind alle hier auf diese Erde gekommen, um bestimmte Erfahrungen zu machen. Wenn wir gelernt haben aus diesen Erfahrungen, dann brauchen wir sie nicht länger zu machen. Wenn wir entscheiden: „Diese schmerzhafte Erfahrung, nicht gesehen zu werden oder nicht genug zu sein, habe ich jetzt lange genug gemacht, das wähle ich nicht länger!" und wir das ohne Widerstand annehmen, dann können wir diese Lernaufgabe ziehen lassen. Wie ein Kleinkind, das völlig begeistert Spielzeug aufhebt und keine zwei Minuten später schon wieder fallen lässt. So viel Energie und Arbeit stecken wir da rein, diese Schwerter in uns stecken zu lassen und an den schmerzhaften Erfahrungen in unserer Beziehung festzuhalten. Doch damit verformen wir unsere wahre Größe.

Wir Menschen neigen dazu, unangenehme Erfahrungen und Emotionen abschneiden zu wollen. Wir wollen gegen sie ankämpfen. Das gelingt uns nicht, denn Kampf erzeugt Gegenkampf. Was wir in unserem Leben weghaben wollen, dürfen wir annehmen. Wir müssen das nicht gut finden, aber wir sollten annehmen, dass es so war. Damit nehmen wir die Energie raus. Ohne Energie kann es gehen und sich verändern. Jede Erfahrung hat immer zwei Seiten. Den Teil, der wehtut und den

Teil, der größer ist. Indem wir alte Erfahrungen, die wir nicht mehr festhalten, loslassen, bekommen wir die Geschenke, die diese Erfahrungen mit sich bringen. Ich habe meine eigenen Wunden geheilt und meine Schmerzen und Verhinderer losgelassen, darum finden heute so viele Frauen zu mir, die ihre Beziehung ebenfalls heilen wollen. Ich habe meine eigenen Erfahrungen gemacht, sie nicht abgeschnitten und abgestellt. Ich kenne diese Erfahrungen und kann sie noch abrufen, aber ich habe die Bewertung aus ihnen herausgenommen.

So oft verurteilten wir uns in der Vergangenheit selbst, kritisierten uns. Das Außen spiegelt uns das zuverlässig wider. Es will uns sagen, dass wir nicht falsch sind. Nichts an uns ist falsch. Weder an mir noch an dir noch an irgendjemandem. Was, wenn alles immer genau richtig ist? Das heißt nicht, dass sich alles immer gut anfühlen muss. Alles, was wir tun, ist immer richtig. Jede Erfahrung, die wir machen, ist immer richtig. Das müssen wir aus unserer höchsten Perspektive betrachten. Aus unserer tiefsten inneren Weisheit. Unser Verstand kann das nicht greifen und unser Ego fühlt sich vermutlich bei diesem Satz getriggert. Sobald keine emotionale Ladung und Bewertung darauf ist, müssen wir diese Erfahrungen nicht mehr machen.

Schauen wir uns das an einem Beispiel an: Wenn ich in die Sauna möchte, mir das aber nicht erlaube, weil ich noch nicht aufgeräumt habe und die Wäsche auch noch auf mich wartet, dann sind beides grundsätzlich gleichwertige Erfahrungen. Ich habe die Bewertung drauf, dass Sauna entspannt und Haushalt mich nervt. Es ist meine Bewertung, dass das eine positiv und das andere negativ ist für mich. Das Entscheidende ist: Bin ich gut zu mir, wenn ich auf den Saunabesuch verzichte und stattdessen den Haushalt erledige? Oder sagt mir mein *Ego* die ganze Zeit, dass ich nicht in die Sauna kann, weil ich wieder so langsam war und bis jetzt nur so wenig geschafft habe von meinen Erledigungen? Wenn jetzt mein Partner von der Arbeit nach Hause kommen und sich vor den Fernseher setzen und die Beine hochlegen würde, dann nicht, weil er mich bestrafen und mich allein arbeiten lassen will, sondern weil er sich erlaubt, Pausen zu machen und auszuruhen. Das triggert dann, wenn ich mir diese Pausen und Auszeiten nicht erlaube. Im Grunde sind unsere Männer mit genau diesem Verhalten dafür da, uns zu zeigen, was wir uns noch nicht erlauben und wo wir noch ein Verbot drauf haben.

Willst du recht haben oder glücklich sein?

Viele Beziehungen leiden an ständigen Diskussionen. Jeder der Beteiligten will recht haben. Wir begeben uns auf eine niedrige Ebene, wo wir analysieren, wo wir Erklärungen wollen, wo wir Erwartungen an den anderen haben. Auf dieser Ebene zeigt sich zwar der Konflikt, doch dort lösen wir ihn nicht. Lass es mich dir so erklären: In dem Moment, in dem ich etwas beweisen will, in dem ich recht haben will, da verlasse ich die Ebene auf Augenhöhe und mein inneres Kind übernimmt die Führung. Wenn jetzt mein Partner auch recht haben will, dann kommuniziert auch nicht er in seiner wahren Größe mit mir, sondern es ist ebenfalls sein inneres Kind. Unsere inneren Kinder, das kleine Mädchen, das ich einst war, und er, der kleine Junge, der er vor einigen Jahren war, fangen an zu streiten. Auf dieser Ebene verlassen wir den Respekt und die Wertschätzung. Unsere eigene und die für den jeweils anderen. Unsere inneren Kinder in uns wurden verletzt in unserem Leben. Sie erfuhren Enttäuschung und sie haben gelernt zu kämpfen. Wenn wir beide kämpfen, dann führt das statt zu einer Lösung zu einem Stierkampf von zwei Dickköpfen. Spätestens jetzt sollte sich einer der beiden Partner zurücknehmen und aufhören, dieses Muster weiter zu bedienen. Fange du an, wenn es solche Situationen das nächste Mal bei euch zu Hause gibt. Warte nicht, bis dein Partner den ersten Schritt macht und ihr diesen Kampf unterbrecht.

Es gibt einen wunderbaren Satz, den ich dir, liebe Leserin, jetzt mitgeben möchte: „Ich liebe dich so sehr und ich liebe mich so sehr und ich liebe unsere Beziehung so sehr, dass ich nicht von meinem inneren Kind zu deinem inneren Kind mit dir kommuniziere, sondern nur mit unserer unendlichen Größe. Ausschließlich. Ich liebe uns zu sehr, um diese Verwirrung hier mitzumachen. Mache ich nicht. Du kannst recht haben, ich kann recht haben. Wir können beide recht haben. Es ist egal."

Wenn ich in die Diskussion einsteigen würde, würde ich nicht nur meinem Partner – der für seine Gefühle selbst verantwortlich ist – damit wehtun, ich würde auch mir damit weh tun. Ich tue mir selbst weh, wenn ich meine Energie runterschraube, wenn ich meinen Raum klein mache, damit ich überhaupt in die Ebene von Konflikten reinpasse.

Jetzt kann es passieren, dass wir aber doch nochmal hin und wieder in solche Situationen reinrutschen, weil da noch ein wunder Punkt von uns übriggeblieben ist. Hierfür brauchen wir jetzt ganz kurz mal unseren Verstand, der uns sagt: „Dein System hat diese Wunde noch nicht ganz integriert, aber es wäre günstig, wenn du dich jetzt ganz kurz da rausziehst und nicht darauf einsteigst." Nun handeln wir nicht mehr in unserem gewohnten Muster und unser System kann jetzt umlernen. Auf unserer höheren, bewussten Ebene haben wir längst entschieden, diesmal anders zu reagieren, doch unser Körper weiß das noch nicht, der besteht aus Materie und diese ist etwas langsamer als unsere innere Führung.

Schau mal, was du für einen tollen Mann hast. Er muss ein toller Mann sein, wenn er mit dir zusammen ist. In manchen Dingen triggern wir uns gegenseitig. Dafür gehen wir Menschen auch in Partnerschaft. Damit wir uns erkennen im anderen. Hätten wir keine Personen in unserem Leben, die uns unsere Themen spiegeln, dann könnten wir uns selbst nicht erkennen. Partnerschaft bedeutet nicht, dass wir alles immer durch die rosarote Brille sehen und im Flash des Verliebtseins sind. Partnerschaft ist so viel mehr als das.

Jede Beziehung hat Geschenke für dich: Finde sie!

Heilung bei uns und in unserer Partnerschaft passiert dann, wenn wir die Geschenke darin erkennen, die unser Gegenüber mit seinem Verhalten und seiner Reaktion bei uns auslöst:

Du hast mir wehgetan, danke!

Du hast mich verletzt, danke!

Du hast nicht aufgeräumt, danke!

Du hast deine Socken liegen lassen, danke!

Du hast unseren Jahrestag vergessen, danke!

Danke, dass ich spüren konnte, wie wichtig es mir gewesen wäre! Danke, dass ich merke, was ich möchte! Danke, dass du mich lehrst, wahrhaftig zu kommunizieren! Danke, dass du mich lehrst, nichts mehr runterzuschlucken! Danke, dass du mich lehrst, die „Hosen runterzulassen“, um zu zeigen, wie es mir geht!

All das wäre gar nicht nötig, wenn es immer nur perfekt wäre in unserer Partnerschaft. Jetzt kann es sein, dass sich bei dir Widerstand regt. Widerstand, der zu dir sagt: „Ich will dafür nicht dankbar sein!“ Das ist okay.

Erinnere dich mal an eine Situation in deiner Beziehung, in der du dich verletzt gefühlt hast. Nimm die erste, die dir einfällt. Nimm diesen Schmerz mal wahr. Erkenne, wie viel Energie du verwendest, um diesen Schmerz nicht groß werden zu lassen. Wir sind Weltmeister darin, diesen Schmerz in uns zu halten, schon so lange. Wir konservieren ihn. Packen ihn ein. Und jetzt bist du eingeladen, diesen Schmerz mal groß werden zu lassen. Was passiert, wenn du diesem Schmerzfeld erlaubst, sich auszudehnen in dein ganzes Sein hinein? Erlaube deinem System, jetzt mal zu spüren, was dieser Schmerz wirklich ist. Ob es Schmerz ist oder die Angst vor dem Schmerz.

Vielleicht erkennst du, dass es die Angst ist, nicht gesehen zu werden, nicht wahrgenommen zu werden. Endlich mal darf dieser Schmerz sich zeigen. Sperre ihn diesmal nicht wieder weg. Auch unser Schmerzfeld hat Angst, nicht gesehen zu werden. Genau wie ein Teil in uns. Schau diesen Schmerz mal an. Vielleicht ist es der Schmerz, nicht gesehen zu werden, von dir nicht gesehen zu werden. Dein Partner ist dein Spiegel. Fange du an, hinzusehen. Ja, es sind wir selbst, die uns nicht sehen in unserer wahren Größe, als die wunderschöne Frau, die wir alle in Wahrheit sind. Unsere Partner zeigen uns lediglich auf, dass wir dieses Thema noch in uns tragen. So oft verurteilen wir uns und geben uns die Schuld, werten uns ab, wenn wir in irgendeinem Bereich bisher noch keinen Erfolg haben. Was, wenn es Schuld in deiner wahren Größe gar nicht gibt? Solange wir nicht genau wissen, was wir wirklich wollen, und verharren, wird uns das Leben immer wieder in bestimmte Situationen hineinmanövrieren, damit wir lernen, was wir *wirklich* wollen. Und es kann sein, dass wir uns erstmal das Gegenteil manifestieren, bis wir kapieren, was wir wirklich wollen. Das sind keine Fehler, sondern Erfahrungen, die wir machen. Wir gehen sozusagen in unsere eigene Schule. Unsere Seele hat höhere Pläne für uns, als dass wir uns mit etwas abzufinden, das wir so in dieser Form gar nicht leben wollen. Solange wir uns aber damit aufhalten, schickt uns das Leben immer wieder dieselben Tests – bis wir die Lektion dahinter kapiert haben.

Es gab so viele Möglichkeiten in unserem Leben, nicht diese Erfahrungen zu machen, die wir dann doch gemacht haben. Wir hätten tausende Male abbiegen können nach links oder nach rechts. Bei unserer Zeugung haben wir einen Kampf gegen Millionen anderer Spermien gewonnen. Auf dieser Erde als Mensch angekommen, hätten wir tausende Möglichkeiten gehabt, wieder zu gehen oder andere Menschen in unser Leben zu ziehen. Aber wir haben genau diese Menschen ausgesucht. Vor allem unsere Partner. Wir haben uns gegenseitig ausgewählt, um gemeinsam Erfahrungen zu machen und zu wachsen.

Erwartungen sind destruktiv in einer Beziehung

Immer wieder komme ich mit Frauen in meinen Coachings an den Punkt, an dem sie mir erzählen, ihr Partner möchte intim werden und sie spüren keine Lust mehr. Ein – wie ich finde – sehr wichtiges Thema, denn auch das beeinflusst unsere Beziehung sehr. Hierbei ist es erwähnenswert, dass Männer und Frauen unterschiedliche Wege haben, sich gegenseitig wahrzunehmen, und auch verschiedene Bedürfnisse verspüren. Während Frauen meist viel Aufmerksamkeit brauchen, um sich sicher und geborgen zu fühlen und sich zu öffnen, ist das bei Männern genau andersherum. Sie brauchen eher viel Körperkontakt, damit sie sich öffnen können. Doch wenn jetzt beide Partner dastehen und vom anderen Geschlecht erwarten, dass er oder sie den ersten Schritt macht, dann kommen sie auf keinen gemeinsamen Nenner. Viele Frauen wünschen sich Blumen, Aufmerksamkeiten, Küsse, ohne dass daraus immer gleich mehr entsteht. Wir können als Frauen nicht bestimmen, was unsere Männer machen und was nicht. Wir können sie nicht erziehen und wir müssen aufpassen, dass wir das auch gar nicht erst probieren. Denn sonst behandeln wir sie wie unsere Kinder und beschweren uns anschließend, dass sie sich tatsächlich benehmen wie unser Kind.

Männer wollen, genau wie wir Frauen auch, ihre Liebe teilen. Und jeder drückt Liebe eben anders aus. Was wir Frauen uns fragen dürfen, ist: Was brauchen wir für einen Raum, damit wir unsere Liebe schenken können? Wir erwarten jetzt aber nicht von unserem Partner, dass er uns dieses Gefühl vermittelt, sondern wir geben uns diesen Raum selbst. So können wir Liebe vorschießen, und unser Partner bekommt das, was er braucht, und kann nun auch uns geben, was wir brauchen. Das ist ein großer Schlüssel für einen richtig großen Wandel in unseren Beziehungen. Eine ganz neue Qualität, die wir dann gemeinsam genießen dürfen. So wunderschön, wie ich finde. Wir lassen alle Erwartungen an den Partner los – dass er uns

Blumen schenken oder Komplimente machen soll, damit wir ihn lieben können. Wir nehmen unsere Aufgabe an, uns selbst so sehr zu verehren, damit wir unseren Partner willkommen heißen können und um genau so vollkommen zu sein, wie wir eh schon sind.

Manchmal haben wir Angst, wenn wir uns selbst heute dem Partner geben, dass er uns dann morgen wehtut. Falls es tatsächlich so sein sollte, dann haben wir eben *heute* alles gelebt. So viele Menschen verpassen ihr Leben und erlauben sich nicht, mit ganzem Herzen zu lieben, weil sie Angst haben, sie könnten verletzt werden. Das ist absolute Selbstkasteiung und tut in Wahrheit noch viel mehr weh. Das ist ähnlich wie in den akuten Corona-Zeiten, als ich massenhaft erlebt habe, dass Menschen aufgehört haben, ihr Leben zu genießen, aus Angst, sie könnten sterben.

Jeder Schmerz, den wir erlebt haben,
ist eine Chance zum Wachsen.

In meinen Räumen begleite ich immer wieder Paare, bei denen einer der beiden Partner in der Vergangenheit fremdgegangen ist. Diese Wunde tut richtig stark weh, aber auch dort werden wir, wenn wir hinschauen, Geschenke finden für die betroffene Person. Wo haben wir an unsere Partner Besitzansprüche, die wir nicht haben dürfen? Wir gehören niemandem. Niemand gehört uns. Nicht einmal unsere Kinder gehören uns. Sie sind frei. Sie wachsen bei uns auf und wir verbringen einen großen Teil unseres Lebens gemeinsam. Wenn wir festhalten und Besitz ergreifen, erzeugen wir Abhängigkeiten. Ebenso können wir in unserer Partnerschaft erkennen, wo wir unser Glück von der Aufmerksamkeit des anderen abhängig machen. tue ich *mir* eher gut damit, wenn ich entscheide, dass das nichts mehr wird mit uns beiden? Wir haben immer die Wahl.

Wollen wir unsere Paarbeziehung auf das höchste Level bringen, dann fragen wir zuerst uns selbst: Was will *ich*? Wie will *ich* mich fühlen? Wie möchte *ich* berührt werden? Wie möchte *ich* wertgeschätzt und gesehen werden? Bevor ich von meinen Mitmenschen verlange, dass sie mich sehen und wertschätzen, beginne ich also zuerst damit – und zwar bei mir selbst. Ich berühre mich so, wie ich berührt werden möchte. Ich kleide mich so, wie ich mich attraktiv fühle. Für mich. Ich sehe mich so, wie ich gesehen werden möchte. Ich rede zu mir so, wie ich möchte, dass man zu mir spricht. Was möchte ich gerne hören? Möchte ich Bestätigung hören, dass ich schön bin und klug und wundervoll? Dann darf ich am besten heute damit beginnen, so zu mir zu sprechen.

> *Wir sind häufig so hart zu uns und wundern uns dann, dass unser Gegenüber ebenso hart klingt. Dabei will uns dieses Gegenüber eigentlich nur zeigen, wo wir hart sind zu uns selbst.*

Wir können es unserem Partner leicht machen. Wir sorgen dafür, dass es uns gut geht, so gut, dass wir ihn bei uns empfangen wollen. Meistens ist es bei Paaren, deren Beziehung sich durch die Kinder verändert hat, nicht so, dass sie keine Intimität mehr wollen. Vielmehr möchten Frauen auch gerne ihre Sexualität leben, nur eben nicht mehr auf die bisherige Art und Weise. Wir Frauen sind für unsere sexuelle Lust selbst verantwortlich! Das ist für manche vielleicht hart zu hören. Es gibt bei vielen von uns Frauen das tief verankerte Missverständnis, dass wir „Opfer“ sind und unsere Männer uns etwas geben *müssen*. Damit begeben wir uns in eine Abhängigkeit.

Wenn Männer die Intimität ihrer Frauen „brauchen“, dann ist das ihre Version von „Ich will deine Aufmerksamkeit!“. Das ist dasselbe wie „Ich will gesehen werden!“. Spürst du, wie ähnlich Frauen und Männer ticken? Sie drücken sich nur anders aus, was immer wieder zu Missverständnissen führt. Und ich sage es nochmal: Einer von beiden muss damit aufhören und aussteigen. Wenn wir anfangen, anders zu handeln und in eine andere Frequenz wechseln, dann wird unser Partner mitziehen.

Möchte ich, statt gebraucht zu werden von meinem Mann, seine Königin sein, dann darf ich mich fragen: Bin ich *meine* Königin?

Es gibt Paare, die bringen jeden Freitagabend ihre Kinder zu den Großeltern und haben ein gemeinsames Date. Wenn du jetzt denkst: „Ich will das auch, habe ich aber nicht!“, dann stelle es dir vor. Stelle dir vor, du hast morgen Abend ein Date mit deinem Mann. Es ist egal, ob er dir Blumen mitbringt oder nicht. Wenn du welche haben willst, dann kaufe dir selbst welche. Wenn du eine Massage möchtest, dann buche dir einen Massagetermin. Warte nicht auf deinen Partner! Wenn er dich auch massiert oder dir Blumen mitbringt, wunderbar, dann hast du das eben doppelt. Lasse alle Erwartungen an ihn los. Wenn du damit anfängst, dann verändert sich etwas in dir.

Wir können nicht erwarten, verführt zu werden,
wenn wir uns nicht verführen lassen!

Verführen wir Frauen zuerst. Wir sind die Einladung. Das ist natürlich. Wenn zwei Menschen sich neu kennenlernen und ineinander verlieben, dann sind sie auf Wolke sieben und haben einen Hormonanstieg, das passiert ganz von selbst, weil sie sich im richtigen Moment getroffen haben, als sie in diesem Modus waren. Es liegt an uns, das zu erhalten oder wiederaufzunehmen. Wir tun es für uns, weil es uns jung und schön sein lässt, die Verführung selbst zu sein. Es fühlt sich für uns gut an, hervorragende Öle oder Parfüms auf unserer Haut zu tragen. Es fühlt sich für uns gut an, tolle Unterwäsche zu tragen. Für uns fühlt sich das gut an – und darum geht es. Es tut uns gut! Vielleicht haben wir einen wunderbaren, verständnisvollen Mann zu Hause, der es schafft, dass wir uns die meiste Zeit wie eine Königin fühlen. Die Chance, *dass* wir so einen zu Hause haben, ist gering, aber es gibt sie! Es werden immer mehr, weil auch bei ihnen das Bewusstsein steigt. Machen wir es doch ihm und uns leicht. Denn bockig dazusitzen ist ein blödes Spiel. Wir tun uns selbst damit weh. Er weiß nicht, wie wir ticken. Nicht, weil er ein Mann ist, sondern weil wir Frauen uns verändert haben. Wir haben zwischendurch Kinder bekommen, unser Körper hat sich verändert, manchmal haben sich auch unsere Bedürfnisse verändert.

Warte nicht auf deinen Partner, bis du dich geliebt fühlst!

Auch Männer haben in der Menschheitsgeschichte einige Wunden erlitten, Wunden, die sie kleiner machen oder entmächtigen. Auch Männer haben Ängste. Auch sie haben Schmerzen, die sie in eine Beziehung mitbringen und die sie seit Generationen mit sich herumschleppen. Auch sie möchten sich ausdrücken dürfen, ankommen und uns ihre Liebe schenken.

Was passiert, wenn wir unseren Partner wieder als den König sehen, der er eigentlich ist und schon immer war, nachdem wir begonnen haben, uns als die Königin zu ehren, die wir in Wahrheit schon immer gewesen sind? Wie viele Diskussionen und Reibereien gibt es auf dieser Ebene noch? Keine! Es ist irrelevant, was war, weil wir uns nun auf einer anderen Ebene erkennen. Es entsteht aufregende Freude aufeinander – gefühlt von uns als eine Frau, die weiß, was sie wert ist, die sich selbst liebt und sich verehrt und die nichts zulässt, wozu sie nicht wirklich Ja gesagt hat. Wir empfangen unseren Mann in seiner wahren Größe und diese Größe schließt all seine Ängste und seine Schwächen und seine Verletzungen mit ein. Wir wollen immer als Ganzes gesehen werden, glauben aber, einen Märchenprinzen zu wollen. Doch wir wollen keinen Märchenprinzen. Wir sind unsere eigene Königin und wollen einen König. Der König hat auch eine Geschichte. Und die Königin weiß das.

Ich bin diesen Weg losgegangen für mein Kind, so dachte ich zumindest anfangs. Ich habe es nicht mehr ertragen, dass es leidet und sich mit seinen Ängsten so unwohl fühlt im Kindergarten – weil es *uns* spiegelt und für *uns* stellvertretend unsere weggedrückten Themen auslebt. Die Durchbrüche kamen hier sehr schnell. Als Nächstes habe ich meine Arbeitsweise komplett umgekrempelt. Ich konnte es nicht mehr mit meiner Wahrheit vereinbaren, weiterhin als Therapeutin Kinder zu therapieren und dabei lediglich von außen die Symptome zu bekämpfen. Ich habe auf Elterncoaching umgestellt und von da an waren zahllose Erfolgserlebnisse in den Familien zu verzeichnen. Was bei mir selbst einige Zeit sozusagen hinterhergehinkt ist, war die Beziehung zu meinem Mann. Ich habe Verantwortung für mich und mein Leben übernommen, nur in unserer Beziehung habe ich sie an meinen Mann abgegeben. Dafür sei er verantwortlich, glaubte ich. Stimmt natürlich nicht. Ich habe ihn lange Zeit dafür verantwortlich gemacht, wie ich mich bei ihm fühle. Letztendlich durfte ich mir auch diesen Bereich anschauen. Zeitgleich kamen immer mehr Paare zu mir, die jeweils für sich und ihre Kinder diesen Weg gehen wollten. Es wurde mir mehr als deutlich, wie sehr intakte und innige Partnerschaften dazu beitragen, dass Kinder ihre Symptome und Diagnosen verlieren. In einem Familien- oder Elterncoaching die Partnerschaft auszugrenzen wäre also fatal.

Hier kommt meine Extraportion Liebe für dich:

Liebe Leserin, wenn du noch nicht dort in deiner Partnerschaft angekommen bist, wo du hinwillst, dann gehe jeden Tag ein kleines Stückchen weiter. Schau auch dort hin, was dein Partner oder deine Partnerin dir spiegelt. Jeden Tag ein Prozent mehr ist vollkommen ausreichend.

Wir treffen im Leben nicht zufällig auf bestimmte Menschen. Jede Begegnung auf unserem Weg hat ihren bestimmten Grund.

Es ist so einfach zu sagen: „Wenn es nicht besser wird, trennen wir uns.“ Doch von uns selbst können wir uns nicht trennen. Erlaube dir also, jeden Tag ein bisschen besser zu erkennen, wo du schon auf deinem Platz bist und wo du vielleicht noch den Platz deines Partners oder deiner Partnerin mit vereinnahmst. Mach es ihm oder ihr leicht und sage ihm oder ihr, wie du es haben möchtest. Er oder sie kann es dir nicht von der Nasenspitze ablesen.

Dein erstes Ziel sollte hier deine Beziehung zu dir selbst sein. Wieviel liebevoller und respektvoller kannst du dich selbst noch behandeln? Wieviel mehr kannst du das Verhalten deines/r Partners/in als Einladung nehmen, hinzuschauen, wo er/sie dir spiegelt, ob du gut zu dir bist? Ich schreibe diese Zeilen für dich mit meinem weit geöffneten Herzen. Liebe von außen kann ich dir nicht geben, aber ich kann dich erinnern, wer du bist in Wahrheit und dir zeigen, wie du die Liebe in dir drin findest. Denn dann bist du frei!

Kapitel 9

Wenn's mit der Umsetzung mal nicht so gut klappt und was du dann tun kannst

Liebe Leserin,

es kann sein, dass es Phasen gibt, in denen dir die Umsetzung von dem, was ich dir hier an die Hand gebe, etwas schwerer fällt. Das ist ganz normal und kein Grund zur Beunruhigung. Das Allerwichtigste für deinen und euren Erfolg mit diesem Buch ist dein Commitment, dein Engagement. Das bedeutet, dass du entschlossen bist, jetzt die nötigen Veränderungen zu säen, aus denen ihr als Familie schon bald Erfolge ernten könnt.

Warum Lesen allein nichts hilft und du in die Umsetzung kommen darfst

Durch das Lesen dieses Buches bekommst du einiges von meinem Wissensschatz. Dieses Wissen und diese Erkenntnisse erreichen beim Lesen deinen Kopf. Das ist in etwa so – ich erwähnte es eingangs schon – wie bei den Neujahrsvorsätzen. Vielleicht kennst du das: Du nimmst dir vor, ein bestimmtes Thema in deinem Leben zum Beginn des neuen Jahres zu verändern, was dir zwei Tage ganz gut gelingt und vielleicht dann ab Tag drei oder vier schwerer fällt. Oftmals neigen wir dazu, hier wieder in unsere alten Muster zu fallen, beispielsweise in die Meckerfalle, obwohl wir uns so fest vorgenommen haben, weniger mit unserem Kind zu schimpfen. Der Grund, warum das passiert, sind unsere alten Muster. Willst du ein Muster zum ersten Mal in deinem Leben verändern, dann wird ein kleiner Trampelpfad in deinem Nervensystem angelegt. Beim wiederholten Üben dieser Veränderung wird dieser Pfad immer breiter, verwandelt sich zuerst in einen Feldweg und später in eine Bundesstraße, bis er dann, wenn das neue Muster Routine geworden ist, zu einer breiten sechsspurigen Autobahn wird.

Wenn du bisher morgens immer aufgestanden bist mit einem mulmigem Gefühl in deinem Bauch, weil du bereits da schon befürchtest, dass es gleich, sobald dein Kind wach wird, wieder Stress und Unruhe gibt, dann ist das dein gedankliches Muster geworden. Das denkst du nicht, weil es *einmal* in der Vergangenheit so war, sondern weil es schon *ganz oft* so passiert ist. Diese alten, nicht dienlichen Muster müssen wir verändern, damit wir schon bald neue Ergebnisse bekommen und Erfolge feiern können. Ebenso sind Muster in deinem System hinterlegt, bei denen du dazu neigst, an dir oder deinem Umfeld zu zweifeln. So hast du vielleicht irgendwann, meist schon in der Kindheit, gehört, nicht genug zu sein oder zu viel zu sein für dein Umfeld. So ein Satz von Menschen, die du lieb hast, reicht – einmal ausgesprochen – aus, um sich tief in dein Unterbewusstsein zu brennen. Du hast solche Sätze ungefiltert in dich hineingelassen und zu deiner Wahrheit gemacht. Wenn du also an deinen Zweifeln etwas verändern möchtest, dann ist der erste Schritt dazu, dir bewusst zu machen, dass du diese Zweifel über dich hast. Wenn du erkennst, dass du gerade wieder eines deiner alten, nicht dienlichen Muster abspielst, dann darfst du jetzt die Chefin über deine Gedanken werden und Stopp sagen! „Stopp, das dient mir grade nicht! Was will ich stattdessen denken?“ Wenn du neue Muster in deinem System anlegst– dazu helfen dir die Übungen aus Kapitel 6 –, darfst du diese Übungen zu deiner neuen Routine machen. Nicht einmal, nicht zehnmal, sondern am besten tausendmal. So lange, bis sie nach einer Weile in Fleisch und Blut übergehen, dann hast du deine alten Muster mit deinen neuen überschrieben. Diese neuen Muster trainierst du wie einen Muskel, den du aufbauen oder erhalten willst, täglich, in deinen Alltag integriert. Wichtig: Deine alten Muster sind noch da. Sie verschwinden nicht, aber sie bilden sich zurück, wenn du sie nicht mehr benutzt. Das kannst du dir nun vorstellen wie bei einer Weggabelung. Wo du früher vermeintlich nur einen einzigen Weg gesehen hast, sind jetzt zwei Wege vor dir. Einer führt nach links, der andere nach rechts. Dort, wo du dich früher auf deinem einen Weg vielleicht hilflos und als Opfer der äußeren Umstände gesehen hast, kannst du dich heute in jedem bewussten Moment für den zweiten und neuen Weg entscheiden. Deine innere Haltung ist ganz entscheidend für eure SymptomFREIheit.

Auf deinem Weg kommen manchmal Terrorbarrieren – gehe darüber!

Es ist völlig normal, dass es manchmal Widerstände gibt und du nicht weitergehen willst, sondern am liebsten die Decke über den Kopf ziehen und in Selbstmitleid schwelgen möchtest. Diese Widerstände nennt man auch Terrorbarrieren. Sie treten dann auf, wenn es darum geht, dass wir unsere Komfortzone verlassen. So geht es manchmal dir, so geht es auch ab und zu noch mir und so geht es auch vielen wundervollen Menschen, die ich auf diesem Weg in ihre SymptomFREIheit als Familie begleite. Durch dieses Nadelöhr müssen wir alle ab und zu durch. Und wir haben es geschafft und schaffen es immer wieder, weil wir in der Liebe geblieben sind. Es ist wichtig, dass auch du in der Liebe zu dir selbst bleibst. Sonst werden wir Frauen kalt und hart zu uns selbst.

Terrorbarrieren verstecken sich unter anderem in Sätzen wie:

- Wenn ich Ja zu mir sage und Nein zu anderen, verliere ich Menschen, die mir wichtig sind!
- Wenn meine Kinder und ich uns nicht anpassen, dann haben die Kinder in diesem Schulsystem keine Chance!
- Ich kann nicht für mich und mein Kind losgehen, mein Mann hält nichts von diesem Weg!

- Wenn ich vorausgehe und mich verändere, dann schockiere ich meine Mitmenschen, verliere sie und bleibe allein.
- Ich darf mich nicht an die erste Stelle in meinem Leben stellen, das ist egoistisch!
- Nach dreimal Probieren stellt sich noch kein Erfolg ein. Das klappt bei mir nicht, nur bei den anderen!

Von diesen Sätzen gibt es noch so viele mehr. Terrorbarrieren sind Gründe, die dein System dir liefert, warum es besser wäre, lieber doch nicht deine Komfortzone zu verlassen. Sie wirken wie ein Lasso, das versucht, dich immer wieder einzufangen und dich zurück auf deinen alten Platz zu ziehen, wenn du losgehen willst. Denn auf diesem alten Platz fühlt sich dein Körper sicher. Dort zu bleiben, wo du bist, das kennt er schon. Auch ich habe immer wieder Terrorbarrieren, wenn ich meinen Weg weitergehe. Wichtig ist hier zu wissen, dass es „nur" Terrorbarrieren sind und dass wir nicht aufgeben, sondern über sie drüber- und weitergehen. Hinter der Angst wartet schon unsere nächste Tür, durch die wir hindurchgehen dürfen. Die Terrorbarrieren dienen deiner eigenen Prüfung: Gehst du weiter oder gehst zurück in deine alten Muster? Natürlich gehst du weiter! Denn dafür bist du angetreten! Manchmal reicht es aus, wenn wir eine Entscheidung einmal treffen, und in anderen Situationen geht es darum, dass wir immer wieder Ja zu uns sagen! Weitergehen und Dranbleiben sind hier der große Schlüssel! Jeder vermeintliche Rückschlag ist in Wahrheit kein Rückschlag, sondern eine Aufforderung des Lebens an dich, das Geschenk darin zu finden. Das ist so wichtig.

Wir wollen immer in die Sonne, in das Positive und Schöne. Doch dort lernen wir nicht. Dort liegen keine Erkenntnisse für uns parat. Wenn du also mit deinem Kind Hausaufgaben machst und es gut klappt, dann feiere das. Und an Tagen, wo es noch nicht so klappt auf deinem neuen Weg, trainierst du dich, das Lerngeschenk für dich darin zu sehen. Das kann vielleicht die

Erinnerung daran sein, dass du geduldiger und liebevoller mit dir sein darfst. Oder dass du präsent im Hier und Jetzt sein darfst und nicht schon beim Wocheneinkauf, der danach folgt. Je mehr wir durchs Leben hetzen, desto mehr trödeln unsere Kinder und bringen uns in die Langsamkeit. Sie spiegeln uns in jeder Situation, in der sie uns triggern. Je mehr wir das im Alltag trainieren und darauf achten, desto weniger müssen sie uns aufzeigen.

Geh weiter! Erst wundern sich einige Menschen, weil du anders reagierst, als sie das von dir gewohnt sind, aber sie gewöhnen sich daran. Dimme niemals dein Licht aus lauter Angst, andere damit blenden zu können! Wenn dein Umfeld schimpft und jammert, steige nicht darauf ein.

Selbstzweifel als einen der größten Verhinderer überwinden

Die Ursache allen emotionalen Leidens, hinter allen negativen Glaubenssätzen und allen Traumata ist der Selbstzweifel. Selbstzweifel waren schon da, bevor das Trauma entstand. Nun ist es Zeit, dich von ihnen zu befreien. Selbstverantwortung bedeutet, dich zu lieben und nicht mehr anzuzweifeln. Das Problem: Immer wenn du im Außen nach Rat suchst, nährst du deinen Selbstzweifel. Denn du sendest damit die Botschaft aus, auf Hilfe angewiesen zu sein und es alleine nicht zu können. Therapien werden dir dann erspart, wenn du das Werkzeug hast, dich selbst und dein Kind zu heilen. Niemand kann das von außen für dich tun. Selbstheilung ist der einzige Weg zur inneren Heilung. Dann verschwinden die Symptome nachhaltig.

Viele meiner Klientinnen saßen jahrelang in Therapien und haben nicht gelernt, wie sie an sich selbst glauben können. Das war der Grund für ihr Leiden. Solange du glaubst, dir fehlt etwas von außen, bleibt die Heilung fern von euch. Was du bisher gemacht hast, hat nicht geholfen. Warum glaubst du Menschen, die dir sagen, an deinem Kind oder an dir sei etwas falsch? Ich sage es dir: wegen deiner Selbstzweifel. Wenn dir jemand sagt, dass mit deinem Kind etwas nicht stimme, und du das auch nur ganz kurz glaubst, dann hast du für kurze Zeit Harmonie. Weil sich in diesem Moment dein Außen und dein Innen decken. Das ist aber nicht das, was wir wollen. Oder in dir entstehen Gedanken wie: Etwas an meinem Kind ist nicht in Ordnung, endlich sieht das jemand. Dein Zweifel an euch wird damit bestärkt. Das geschieht so häufig in psychologischen Sitzungen. Was sich vertraut anfühlt für die Patienten, weil da jemand ist, der ihnen zuhört und vom Fach ist. Doch es schürt ständig weitere Selbstzweifel beim Patienten, und er oder sie fühlt sich abhängig vom Therapeuten. Das ist einer der Gründe, warum ich heute keine Kinder mehr therapiere, sondern ihre Eltern coache.

Hier kommt eine wunderbare Übung, um nicht mehr zuzulassen, dass Selbstzweifel dich bestimmen: Du stellst dich vor einen Spiegel und findest sofort mindestens eine Sache, die dir an dir gut gefällt. Und zwar jedes Mal, wenn du an einem Spiegel vorbeikommst. Damit trainierst du, deinen Fokus sofort auf das Positive zu richten und nicht zuerst auf das, womit du bei dir selbst unzufrieden bist. Deine Selbstzweifel zu stoppen ist die beste Möglichkeit, um den Selbstwert deiner Kinder effektiv zu stärken. Kindern ist es egal, was du zu ihnen sagst, sie ahmen nach, was du machst und wie du mit dir selbst umgehst.

Verlustangst besiegen

Verlustangst gehört zu unseren Urwunden und erzeugt Verlust, wenn wir ihr die Macht geben, bestehen zu bleiben. Verlustangst zu heilen bedeutet, dich selbst voll anzunehmen. Dafür darfst du das loslassen, was dich daran hindert, dich so zu lieben, wie du bist. Verlustangst ist der Grund, warum wir:

- Ja sagen, obwohl wir Nein meinen,
- glauben, für Glück oder Liebe etwas tun zu müssen,
- Angst haben, falsche Entscheidungen zu treffen,
- Angst haben, eine Chance auf Gesundheit zu verpassen.

Loslassen ist hier das Tool zur Lösung. Das bedeutet konkret für dich:

- Mache jede Herausforderung zur Chance.
- Nur wenn du das Alte loslässt, kannst du neue Ergebnisse in dein Leben ziehen.

Menschen neigen dazu, dass sie sich vor Veränderung fürchten, weil sie sich auf das konzentrieren, was sie verlieren könnten, anstatt auf das, was sie dazugewinnen würden. Das kannst du überwinden. Übe dich darin, jeden Tag ein bisschen mehr deinen Fokus auf das zu richten, was du gewinnen und erreichen möchtest.

Wie du wieder in deine Lebensenergie kommst

Um diesen Weg bis zu euren großen Zielen zu gehen, brauchst du *Lebensenergie*. Jetzt hast du aber schon so lange gekämpft mit eurer Situation, die Beziehung zwischen dir und deinem Kind hat dir vermutlich einiges an Energie abgezogen. So sehr wünschen wir uns hier vielleicht, einfach in Ruhe auf dem Sofa zu sitzen, wenn die Kinder abends endlich im Bett sind. Das Problem daran ist, das uns das kein bisschen munterer und energiegeladener macht, obwohl wir denken, dass wir uns so ausruhen. Vielleicht denkst du dir auch manchmal, dass du wesentlich mehr Energie hättest, wenn es mit deinen Kindern einfacher wäre. An dieser Stelle ist mir besonders wichtig, dass du verstehst, dass nicht dein Kind der Grund für deine Erschöpfung ist, sondern dein bisher häufiges Über-deine-eigene-Grenze-Gehen, deine Selbstaufopferung für alle anderen, dein Hinunterschlucken deiner Wahrheit, wenn du bei deinen Eltern oder Schwiegereltern bist, dein Ja sagen, obwohl du Nein meinst. Das ist es, was dir Kraft aussaugt. Nicht, weil dein Kind wütend ist, sondern weil es dir mit seinem Verhalten zeigt, wo du deine Emotionen unterdrückt hast – schon so lange. Diese Unterdrückung macht müde und erschöpft. Wichtig ist, dass du dir erlaubst, alle Emotionen, die sich bei dir zeigen, zu fühlen. Sie anzunehmen, wenn sie da sind. Sie nicht mehr wegzudrücken und weiterzufunktionieren. Und wenn du mal richtig wütend bist, dann nimmst du dir am besten einen Moment Zeit auf dem Bett in deinem Schlafzimmer oder auf dem Sofa in deinem Wohnzimmer und lässt diese geballte Ladung Wut aus dir heraus, indem du mit einem Kissen gegen das Bett oder Sofa haust. Auf diese Weise bekommt keine dir nahestehende Person deine Wut ab und du schluckst sie nicht mehr hinunter. Das ist wichtig für dich und für die Emotionen von deinem Kind. Wie willst du es haben, wenn alles möglich wäre? Darauf lenkst du dann immer wieder deinen Fokus.

Oben Glitzer drüber streuen hilft nicht, wenn wir dem Schatten nicht ins Gesicht schauen

So viele Menschen neigen dazu, entweder zu jammern oder sich ihre Situation schönzureden. Beides ist Gift für sie. Wichtig ist, was sich unter der Oberfläche verbirgt. Viele Menschen wollen in Wahrheit gar nicht hören, wie es dem anderen geht, wenn sie ihn danach fragen, das ist das Entscheidende. Sie möchten an der Oberfläche bleiben. Wenn unser Kind eine eitrige Wunde am Knie hat, dann machen wir da aber auch nicht einfach ein schönes buntes Pflaster drauf oder streuen Glitzer auf die eitrige Wunde. Denn das würde den Zustand noch verschlimmern. Wir reinigen die Wunde von Dreck und Eiter. Erst dann machen wir ein Pflaster drauf. Noch besser ist es, die Wunde an der Luft abtrocknen zu lassen und sie gar nicht erst zuzukleben. Wenn wir unsere inneren Themen immer wieder runterschlucken oder schönreden, dann holen unsere Kinder diese für uns an die Oberfläche. Damit die Probleme heilen können. Notfalls machen sie das mit Händen und Füßen, so lange, bis du sie rauslässt.

Konfrontation statt Ablenkung

Deine Familiensituation und die Symptome deines Kindes ändern sich grundlegend, wenn du dich selbst konfrontierst und hinschaust, wo es unangenehm wird, dorthin, wo du deine Handlungsmuster und die deines Kindes erkennst, wo dir klar wird, was dein Kind in der akuten Situation für Emotionen herauslässt. Das ist kurz unbequemer, als dir einzureden, du machst doch schon genug oder das wird sich schon von alleine verändern mit der Zeit, aber in meiner Wahrheit ist es einfacher, dass es zwar einmal schmerzhaft wird, aber wir diese Themen dann angehen und verändern können.

Du bist aufgefordert, tiefer hinzuschauen, als du das bisher gemacht hast

In Kapitel 6 habe ich dir gezeigt, wie du neue dienliche Glaubenssätze in dich hineinlassen kannst, beispielsweise indem du dir Klebezettel mit Sätzen wie „Ich bin genug in, jedem Moment!“ aufhängst und immer wieder darauf schaust in deinem Alltag. Das tust du, um die inneren Muster, dich mal nicht genug zu fühlen, zu überschreiben. Das ist wichtig, aber es ist bis dahin nur die halbe Wahrheit. Es nützt nichts, dir das einzureden, wenn dein System das nicht glauben kann. Hier lade ich dich ein, tiefer zu schauen. An einem für viele Mamas bekannten Thema möchte ich dir das aufzeigen. Vielleicht kennst du die Situation bei euch zu Hause, dass du deinen Kindern ständig hinterherräumen musst. Dass sie ihre Süßigkeitenverpackungen nicht in den Müll werfen, sondern sie dort liegen lassen, wo es ihnen gerade in den Sinn kommt. Oder dass sie ihre Schmutzwäsche nicht in den Wäschekorb bringen, sondern quer über den Fußboden verteilt liegen lassen. Sobald das mehrmals vorkommt, ist es logisch, dass wir davon getriggert werden. Lassen wir uns triggern, steigen wir ein in die Situation und lassen uns überrollen von den Emotionen, die jetzt in uns hochkommen. Wenn wir nun schimpfen, dann werden wir feststellen, dass sich dadurch nicht viel ändern wird und wir vielleicht schon am nächsten Tag dieselbe Situation erneut vorfinden. So schnell lässt sich vermuten, unsere Kinder wären richtig unerzogen und hören nicht auf uns. Alles deutet darauf hin. Bleiben wir auf dieser Stufe stehen, dann wird sich ein täglicher Kampf in unseren Familien einstellen und du wirst immer wieder frustriert sein, dass sie nicht ihre Sachen wegräumen. Ich möchte dich nun mitnehmen und eine Stufe tiefer gehen. Wenn du glauben kannst, dass unsere Kinder nur die Reaktion sind auf unsere inneren Muster, dann wird schnell klar, dass bei *ihrem* Verhalten innerliche Muster in *uns* das Ergebnis im Außen bestimmen. Ich habe nahezu alle Frauen, mit denen ich gearbeitet habe, befragt. Dabei kam heraus, dass ihr innerer Glaubenssatz (Achtung: er war schon lange da, bevor sie Kinder hatten, die die Wäsche herumliegen lassen und Müll nicht wegräumen) war: „Ich bin immer der Depp für alle anderen!“ Und ich werde nicht müde, dir auch hier wieder zu zeigen: ES IST, WAS DU GLAUBST! Von deiner Perspektive aus sieht es aus, als wäre dein Kind gegen dich. Als würde es dir deine Arbeit noch erschweren und nur an sich denken. Doch dem ist nicht so. Dein Kind macht nicht, was du sagst, sondern das, was deine tiefste innerste Wahrheit ist. Es hat sensible Antennen, um genau diese Wahrheit zu erspüren und in dir freizulegen.

An diesem Beispiel wird deutlich: Es sind nicht die Kinder, die faul sind. Sondern sie machen aufmerksam und sichtbar, was du in der Tiefe gegen dich selbst wirken lässt. Und weil sie sich zur Aufgabe gemacht haben, dich darauf hinzuweisen, wo du im Mangel steckst, helfen hier Schimpfen und ständiges Erinnern an ihre Aufgaben, die sie machen müssen, überhaupt nicht. Deine Manifestation hat perfekt geklappt. Ihr Handeln im Außen deckt sich mit deinen inneren Prägungen. Doch genau das willst du ja nicht. Also darfst du hinschauen und erkennen, welches deine Gedankenmuster sind hinter dem, was deine Kinder dir zeigen mit ihrem Verhalten. Das ist nicht unbedingt schön. Aber diese Erkenntnisse, die du daraus bekommst, sind sehr heilsam für dich. Nur wenn du das (besser: dich) erkennst, kannst du diese Situationen dauerhaft und nachhaltig verändern und brauchst nicht mehr zu schimpfen. Jetzt hilft dir der Klebezettel an deinem Spiegel, der dich erinnert: „Ich bin genug, in jedem Moment!" Wenn du diesen Satz nicht nur sprichst oder abliest, sondern anfängst, ihn nach einer Weile der Routine in deinem Körper wirklich zu fühlen, dann kannst du abends ohne schlechtes Gewissen ins Bett gehen, in dem Wissen, dass du immer genug bist – auch wenn deine Küche mal nicht aufgeräumt ist.

Ich möchte dich dafür sensibilisieren, den Trigger im Außen als das zu sehen, was er wirklich ist: als Wegweiser.

Vielleicht ist genau jetzt der beste Punkt deines Lebens, weil du nun von vorne anfangen kannst. Das kannst du natürlich immer, in jedem Moment, aber manchmal treffen wir diese Entscheidung und bringen erst dann den Mut dafür auf, wenn schon sehr viel Leid in unserem Leben ist und viele Versuche erfolglos geblieben sind. Manchmal verändern Menschen ihr Leben erst dann, wenn der Schrei so laut wird, dass er nicht mehr überhört werden kann. Das ist der Grund, warum die meisten Eltern in meinen Coachings Kinder haben, die mit AD(H)S-Diagnosen zu mir kommen. Bei Wut allein oder schwierigem Sozialverhalten oder Konzentrationsschwäche wird oft noch abgewartet. Die Botschaften unserer Kinder bleiben so lange bestehen, bis wir mit unserer Veränderung beginnen. Wir haben immer die Wahl, ob wir gleich etwas verändern oder ob wir warten, bis das Leben in unserer Komfortzone immer unangenehmer und enger wird. Wenn wir aber mit der Veränderung beginnen, werden sich neue Wege offenbaren, die du dir zuvor mit deinem Verstand noch gar nicht vorstellen konntest.

Frage dich selbst, was dir wirklich wichtig ist, und dann habe den Mut, genau das in dein Leben zu holen. Beachte dabei, dass es die Entscheidung *für* dich und dein Kind ist und nicht die *gegen* das Symptom, die euch eure bisherige Situation überwinden lässt. Ein Weghabenwollen des Symptoms verstärkt das Symptom sogar noch, denn da würden wir den

Fokus auf das Symptom richten und davon noch mehr in unser Leben ziehen.

Gib dir selbst die Erlaubnis, auf die du so lange gewartet hast

Erlaube dir, nach dem Höchsten und Besten für dich, dein Kind und deine Familie zu fragen und nur das zu tolerieren, um euch nicht Gesundheit und Lebenskraft abzuschneiden.

Erlaube dir, keine Kompromisse mehr zu machen. Ja, wir haben das gelernt. Kompromisse sind notwendig. Fakt ist: Kompromisse tun immer weh, weil du zwar nach vorn gehst, aber dein Ziel wegen diverser Abstriche, die du machst, nicht erreichen kannst.

90 Prozent der Menschen geben ihr Ziel auf statt den Kompromiss!

Du kannst wählen, das anders zu machen als die meisten Menschen. Schließlich willst du andere Ergebnisse als die, mit denen sich die meisten Menschen abfinden.

Lass dir von niemandem etwas einreden oder aufzwängen. Lass dir von niemandem (auch nicht von dir selbst) sagen, was du nicht kannst oder nicht schaffst. Niemand anders kann etwas für dich entscheiden. Niemand geht in deinen Schuhen. Niemand fühlt deinen Schmerz. Nimm du selbst die Verantwortung für dich, deine Gedanken und deine Gefühle komplett zu dir, denn dann holst du dir deine Handlungsmacht zurück.

Mit dem Kopf Entscheidungen zu treffen, bringt dich nie ins Herz. Vom Kopf ins Herz kommst du durch eine Herzensentscheidung.

In meiner Welt sind Symptome nur dazu da, dich wachsen zu lassen. Sie sind die Botschaften. Beginne, Symptome, Lebenskraft und das Leben dahinter zu verstehen – und sie werden nicht mehr gebraucht. Symptome sind keine Strafe, weil wir nicht genug sind. Das ist eine große Lüge, die – wenn wir an ihr festhalten – Symptome unheilbar macht und bestehen lässt. Symptome sind nicht unser Fehler, nicht unser Versagen und auch keine Probleme – und wir sollten uns keineswegs auf ihnen ausruhen, frei nach dem Motto: „Ich kann nichts dafür!" Vielleicht hast du schon viel Zeit und Geld in deine Fehlersuche gesteckt. Damit hast du dich im Außen aufgehalten. Das Gute ist, du kannst jeden Moment neu entscheiden und mit dem Ja zu dir *dich* wählen. Lass die Angst vor dem Scheitern nicht größer sein als die Lust auf das Gelingen!

Hier kommt meine Extraportion Liebe für dich:

Wenn doch mal Zweifel bei dir aufkommen, liebe Leserin, dann geh durch sie hindurch! Erinnere dich, warum du auf diesem Weg losgegangen bist!

Es gibt Berge, über die man drüber muss, damit der Weg weitergeht. Du wirst jeden Berg meistern!
Du hast schon so viel geschafft bis hierhin.

Achte auf negative, verurteilende Selbstgespräche.
Du bist diejenige, die dir zuhört.

Wenn Kinder sehen, dass Seifenblasen kaputtgehen, dann machen sie einfach neue. Das kannst du auch!

Du kannst jeden Moment neu damit beginnen, es anders zu machen als bisher. Eure Vergangenheit ist vorbei. Die kommt nicht mehr zurück. Aber die Zukunft liegt vor dir. Und die bestimmst du genau jetzt in der Gegenwart.

Sei nicht so streng mit dir!

Wenn du eine große Wunde in deinem oder euren Leben heilst, brauchst du viel Liebe und Geduld, damit du dir selbst nicht ausweichst.

Erinnere dich: Du sitzt heute nicht mehr auf deinem Kindheitssessel von früher. Heute nimmst du deine Macht zu dir und bestimmst die Ergebnisse in deinem Außen von innen.

In Wahrheit bist du die Frau, die du bist, wenn du alle auferlegten und selbst angezogenen Mäntel ausziehst, ohne all die Hüllen, mit denen man dir einst sagte, wie du zu sein hast.

Kapitel 10

Lerntherapeutische Förderung für Kinder mit LRS und Konzentrationsschwäche

In den letzten Kapiteln hast du immer wieder von mir gelesen, dass wir unseren Kindern Therapien ersparen können, wenn wir auf Elternebene lernen, was hinter den Symptomen unserer Kinder steckt, und diese Ursachen an der Wurzel auflösen.

Eine Ausnahme von dieser Überzeugung stellt die Lese-Rechtschreib-Schwäche (kurz: LRS) dar. Auch bei ihr sollte nach dem Grundproblem geschaut werden, das zuerst aufgelöst werden muss. Eine Orientierung gibt uns hier die Frage: Gab es ein bestimmtes psychisches Ereignis oder einen großen emotionalen Moment vor oder während des Schuleintritts des Kindes? Das können ganz verschiedene Situationen sein wie z. B. die Geburt eines Geschwisterkindes, der Todesfall eines nahen Angehörigen, der Tod des Haustieres, eine Trennung bei den Eltern, die Krankheit eines nahestehenden Menschen, der Wegzug eines Kindergartenfreundes und vieles mehr.

Doch danach müssen wir bei der LRS – selbst wenn die Ursache erkannt und behoben ist – das Kind zusätzlich fördern. Kinder mit Lernschwächen liegen im Lernniveau hinter den Kindern, die nicht davon betroffen sind. Ein Kind, das die dritte Klasse der Grundschule besucht und eine LRS entwickelt hat, hinkt im Schulstoff vor allem beim Lesen und Schreiben den anderen Kindern hinterher. Wo andere Kinder schon flüssig lesen können, liest ein von LRS betroffenes Kind oft wie ein Leseanfänger. Damit es wieder gut im Unterricht mitkommt, müssen die noch nicht gefestigten Lerninhalte hier möglichst rasch aufgeholt werden.

Die Therapie einer Lese-Rechtschreib-Schwäche, aber auch einer Rechenschwäche (sog. Dyskalkulie) über eine lerntherapeutische Praxis ist sehr langwierig für den Therapeuten, für das Kind und für seine Eltern. Als ausgebildete Lerntherapeutin brauche ich in Zusammenarbeit mit dem davon betroffenen Kind im Durchschnitt circa ein Jahr, bis das Kind seine Schulnote um eine Notenstufe verbessert, wenn es einmal pro Woche zu mir in die Praxis kommt. Das ist eine sehr lange Zeit, die massiv am Selbstwert des Kindes nagt. Es kommt regelmäßig zu den Therapiestunden, während seine Geschwister und seine Freunde mit anderen Kindern spielen und Spaß haben, ohne dass sich schnelle Erfolge einstellen.

Der Grund dafür ist, dass wir nur einmal in der Woche und für eine Stunde das Kind fördern und es dann wieder für sechs Tage nach Hause geht und abgesehen von ein paar Hausaufgaben, die es allein erledigt, keine gezielte Förderung erhält. Kindern mit Lernschwächen fällt es in der Regel sehr schwer, ihre Hausaufgaben zu machen, denn ihnen fehlen die Motivation und der Glaube an sich selbst und an ihr Können. Sie nehmen schon sehr früh wahr, dass andere gleichaltrige Kinder im Unterricht flüssig vorlesen können und gute Noten in Diktaten schreiben, wohingegen sie selbst sehr viele Wörter rot als Fehler angestrichen bekommen, sodass sie sich schämen und blamiert fühlen, wenn sie an der Reihe sind und vorlesen müssen. Nach kurzer Zeit entwickeln sie innere Glaubenssätze wie den des Nicht-genug-Seins oder ein Versager/eine Versagerin zu sein. Ständig befindet sich dieses Kind im Vergleich mit anderen Kindern. Das ist der Grund, warum ich meine Klientinnen, die ein Kind haben, das eine LRS, Dyskalkulie oder Konzentrationsschwäche hat, einarbeite, sodass sie selbst geschult werden, mit ihrem Kind die Förderung zu machen. Eltern, die genau wissen, wie sie ihr Kind unterstützen können, die haben nach meinen Studien aus meiner eigenen Praxis eine viermal schnellere Erfolgseinstellung bei ihrem Kind. Wo ich mit einer

Stunde pro Woche circa ein Jahr benötigt habe in den Therapiesunden mit ihren Kindern, haben sie denselben Erfolg in drei bis vier Monaten erreicht, wenn sie täglich lediglich fünf bis zehn Minuten mit ihrem Kind trainieren. Das ist zum einen einfach großartig, denn so hat das betroffene Kind viel schnellere Erfolgserlebnisse und bekommt seine Motivation deutlich schneller zurück. Zum anderen schafft es eine wunderschöne Verbindung, wenn Eltern ihrem Kind zu seinen Erfolgen verhelfen und es unterstützen können. Damit das möglich ist und erfolgreich, ist es notwendig, dass die Eltern vorher schon zu ihrem Kind eine Bindung aufbauen, die es zulässt, ohne Streit und Eskalation die Hausaufgaben zu begleiten. Das ist der Grund, warum dieses Kapitel erst am Schluss in dieses Buch einfließt und nicht schon am Anfang.

Vielleicht hast du schon festgestellt, dass deine Geduld bei deinem eigenen Kind etwas geringer ausgeprägt ist, als wenn du vielleicht ein Nachbarskind bei den Hausaufgaben begleiten würdest. Das ist ganz normal. Kinder, die nicht unsere eigenen sind, triggern unsere wunden Punkte nicht so sehr wie unsere eigenen Kinder. Und gleichzeitig bedeutet ein Sich-Einlassen auf das Lernen und Fördern von unserem eigenen Kind – sofern wir ein paar Grundsätze beachten – immer Wachstum für Eltern und Kind.

Der oberste Grundsatz in der Förderung von Kindern mit LRS-Diagnose und Konzentrationsschwäche ist, dass wir *nicht* beginnen, den aktuellen Schulstoff aufzuholen und zu fördern, sondern dass wir – wie zu Beginn von Kapitel 2 schon erwähnt – die Vorläuferfähigkeiten, die Basis für das Lesen und Schreiben, stärken. Bevor wir das dritte Stockwerk. als Symbol für die dritte Klasse aufbauen und ausschmücken, muss das Fundament stabil sein. Auch darüber habe ich schon in Kapitel 5 unter dem Titel „Hausaufgabenstress mit deinem Kind“ geschrieben.

Wir dürfen schauen, dass uns keine Sätze über unsere Lippen huschen, die wir nicht so meinen und die unser Kind verletzen:

Don’ts:

- „Streng dich mal an!“
- „Schau mal genau hin!“
- „Ist doch nicht so schwer!“
- „Du bist nur unkonzentriert!“

Und falls uns das doch einmal passieren sollte, dann dürfen wir üben, liebevoll mit uns zu sein und uns an unseren beispielhaften Universitätsbesuch in der Chinesisch-Vorlesung erinnern. Betroffene Kinder wollen weder absichtlich trödeln noch ihre Eltern provozieren!

An dieser Stelle dürfen Eltern üben, den Druck rauszunehmen und sich ihrem Kind zuzuwenden. Nicht selten neigen wir als Eltern hier dazu, getriggert zu sein. Denn hier treffen sehr häufig unsere alten inneren Muster mit den Symptomen unseres Kindes aufeinander. Den meisten Menschen in unserer Generation wurde beigebracht, dass sie dann eine tolle Leistung erbracht haben, wenn sie sich beeilt haben. Sie haben gelernt, ihren Wert an ihre Leistung zu knüpfen, und schleppen über Jahrzehnte den Glaubenssatz mit sich herum, dass sie wertvoll und genug sind, wenn sie etwas leisten. Und dann sitzt ihnen ihr Kind bei seinen Hausaufgaben gegenüber und verweigert die Leistung. Alle Trigger und Knöpfe werden mit einem Mal bei dessen Eltern gedrückt. Und das Schöne daran ist: Wenn wir ein Kind haben, das sich selbst noch nicht so annehmen kann, wie es ist, dann dürfen wir vorausgehen und ausgiebig bei *uns* trainieren, uns selbst noch viel mehr anzunehmen und anzuerkennen, wie wir sind. Hier heilen zwei Generationen gleichzeitig.

Bevor ein Kind, das sich schwertut in der Schule, seine Leistung verbessern und Erfolge feiern kann, darf es sein Selbstwertgefühl verbessern. Erst im Innen, danach werden die Erfolge im Außen sichtbar. Das kennst du schon von vorigen Kapiteln. Es ist Gesetz! Es ist immer so. Es ist, was wir glauben! Solange ein Kind glaubt, etwas nicht zu können und ein Versager zu sein, so lange wird sich das im Außen in seinen Leistungen spiegeln. Der einfachste Weg, dass dein Kind sein Selbstwertgefühl steigert, ist, dass du *dein* Selbstwertgefühl steigerst.

Schwierigkeiten im Umgang mit Lernschwächen beim Kind

Ich habe beobachtet, wie viele Eltern von Kindern mit Lernschwierigkeiten sich unsicher fühlen. Einige von ihnen haben zu kämpfen mit enttäuschten Erwartungen, weil sie sich für ihr Kind oftmals eine bessere Schullaufbahn wünschen als die, die sie selbst erlebt haben. Nicht selten fangen Eltern an, an sich und ihrem Kind zu zweifeln, wenn sie die Hausaufgaben nicht gemeinsam hinbekommen. Sie neigen dazu, Druck zu erzeugen, weil ihnen wichtig ist, wie ihre Umwelt über sie und ihre Kinder denkt.

Was brauchen Eltern in diesen Situationen?

Eltern brauchen hier Lösungsansätze, die ihnen wirklich helfen, und nicht nur Tipps und Tricks, um die akuten kindlichen Wutanfälle oder Verweigerungen zu begleiten. Ganz wichtig ist, dass sie lernen, sich selbst zu erlauben, den Druck rauszunehmen. Druck erzeugt Gegendruck und führt hier nicht zum Ziel. Sehr wertvolle Erfahrungen habe ich damit gemacht, Eltern immer wieder zum Perspektivwechsel anzuregen, also sich hineinzuversetzen in ihr Kind. An erster Stelle sollte immer die Beziehung zwischen dir und deinem Kind stehen! Die Stärkung der Eltern-Kind-Beziehung ist hier wesentlich. Wir sind Mamas und nicht die Lehrerinnen unserer Kinder. Große Fortschritte passieren, indem wir den Fokus auf die Stärken unserer Kinder richten. So kommt ihre Motivation schneller zurück und wir feiern gemeinsam mit unseren Kindern jedes große und kleine Erfolgserlebnis. Viele Eltern neigen dazu, ihren Kindern vieles abnehmen zu wollen, wenn sie sich schwertun. Wenn wir das als Elternteil machen, dann nehmen wir unserem Kind die eigene Verantwortung weg und es wird sich kleiner fühlen, als es ist, und dementsprechend hilflos verhalten. Wir dürfen hier ein Mittelmaß finden, sodass wir als Eltern unseren Kindern so viel wie nötig helfen und sie unterstützen, aber sie auch loslassen und sie eigene Erfahrungen machen lassen. Das ist wichtig, damit sie ihre Autonomie weitestgehend erhalten.

BLOCKIERUNG führt zu → VERSAGEN → ANGST → VERMEIDUNG → MISSERFOLGSERWARTUNG → mündet in MISSERFOLG

Unterschied Legasthenie versus LRS

Legasthenie ist vererbt, wohingegen LRS als erworbene Teilleistungsstörung gilt. Folgerichtig ist LRS deutlich schneller behandelbar als Legasthenie. Das ist aber auch schon der einzige Unterschied.

Zur Symptomatik einer LRS und Legasthenie gehören:

- Wortblindheit, das bedeutet, das gelesene Wort kann nicht in seiner Bedeutung erkannt werden, da das Gehirn noch kein fertiges Bild von dem gelesenen Wort abrufen kann, sondern die betroffene Person einzeln Buchstabe für Buchstabe liest. Daher kommt es auch zum Auslassen, Ersetzen, Verdrehen und Hinzufügen von Buchstaben. Durch das jeweils einzelne Lesen als Aneinanderreihung von Buchstaben werden sinnzusammenhängende Textaufgaben nicht verstanden. Die betroffene Person kann das Wort als Ganzes nicht erkennen.
- Verwechslung ähnlich aussehender Buchstaben und spiegelbildliche Schreibweisen (am häufigsten Verwechslung von b und d, p und q, n und u).

- Teilleistungsstörung bei sonst guter bis überdurchschnittlicher Intelligenz.
- vier bis acht Prozent aller Grundschulkinder sind davon betroffen, überwiegend Jungs.
- Über 50 Prozent der Kinder mit LRS haben auch eine AD(H)S-Diagnose → Achtung: Kinder bekommen bei der Testung Aufgaben, die sie nicht oder nur schwer lösen können. Ihr Körper aktiviert sein Schutzprogramm (Hyperaktivität oder Verträumt-Sein) als Flucht nach Innen und Ablenkung von ihrer Schwäche.

Ausweich- und Kompensationsstrategien:

- Kinder mit LRS neigen häufig dazu, Texte sehr schnell auswendig zu lernen. Ihr Körper kreiert andere Stärken, um ihre vermeintlichen Schwächen nicht so auffällig erscheinen zu lassen. Kinder mit LRS lesen meist aus zeitlichen Gründen nur den Wortanfang und raten dann, um welches Wort es sich handelt.

Das Erste, was geprüft werden sollte bei einem Kind, das sich im Lesen und Schreiben und in der Konzentration schwertut, sind seine Augen beim Augenarzt und seine Ohren beim HNO-Arzt, um eine Seh- oder Hörschwäche auf körperlicher Ebene auszuschließen.

Ursachen für LRS

Die beiden Haupursachen für eine Lese-Rechtschreib-Schwäche sind eine **visuelle Wahrnehmungsschwäche**, d. h. eine verzögerte Informationsverarbeitung über das Auge und/oder eine **auditive Wahrnehmungsschwäche**, d. h. eine unregelmäßige Verarbeitung von Reizen in der Hörbahn. In beiden Fällen sind Augen und Ohren intakt oder durch eine Sehhilfe ausgeglichen. Das normale visuelle Leseverhalten über die Augen besteht aus einer Fixation eines Wortbildes und Blicksprüngen, um zu den nächsten Wort- und Satzteilen zu kommen. Bei einer LRS fehlt die Fixation und das Auge springt unregelmäßig und zufällig über das Blatt Papier. Das ist auch der Grund, warum Kinder mit LRS, wenn sie etwas an die Tafel schreiben sollen, so häufig in der Zeile verrutschen. Sind die Ursachen auditiv, also in der Verarbeitung über die Hörbahn, werden Geräusche und Konsonanten (t, k, d, p, b) lauter und weniger differenzierend wahrgenommen. Nebengeräusche erschweren hier das exakte Verstehen von Gesagtem. Zusätzlich dazu, dass wir genau diese noch nicht so stark ausgeprägten Bereiche beim Kind fördern, dürfen wir uns als Elternteil die Frage stellen: Wo hören wir nicht auf uns und unsere Wahrheit? Wovor verschließen wir die Augen und was wollen wir nicht sehen oder hören?

Sekundäre Symptome, die aufgrund einer vorher bereits bestehenden LRS auftreten können:

- Konzentrationsstörungen und motorische Unruhe
- Motivationsverlust bis hin zu depressiven Verstimmungen
- Emotionale Unsicherheit und Selbstwertprobleme
- Schulängste, Trennungsängste, Versagensängste

Weiterhin werden beobachtet bei Kindern mit LRS:

- Häufig verzögerte Sprachentwicklung
- Überspringen der frühkindlichen Krabbelphase (dieses schult die Arm-Bein- und Rechts-links-Koordination und Überkreuzung der beiden Gehirnhälften)
- Motorische Defizite finden sich verstärkt, z. B. Stolpern, Fallen, allgemeine Ungeschicklichkeit)
- Probleme beim Lernen von Reimen
- Uhrzeit zu lernen und rechts von links zu unterscheiden fällt oft schwer

Stärken von sehr vielen LRS-Kindern:

- Häufig hohe Auffassungsgabe, Kreativität, Fantasie
- Umfassende Sichtweisen, finden viele Möglichkeiten
- Empathisches Wesen, häufig hochsensibel

Förderung

Um schnellstmöglichen Erfolg zu haben, ist hier eine ganzheitliche Therapie und Förderung, die weit über das Lesen- und Schreibenlernen hinausgeht, zwingend notwendig!

Die Diagnose Lese-Rechtschreib-Schwäche wird im Krankenkassenkatalog (ICD-10) als psychische Störung mit Krankheitswert definiert. Als erster Schritt gilt es hier, das Kind zu unterstützen, um seine Ressourcen wieder aufzubauen und damit wiederum seine Stärken zu fördern. Eine zweite tragende Säule ist es, den Selbstwert des Kindes zu steigern mit dem Ziel, dass es sich genug fühlt, unabhängig von seiner Leistung. Hier kommen wir Mamas wieder ins Spiel. Die schnellste Art, dass dein Kind lernt, genug zu sein, wie es ist, und sich selbst anzunehmen, ist, dass du vorausgehst und genau das in dir fühlst oder fühlen lernst. Ebenso wichtig ist es, dass das Kind seine Misserfolgserwartung abbauen kann. Hier hilft in den allermeisten Fällen ein sogenannter Nachteilsausgleich in der Schule. Dieser kann beispielsweise so aussehen, dass das betroffene Kind im Fach Deutsch einen anderen Benotungsschlüssel bekommt oder dass es statt eines normalen Diktats ein Wendediktat bekommt, dass es abschreiben darf statt frei diktiert zu bekommen. Oftmals werden auch mehr Zeit bei den Klassenarbeiten und ein Vorlesen der Aufgabenstellung durch die Lehrkraft vereinbart, damit das Kind keine weiteren Nachteile in anderen Fächern hat aufgrund seiner LRS.

Achtung: Es sollte in regelmäßigen Abständen geprüft werden, ob der Nachteilsausgleich dem Kind noch dient oder ob dieser vielleicht nicht mehr zwingend notwendig ist, weil das Kind sich verbessert hat und gefördert wird. Das Kind sollte dadurch eine Entlastung haben und den Notendruck abgemildert bekommen, aber es sollte sich nicht darauf ausruhen und sich nicht sagen: „Es ist egal, wie ich schreibe, es wird ja nicht benotet."

Für die Erfolgswirksamkeit einer LRS-Förderung und bei Konzentrationsschwierigkeiten ist es unbedingt nötig, dass wir bei diesen Kindern die Vorläuferfähigkeiten, also die Vorstufen für die Lese- und Schreibkompetenz, trainieren. Nachfolgend werde ich dir jetzt diese Vorläuferfähigkeiten vorstellen und dir Übungen an die Hand geben, wie du direkt mit deinem Kind beginnen kannst, diese gezielt zu trainieren. Die nachfolgenden Bereiche mit ihren Übungen dazu kannst du mit deinem Kind trainieren, um es auf die Schule vorzubereiten, oder auch nutzen, wenn es bereits in der Schule ist und Defizite im Lesen, Schreiben, Rechnen oder in der Konzentration hat.

Die nachfolgenden Übungen sind wichtig für dein Kind, weil mit und durch diese Übungen mehrere Sinne gleichzeitig einbezogen und geschult werden. So stellt sich der Lernerfolg in etwa fünfmal schneller ein, als wenn dein Kind mit Zettel und Stift ein Arbeitsblatt bearbeiten soll, das es zumeist noch verweigert, weil es sich fühlt wie in der Schule.

Vorläuferfähigkeiten für das Lesen, Schreiben, Rechnen und für die Konzentrationsförderung:

1. Training der optischen Differenzierung:

d.h. Buchstaben (b/d) oder Zahlen (2/5) werden verwechselt.

→ Als Übung dazu kannst du deinem Kind die Buchstaben und Zahlen auf den Rücken schreiben und erraten lassen. Und danach umgekehrt. Dein Kind schreibt sie dir auf den Rücken und du errätst sie.

2. Training des optischen Gedächtnisses/visuelle Merkfähigkeit:

Hier geht es darum, sich Formen, Muster und Gegenstände einzuprägen.

→ Als Übung eignet sich hier hervorragend ein Tablett, auf dem du für dein Kind circa sechs Gegenstände (am besten die, die es mag) anordnest. Dein Kind soll sich dieses Tablett genau anschauen und merken, welche Gegenstände darauf liegen. Nun bittest du dein Kind, sich kurz umzudrehen, und du entfernst einen Gegenstand vom Tablett. Beim erneuten Hinschauen soll das Kind feststellen, welcher Gegenstand fehlt. Etwas schwerer ist diese Übung, wenn du alle Gegenstände auf dem Tablett lässt, aber zwei Gegenstände vertauschst, d. h. sie räumlich an eine andere Position rückst. Dein Kind soll nun erraten, welche beiden Gegenstände du miteinander vertauscht hast. Diese Übung trainiert die Merkfähigkeit deines Kindes und seine Wahrnehmung.

3. Training der optischen Serialität:

Hier geht es darum, Reihenfolgen richtig wahrzunehmen.

→ Übungen findest du in fast jedem Vorschulblock, in dem es darum geht, dass dein Kind eine angefangene Reihe von Zahlen oder Formen fortsetzen muss.

4. Training der akustischen Differenzierung:

Dieses Training hilft dem Kind, ähnlich klingende Laute und Wörter richtig wahrzunehmen.

→ Um dies zu unterstützen, kannst du mit deinem Kind immer wieder Reimwörter suchen. Dein Kind muss erkennen, ob es zwei gleiche Wörter sind oder ob sie sich im Anfangsbuchstaben unterscheiden. Achtung: Für diese Übung solltest du dir mit ein klein wenig Abstand etwas vor deinen Mund halten, damit dein Kind genau hinhören muss und dir nicht von den Lippen ablesen und somit auf sein visuelles Gedächtnis zurückgreifen kann. Beispiel:

- Vasen – Rasen: *ungleich*
- Beim – beim: *gleich*
- Heim – beim: *ungleich*

5. Training des akustischen Gedächtnisses/auditive Merkfähigkeit:

Wenn sich dein Kind Gehörtes noch nicht so gut merken kann, dann versuche spielerisch, diese Fähigkeit mit Hol- und Bringaufträgen zu fördern. Die normale Merkspanne bei Kindern beträgt drei, bei Erwachsenen fünf Positionen. Wenn dein Kind hier Schwierigkeiten zeigt, kannst du ihm immer wieder den Auftrag geben, dir beispielsweise zwei Lebensmittel aus dem Kühlschrank oder zwei Gegenstände aus dem Keller zu holen.

Ebenso kannst du deinem Kind sogenannte Neologismen (= Quatschwörter) mit verdecktem Mund vorsprechen. Beispiele hierfür können sein: Buf, Fasch, Tum, Gripifu, Migale und alle anderen von dir ausgedachten und frei erfundenen Wörter. Anschließend bittest du dein Kind, dir diese Quatschwörter nachzusprechen. Wichtig ist eben nur, dass du deinen Mund verdeckst, damit dein Kind die Worte *hören* muss und sie nicht von deinen Lippen ablesen kann.

6. Training der akustischen Serialität:

Dieses Training dient dazu, gleiche Töne von anderen zu unterscheiden. Hierzu kannst du schnell selbst ein Geräuschmemory herstellen, für das du immer zwei gleiche Schachteln oder Plastikdosen mit demselben Material befüllst (z. B. zwei Dosen füllst du mit Linsen, weitere zwei Dosen mit großen Schokolinsen, wieder andere zwei Dosen mit Reiskörnern etc.). Die Dosen sollten undurchsichtig sein, damit dein Kind trainiert, rein auf sein Gehör zu achten und es zu schulen. Ebenso dient hier dem Training das vielleicht dir bekannte Reisespiel „Ich packe meinen Koffer ...“

7. Training der Raumorientierung:
Eine ausgeprägte Raumorientierung ist sowohl für das Lesen als auch für das Schreiben und das mathematische Verständnis wichtig. Je nach Alter deines Kindes kannst du ihm helfen, das zu trainieren, indem du es dabei unterstützt, meinetwegen Lego nach Anleitung zu bauen. Ebenso lieben es die allermeisten Kinder, wenn wir ihnen einen Parcours aufbauen und sie zum Ziel lotsen: „Gehe bitte vom Start aus drei Schritte nach vorn und zwei Schritte nach rechts. Dann gehst du zwei Schritte nach vorn und einen nach links" und so weiter.

8. Training des Körperschemas:
Gerade dann, wenn du ein Kind hast, das die Krabbelphase übersprungen oder verkürzt hat, kann es sein, dass es Richtungsunsicherheit zeigt bei rechts, links, oben, unten, hinter, neben.

→ Zur Unterstützung helfen hier Überkreuzbewegungen wie die Hampelmann-Übung oder den rechten Arm zum linken Bein bringen und umgekehrt. Ihr könnt aber auch die liegende Acht mit dem Finger nachfahren auf einem Papier oder mit den Augen dem Finger in der Luft folgen, der die liegende Acht vorgibt.

Wenn dein Kind mit vielen Fehlern im Diktat von der Schule nach Hause kommt, dann hilfst du ihm, wenn du mit ihm trainierst, den Fokus darauf zu richten, was schon alles gut gelingt: „Schauen wir doch mal, was du alles richtig geschrieben hast!" Die größte Kooperation bekommst du, wenn du die Fehler nicht verbesserst, sondern spielerisch später nochmal neu erklärst, wie man diese Wörter richtig schreibt.

Um ein Wort als ganzes Bild im Gehirn eines Kindes mit LRS abzuspeichern, müssen diese Wörter mehrmals – am besten auf verschiedene Art und Weise – gelesen werden.

Worterarbeitung mit allen Sinnen

Wörterdosen

Hat dein Kind bestimmte Wörter, die es trotz Üben und Wiederholen immer wieder fehlerhaft schreibt, dann darfst du ihm helfen, mehrere seiner Sinne in die Worterarbeitung einzubeziehen. Hierfür eignen sich Wörterdosen. Vorzugsweise in einer Streichholzschachtel oder in kleinen Dosen kannst du die ausgedruckten Merkwörter in einzelne Buchstaben auseinanderschneiden und in die Dose füllen. Auf die Schachtel kannst du das Wort als Bild aufmalen, wenn möglich. Beispiel: Auf die Dose malst du eine Sonne. In die Dose hast du die einzelnen Buchstaben S-O-N-N-E getan. Nun darf dein Kind die Dose öffnen und die Buchstaben in der richtigen Reihenfolge zu dem Wort zusammenpuzzeln, das auf die Dose aufgemalt ist. Das mögen die Kinder meistens viel lieber als einfach nur die Wörter auf ein Papier oder ins Heft zu schreiben.

Wortkekse backen

Mit meinen Lerntherapie-Kindern habe ich immer zu Weihnachten und zu Ostern für ihre Übungswörter in der Küche einen Mürbteig vorbereitet und bunte Zuckerbuchstaben aus dem Supermarkt parat gestellt. Die Kinder haben auf die rechteckigen Kekse, nachdem sie sie mit Ei eingepinselt haben, die einzelnen, von mir vorsortierten Buchstaben zu ihren Übungswörtern zusammengepuzzelt, danach im Backofen gebacken und anschließend vor dem Essen noch einmal gelesen. Diese Art, mit deinem Kind Wörter so zu lernen, dass es sich diese Wörter mit allen Sinnen einprägt, ist etwas zeitintensiv in der Vorbereitung, lohnt sich aber vor allem für Wörter, die dein Kind schon mehrfach immer wieder fehlerhaft geschrieben hat.

Worterarbeitung mit anderen Materialien

Ebenso wie bei den zwei vorigen Beispielen kannst du dein Kind seine Übungswörter in Knete ritzen oder mit Knetbuchstaben legen lassen. Eine andere Möglichkeit stellt die Worterarbeitung mit einer Magnettafel und Magnetbuchstaben dar.

Je mehr Bewegung dein Kind braucht, desto mehr kannst du über Bewegung die Worterarbeitung in Gang bringen. Mit Straßenmalkreide kannst du kurze Wörter oder einzelne Buchstaben auf die Einfahrt oder den Gehweg schreiben, und dein Kind darf diese Buchstaben nachhüpfen. Je nach Motorik und Abwechslung mit beiden Beinen oder auf einem Bein, wie ein Frosch auf allen Vieren oder abwechselnd vorwärts und rückwärts. Oder ihr schreibt Buchstaben oder Wörter in den Sand. Wenn du Buchstabenstempel zu Hause hast, kannst du dein Kind seine Übungswörter auch stempeln lassen. Abwechslung ist wichtig – je mehr Sinne wir bei den Kindern aktivieren, desto schneller kann das Gelernte bei ihnen abgespeichert und später zuverlässig als gesamtes Wortbild abgerufen werden.

Aufmerksamkeitstraining

Auch die Aufmerksamkeit gehört zu den Vorläuferfähigkeiten. Wenn wir unserem Kind helfen, diese zu trainieren, dann verbessern sich das Lesen, das Schreiben, die Sinnerfassung und die Konzentration unseres Kindes. Kugellabyrinthe, Tangram-Spiele und Meditationen für Kinder sind hier hilfreich.

Sehr lustig und unterhaltsam, aber dennoch lehrreich für die Kinder ist die Übung, bei der wir Eltern in Robotersprache und mit verdecktem Mundbild dem Kind ein Wort in auseinandergezogenen Buchstaben vorsagen und das Kind soll die einzelnen Buchstaben der Reihenfolge zusammensetzten und dieses Wort erraten. Beispiel: „Ich bin ein Roboter und der Roboter sagt: „B–A–U–M“, welches Wort hat der Roboter gesagt?“ Diese Übung kannst du mit jedem beliebigen Wort machen. Achte hier bitte nur darauf, dass du kein allzu langes Wort wählst, sonst wird diese Übung schnell sehr schwierig und dementsprechend frustrierend für dein Kind. Wähle am besten erst Wörter aus zwei, dann aus drei und später aus vier Buchstaben und steigere dich langsam.

Ich möchte noch einmal für dich das Wesentliche zusammenfassen:

Lese-Rechtschreib-Schwäche, Dyskalkulie (Rechenschwäche) und Konzentrationsschwierigkeiten sind, wenn wir nur einmal pro Woche unser Kind zur Therapie schicken, sehr langwierig in der Behandlung. Ein Vielfaches schneller kannst du mit deinem Kind die gewünschten Resultate erreichen, wenn du mit ihm in kleinen Zeiteinheiten die Vorläuferfähigkeiten trainierst. Dafür reichen fünf bis zehn Minuten täglich, aber regelmäßig. Der Aufbau dieser Vorläuferfähigkeiten bei deinem Kind ist das A und O, bevor es überhaupt sinnvoll ist, den aktuellen Schulstoff mit deinem Kind zu lernen. Erst braucht dein Kind sein stabiles Fundament, bevor ihr gemeinsam den dritten Stock renoviert und ausbaut.

Solange dein Kind glaubt, dass es seine Aufgaben nicht meistern kann oder versagt, alle anderen besser sind als es selbst, so lange wird dein Kind genau dieses Resultat erschaffen. Neben dem Aufbau dieser oben genannten Fähigkeiten ist es also ungeheuer wichtig, parallel am Selbstbewusstsein des Kindes – und damit an deinem – zu arbeiten, es auszubauen und zu verstärken.

Hier kommt meine Extraportion Liebe für dich:

Sei nachsichtig und liebevoll mit dir und deinem Kind, wenn dir anfangs deine Geduld schwindet oder dein Kind anfängliche Widerstände zeigt, mit den neuen spielerischen Aufgaben zu beginnen. Jeden Tag ein Prozent mehr ist gut genug!

Zum Schluss …

Dieses Buch kann kein persönliches Coaching von mir ersetzen, bei dem ich mit dir eintauche und mit dir gemeinsam deine Themen sichtbar mache. Aber es ermöglicht dir, in der Tiefe zu verstehen, warum dein Kind sein Verhalten und seine Symptome zeigt. Es kann dir helfen zu verstehen, warum ihr mit euren bisherigen Versuchen und eurem Therapiemarathon noch nicht die gewünschten Erfolge erreicht habt. Du bekommst Klarheit darüber, warum du dich vielleicht so erschöpft fühlst.

Wenn wir Eltern beginnen, für unsere Kinder an uns selbst zu arbeiten, heißt das niemals, dass wir Schuld sind an der Situation, wie sie jetzt ist. Schuld ist destruktiv. Da ist so viel Schmerz. Von außen an den Symptomen deines Kindes zu therapieren, hat eine ähnliche Wirkung wie ein Tropfen Wasser auf einem glühend heißen Stein. Er verdunstet, aber es ändert sich nichts und schon gar nicht langfristig. Die Symptome unserer Kinder sind ein Spiegel für uns. Unsere Kinder haben eine Botschaft an uns. Sie werden nicht leiser, sondern zeigen uns immer stärker auf, wo und was wir in uns wegsperren. Notfalls mit Händen und Füßen. Bis wir genau hinter die Fassade und hinter die Symptome schauen.

Unsere Kinder sind mit ihrem Verhalten weder unser Leid noch gibt es hier irgendeine Schuld. Denn die hält dich nur im Opfermodus gefangen und hilft dir keinen einzigen Schritt heraus. Im Gegenteil. Für Menschen, die hier hinschauen, sind diese wundervollen Kinder die größte Befreiung in ihrem Leben und im Leben der vorigen und nachfolgenden Generationen. Wenn wir das, was uns durch unsere Kinder gespiegelt wird, zu uns nehmen, dann ist da kein „Na toll, jetzt soll ich das lösen?“, sondern ein *Dürfen*. Das anzunehmen und den Weg für dein Kind und für dich loszugehen, ist ein riesengroßes Geschenk, das du dir selber machst. Ja, diesen Spiegel anzunehmen und dein Kind nicht mehr ohne Erfolg in Therapien zu schicken – in denen es von außen lernen soll, wie es mit seinen Emotionen umgehen soll –, bedeutet, dass du vorausgehst. Du machst die Arbeit und nicht dein Kind! Punkt eins ist: Tief in uns drin sind wir doch sogar froh, wenn wir unseren kleinen Lieblingsmenschen helfen können und nun endlich wissen, wie wir wirklich ein Beitrag sein können, dass sie sich besser fühlen. Und Punkt zwei ist: „Du machst die Arbeit!" klingt so hart und anstrengend, ist es aber gar nicht. Mit jedem Tag, an dem du das anwendest, was ich hier für dich aufbereitet habe, werden dein Leben und die Herausforderungen mit deinem Kind leichter und leichter.

Wir gehen voraus und dann sehen wir im Außen an unserem Kind den Samen aufgehen, den wir neu gesät haben. Das ist Gesetz! Was nicht funktioniert, ist, das „Richtige" ernten zu wollen, aber weiterhin genau das einzupflanzen, was wir nicht ernten wollen. Das klappt nicht.

Ich habe hier für dich konkrete Handlungsmöglichkeiten aufgezeigt, mit denen du sofort in die Umsetzung kommen kannst, um schon bald erste – und danach viele weitere – Erfolge feiern zu können. Diese Erfolge hängen von dir und deinem praktischen Tun ab und von deiner Bereitschaft, jetzt wirklich etwas in eurem Familienleben zu verändern. Ein Wunsch allein ändert noch gar nichts, eine Entscheidung ändert alles!

Es spielt für euren Erfolg keine Rolle, wie lange das Verhalten und die Symptome bei deinem Kind und/oder bei dir schon bestehen und was ihr zuvor schon alles versucht habt, um eure Situation zu verändern.

Dein Leben und das deiner Familie findet immer nur im Jetzt statt. Und jetzt hast du alle Chancen, das zu verändern, womit du dich nicht länger abfinden möchtest. Und wenn du doch einmal vom Weg abkommen solltest, sei liebevoll zu dir! Du kannst in jedem Moment neu beginnen! Es ist nie zu spät!

Wichtig für dich ist zu erkennen, dass du in Wahrheit so viel größer bist als deine Zweifel und deine Angst, dass du größer bist als das, was du heute über dich glaubst, dass du dich abfinden und höchstens mit einer Linderung zufriedengeben musst, ist eine Wahrheit, die du nicht zu deiner Wahrheit machen solltest. Du bist so groß und du bist in Wahrheit zu so viel mehr fähig, als du vielleicht heute noch glaubst! Und jetzt bist du eingeladen hinzuschauen, wo du dich selbst und deine Ziele ernst nimmst und wo du dich von deinen eigenen Ausreden abspeisen lässt. Nimm dir bewusst Zeit für die Dinge, die du erreichen und verändern willst! Nimm dir Zeit für dich! Wenn wir uns keine Zeit nehmen für die Ziele, die wir erreichen wollen, dann nehmen wir uns eben die Zeit, weiterhin genau dort zu bleiben, wo wir sind. Bisher war das vielleicht Zeit für Drama, Zeit für Diskussionen und den ewigen täglichen Kampf in immer wieder gleich ablaufenden Alltagssituationen. Nachdem du die Hürde, dir genau in diesen Situationen bewusst Zeit für dich und deine Ausrichtung zu nehmen, gemeistert hast, wird dein Losgehen belohnt und du bekommst so viel mehr qualitative Lebenszeit geschenkt, in der kein Kampf und keine Diskussionen mehr notwendig sind.

Erlaube dir, jedes Gespräch über Probleme zu unterlassen und stattdessen nach Lösungen zu suchen. Steige nicht darauf ein, wenn andere Menschen bei dir in ihr Jammern verfallen.

Der Großteil von uns Frauen ist schon jahrelang Profi im Geben. Vielleicht gibst auch du schon dein ganzes Leben. Schaue hin, welche Glaubenssätze in deinem System aktiv sind. Wenn du da noch Sätze in dir hast wie „Ich bin/war immer der Depp für andere Menschen! Alle in meiner Familie lassen alles fallen und ich soll das dann wegräumen!“, dann weißt du, dass es der Spiegel für Situationen ist, in denen du dich noch nicht wie deine eigene Königin behandelst. Warte nicht darauf, dass andere das tun! Arbeite weniger im Außen, sondern vielmehr daran, dass du spürst, genug zu sein – und zwar in jedem Moment. Du wirst die Auswirkungen davon in jedem deiner Lebensbereiche spüren, zuallererst bei deinen Kindern. Es zählt nicht, was du zu ihnen sagst, sondern das, was du ihnen vorlebst!

Hier kommt meine Extraportion Liebe für dich:

Du machst das super! Du hast hier in diesem Buch so vieles erfahren und vielleicht auch schon geübt. Unser Mindset hat ebenso Muskeln wie unser Körper und muss regelmäßig trainiert werden. Du hast jetzt schon vielen Menschen etwas voraus. Denn plötzlich entscheidet dein Herz Dinge, die sich dein Kopf zuvor vielleicht nie vorgestellt hat.

Egal, was heute für ein Tag ist, an dem du diese Seiten hier liest: Es ist niemals zu spät, dich für dich und dein Kind zu entscheiden!

Ich wünsche dir viel Freude, ganz viele neue Erkenntnisse und Aha!-Momente mit diesem Buch – für dich, deine Kinder und deine gesamte Familie.

In Liebe,

Alexandra

Wenn du regelmäßig neue Inputs von mir möchtest, dann trage dich auf meiner Homepage
www.herzverbunden-elterncoaching.de
für meinen Newsletter ein oder komme am besten gleich in meine kostenfreie Facebook-Gruppe
www.facebook.com/groups/HerzverbundenElterncoaching/

Wenn du Therapeutin, Beraterin, Coach bist oder Coach werden möchtest, dann bist du von Herzen gerne eingeladen in meine kostenfreie Businessgruppe
www.facebook.com/groups/herzverbundenbusinesscoaching/

Wenn du dich von mir in meinem gleichnamigen Elterncoaching „SympomFREI" persönlich in eure SymptomFREIheit und eure größten Ziele in eurem Familienleben und eurer Gesundheit begleiten lassen möchtest, dann schreibe mir eine E-Mail an **info@herzverbunden-elterncoaching.de.** Gerne vereinbaren wir ein persönliches, unverbindliches Erstgespräch.

ANHANG

AD(H)S

1. Aus schulmedizinischer Sicht[8]

Definition: Aufmerksamkeitsdefizit-(Hyperaktivitäts-)Störung (Störung ist die Zusammensetzung aus mehreren Einzelsymptomen zu einem diagnostischen Bild)

Psychische Störung im Kindes-, Jugend- und Erwachsenenalter

Hyperkinetische Störung, einfache Aktivitäts- und Aufmerksamkeitsstörung, sonstige näher bezeichnende Verhaltens- und emotionale Störung mit Beginn in der Kindheit, circa acht Prozent der Schulkinder

Symptome: Unaufmerksamkeit, Ablenkbarkeit, Impulsivität, Hyperaktivität, motorische Unruhe, zeitgleiches Auftreten einer Autismus-Spektrum-Störung ist möglich, Verhältnis Jungs–Mädchen 3:1

Differentialdiagnose: IQ-Minderung, Depression, Sozialverhaltensstörung, Lernschwierigkeiten, depressive Verstimmungen, Angst, Schädel-Hirn-Trauma, Epilepsie, Schilddrüsenerkrankung, Zwänge, posttraumatische Belastungsstörung

Achtung → **Treten oft zusammen mit AD(H)S auf, können aber auch die Ursache für die AD(H)S-Diagnose sein!**

8 Vgl. https://www.pschyrembel.de/ADHS/K036X

Herkunft: multifaktoriell

a) Erbliche Disposition (genetisch) 70–95 Prozent

b) Umwelteinflüsse

c) Neurobiologische Faktoren:

- Gestörtes Zusammenspiel verschiedener Hirnareale
- Fehlsteuerung von Neurotransmittern (Dopamin, Noradrenalin, Serotonin)
- Anomalie im Belohnungssystem
- Defizite bei zeitlicher Verarbeitung
- Störung im Arbeitsgedächtnis mit Folgen für die Selbstregulation, Handlungsplanung und Abfolge von Verhaltensschritten
- Impulskontrollstörung

d) Psychosoziale Faktoren:

- Inkonsequente elterliche Reaktionen haben Auswirkung auf die Verstärkung von Symptomen
- TV-Konsum zwischen erstem und drittem Lebensjahr
- Bindungsstörung
- Traumatische Erfahrung

Diagnostik/Befunderhebung AD(H)S durch Kinder- und Jugendpsychiater:

- Gezielte umfassende mündliche Befragung des Kindes
- Selbst- und Fremdbeurteilung (Eltern- und Lehrerfragebögen)
- Beobachtung der Beziehung zu Gleichaltrigen
- Testpsychologische Untersuchung
  - Begabungsuntersuchung (Hochbegabung)

    - IQ-Test
    - Aufmerksamkeitstest
    - Prüfung schulischer Fähigkeiten: Lesen, Schreiben, Rechnen
    - Verhaltensbeobachtung und -bewertung (Alltagssituationen, Feststellung von Stärken und Schwächen)
- Klinische Diagnose (siehe Symptome)
- Körperliche Untersuchung (Fein- und Grobmotorik, Hörtest, Sehtest)
- Gegebenenfalls EEG (Hirnströme messen), EKG (Herztätigkeit messen) und Blutbild (vor allem vor Medikamentengabe)

Schulmedizinische Therapieansätze

- Kognitive Verhaltenstherapie (Aufmerksamkeitstraining, Elterntraining, Sozialkompetenztraining)
- Psychotherapie
- Ergotherapie:
    - Alltagstraining (Zimmer aufräumen, Hausaufgaben)
    - Elterntraining und Beratung der Lehrkräfte
    - Erlernen von organisierten Vorgehensweisen
    - Selbstmanagement
    - Gruppentraining für Sozialkompetenz
    - Neurofeedback (unbewusste neurophysiologische Prozesse durch Rückmeldung wahrnehmen und diese zu steuern lernen)
- Lerntherapie bei verminderter schulischen Leistung

- Medikamente (Psychostimulanzien, am häufigsten Methylphenidat, reguliert das Ungleichgewicht der Botenstoffe im Gehirn, Patienten sind ausgeglichener und konzentrierter, Wirkung hält bei einigen Medikamenten nur vier Stunden an)

Schulmedizinische Prognose

- Abschwächung der Symptome meist erst im jungen Erwachsenenalter
- 30–50 Prozent aller Diagnosen bleiben bestehen
- Erwachsene mit AD(H)S haben häufig soziale und berufliche Schwierigkeiten
- Erhöhtes Auftreten weiterer psychischen Störungen, z. B. Angststörung, Depression, Substanzmissbrauch

2. Meine Beobachtung und Erfahrung mit mittlerweile einigen Hundert Kindern mit AD(H)S-Diagnose

In meiner Zeit als Heilpraktikerin und Lerntherapeutin für verhaltensauffällige Kinder in meiner Naturheilpraxis habe ich mit Kindern gearbeitet, die zur Lerntherapie oder zum Verhaltenstraining zu mir kamen. Die meisten Kinder hatten eine Lese-Rechtschreib-Schwäche (LRS) oder eine Rechenschwäche (Dyskalkulie). Nahezu jedes dieser Kinder hatte gleichzeitig auch eine ADS-(ohne Hyperaktivität) oder ADHS-Diagnose (mit Hyperaktivität). In meinen Ausbildungen habe ich die Theorie zu ADHS gelernt. Es wurde vermittelt, dass Kinder über Tische und Bänke springen würden und man sie keine Minute allein lassen könne. Dieses Klischee wurde uns vermittelt. In den meisten Köpfen entstand nun schon mal ein Bild dazu. Es dauerte nach meiner Praxiseröffnung nicht lange, bis das erste Kind mit LRS und ADHS-Diagnose zu mir kam. Ich bin ohne jegliche Erwartung und ohne vorher ein Bild in meinem Kopf zu haben in diese Therapiestunde gegangen. Die Mutter des Kindes erklärte mir, seine Konzentration würde nicht mal drei Minuten anhalten. Ich habe sie gefragt, ob ihr Sohn Lego nach Anleitung bauen könne. Sie bejahte dies und sagte, das könne er erstaunlich gut und sogar manchmal stundenlang. Aber in der Schule funktionierte es überhaupt nicht. Dieser Junge war damals in der dritte Klasse einer Grundschule. Ich setzte mich zu ihm, merkte schnell, wie ich ihn abholen kann, und er arbeitete mit mir 45 Minuten am Stück. Wir haben nicht den Stoff der dritte Klasse geübt, denn er tat sich sehr schwer im Lesen, sondern Lernmaterialien, die seinem Leistungsniveau entsprachen. Ein Niveau, bei dem er auch seine Erfolge sehen konnte. Denn von denen hatte er die letzten beiden Schuljahre nichts mehr gespürt.

Nach ihm folgten in meiner Praxis viele weitere Kinder mit Leseschwäche und ADHS-Diagnose. Meiner praktischen Erfahrung nach war die ADHS-Diagnose in über 90 Prozent der Fälle ein Anhängsel zur LRS-Diagnose.

Die ADHS-Tests meiner Patienten waren eine Momentaufnahme in einer Testsituation. Die Kinder wurden auf ihre Lese-, Schreib- und Rechenfähigkeit untersucht, bei der sie meist ein Defizit hatten. Die meisten Tests wurden gemacht, als die Kinder zuvor manchmal schon zwei Jahre lang im Unterricht gesessen und sich als Versager gefühlt hatten. Manche wurden im Unterricht vorgeführt und mussten vorlesen vor der gesamten Klasse. Diese Kinder haben angefangen, sich eine eigene Welt zu bauen und dort hineinzuflüchten. Sie wurden als „Träumer“ bezeichnet. Andere Kinder wiederum fingen an, aus dem Fenster zu schauen, im Unterricht die Mitschüler abzulenken oder zu zappeln. Sie wurden bei den Lehrern schon vor der Testung als auffällig wahrgenommen. Jeder Versuch ihres Körpers war diesen Kindern recht, um sie von ihrer Realität abzulenken. Das ist ein natürlicher Schutzmechanismus unseres Körpers. Uns Erwachsenen geht das häufig ähnlich, wenn wir konfrontiert werden mit Dingen, die wir vermeintlich nicht können. Wir lenken uns ab. Wir holen zwischendrin den dritten Kaffee, um uns nicht damit konfrontieren zu müssen.

Bei *jedem* Kind, das mit ADHS- und LRS-Symptomen in meine Praxis kam, verbesserten sich die ADHS-Symptome deutlich – vor allem die Konzentration und die Hyperaktivität –, nachdem die Lerntherapie Erfolge erzielte und die Kinder sich an das schulische Lernniveau herantasteten.

Heute arbeite ich mit den Kindern nicht mehr lerntherapeutisch, sondern coache die Eltern. Wenn sie dann nach wenigen Wochen Elterncoaching wunderschöne Beziehungen zu ihren Kindern erschaffen haben, dann schule ich die Eltern in der Lerntherapie, um noch bestehende Lerndefizite auszugleichen. Das, was ich mit den Kindern an Erfolgen erzielt habe, wenn sie einmal pro Woche für eine Stunde in meine Praxis kamen, erreichen meine Kundinnen mit denselben Ergebnissen heute bei ihren Kindern, wenn sie jeden Tag nur fünf bis zehn Minuten die Übungen mit ihrem Kind machen, die ich ihnen gebe. Denn sie bleiben dran. In kleinen Häppchen. Jeden Tag eine kurze Lerneinheit, spielerisch verpackt. Nachdem die Bindung zu ihrem Kind wieder liebevoll und harmonisch wurde, ist das kein Problem für die Eltern. Und es geht so viel schneller, als einmal pro Woche zu fördern und dann wieder sechs Tage zu Hause nichts umzusetzen. Ich liebe es. Denn was über die Therapie circa ein Jahr gedauert hat, braucht heute nur noch ungefähr drei Monate und die Kinder erzielen so viel schneller wieder Erfolge und bekommen ihre Motivation zurück.

Dies bestätigte mir wieder einmal, dass es keinen Sinn ergibt, die ADHS-Symptome zu bekämpfen, solange die Grundursachen noch bestehen.

Der Stempel, den die Kinder schwarz auf weiß bekommen haben, bewirkt bei Lehrkräften und Erzieherinnen, dass sich ihr zuvor gemachtes Bild bestätigt und vielleicht sogar verstärkt. Das Umfeld wird informiert, das Kind wird offiziell zum „AD(H)S-Kind“ und die Diagnose wird zur Wahrheit, bei der Familie und im Umkreis. Alle Ergebnisse im Außen werden sich nun an die „neue Wahrheit“ anpassen. Aus dem Blick der Manifestation kein Wunder, dass diese Symptome bestehen bleiben und die Diagnose chronisch wird.

Die Schulmedizin klassifiziert AD(H)S in die Kategorie „Psychische Erkrankungen“. Die meisten Frauen in meinen Coachings haben für ihre Kinder gleichzeitig mit dem Schreiben der Diagnoseerhebung ein Ergotherapierezept bekommen. Hier sehe ich einen großen Widerspruch. Ein Symptom, das im Innen entsteht, kann nicht behandelt werden mit einer Therapiemethode im Außen. Unterstützt ja, aber die Ursache kann so nicht gelöst werden. Meine Aufgabe ist es, mit den Mamas, die ich begleite, die Ursachen hinter den Symptomen aufzuspüren und diese zu lösen. Dann verschwinden die Symptome im Außen und die Botschaft wurde erkannt und wird nicht länger benötigt.

Häufige Nebenwirkungen von gängigen AD(H)S-Medikamenten sind Appetitminderung, Übelkeit sowie Einschlaf- und Durchschlafschwierigkeiten. Wenn ein Kind keine Medikamente mehr einnehmen muss, atmet die gesamte Familie auf. In dem Moment, in dem wir die Ursachen ein für alle Male lösen und nicht mehr nur Symptome unterdrücken, haben wir auch keine Rückfälle mehr in AD(H)S oder andere psychische Leiden.

Die Erfolge bei AD(H)S im Rahmen der Persönlichkeitsentwicklung sind gigantisch.

Der erste und wichtigste Schritt dazu ist, den Glauben an dich selbst und an dein Kind wieder zurückzuholen. Wir neigen dazu, anderen mehr zu glauben als unserer Intuition, vor allem, wenn dann Ärzte, Therapeuten oder Lehrkräfte vor einem stehen. Am schnellsten geht das, wenn du dir Unterstützung an die Hand nimmst, die mit dir gemeinsam einmal da durch geht. Die Schulen und Kindergärten sind sehr stark hinterher, dass Familien ihre Kinder in Therapien schicken und Medikamente verordnen lassen. So haben sie es zwar schnell ruhiger in den Schulklassen, aber die Ursache ist damit noch nicht beseitigt – und wenn die Medikamentendosis nachmittags nachlässt, leidet oft die ganze Familie darunter.

Ich empfehle dir, dich mit Menschen zu verbinden, die dieselbe Wahrheit teilen wie du. Damit bliebst du motiviert und bist gestützt in kleinen Phasen, wo es mal nicht vorwärts geht.

Zeit, um Danke zu sagen!

An allererster Stelle gilt mein besonderer Dank meinem Sohn, ohne den ich diesen Weg, der für mich und mittlerweile schon viele tausende Familien der absolute Durchbruch war, nicht gefunden hätte. Ich danke ihm, dass er mir mit seinen Symptomen den Weg dahinter in die wahren Ursachen gezeigt hat und sich zur Verfügung gestellt hat, so dass ich mir in meinem tiefsten innersten Kern begegnen konnte.

Ich danke meinem Mann, der mich unterstützt und der so sehr auf seinen Platz als Papa gegangen ist. Unser Familienleben könnte heute kaum schöner sein. Dass ich mit seiner Unterstützung meine große Vision, die Welt von Diagnosen und Symptomen in den Familien auszumerzen, umsetzen konnte und kann.

Ich danke meinem kleinen Sohn, der mir und der Welt zeigt, was er will. Der so tief fühlt. Der sich annimmt und nicht in eine Schublade pressen lässt.

Danke an meine Eltern, weil ich heute weiß, dass sie stets ihr Bestes gegeben haben. All das, was sie erlebt haben in ihrer Kindheit und was ich erlebt habe, hat mich zu der Frau gemacht, die ich heute bin. Ich bin schon immer aus der Reihe getanzt, habe Dinge hinterfragt und durfte die eiserne Kette unserer Vorfahren mitsamt ihrer und meiner alten Muster durchbrechen. Für mich, für sie, für meine Kinder, meine Enkelkinder und alle, die nach ihnen kommen. Ich danke meinen Eltern. Ich danke Ihnen, dass ihre Worte „Du willst immer zu hoch hinaus!" und „Fang doch mal an, kleine Brötchen zu backen!" für mich ein Motor waren, der mich veranlasst hat, für die größten Veränderungen loszugehen und mich nicht mit weniger zufriedenzugeben.

Ich danke allen alten Freunden von mir, die gegangen sind, als ich erfolgreich wurde, weil es mir gezeigt hat, wie verboten weiblicher Erfolg noch ist.

Ich danke allen Freunden, die geblieben sind und mich bestärkt haben, „SymptomFREI" in die Welt zu tragen, und allen neuen Freunden, die gekommen sind. Wir leuchten alle unser Licht und können niemanden blenden, wenn wir hell scheinen. Damit sind wir Licht für all die Menschen, bei denen es gerade dunkel ist.

Ganz besonderer Dank geht an meine Patienten aus meiner Praxis. Vor allem an diejenigen, mit denen ich diesen Weg zu gehen begonnen habe und bei denen wir die Therapie an ihren Kindern durch Elterncoaching ersetzt haben. Mit ihnen habe ich praktisch erlebt, was alles möglich ist, wenn wir aufhören, die Symptome zu bekämpfen und zu unterdrücken und die wahren Ursachen dahinter lösen. Ich danke den Patienten, die nicht bereit waren, die persönliche Veränderung anzutreten, weil sie mir gezeigt haben, dass ich niemanden mitziehen kann und nicht länger die Verantwortung für sie trage, und denjenigen, die sich tief auf diesen Weg eingelassen und 100 Prozent die Verantwortung für sich zurückgeholt haben. Ich ehre ihr Vertrauen und ihren Mut, für ihre Familie vorauszugehen.

Ich bin tief dankbar für mittlerweile schon mehr als 150 Therapeutinnen, Beraterinnen und Coaches, die ich in meiner Coachingausbildung ausbilden durfte, weil sie mir mit ihrer Herzensvision helfen, die Welt ein riesengroßes Stück symptomFREIer zu machen. Ich danke ihnen, dass sie sich ihren eigenen Themen gestellt haben und sie so viel Liebe und Frieden in die Familien bringen. Sie sind ein Geschenk für diese Welt!

Danke an meine großartigen Mentoren aus meiner Heilpraktikerausbildung, weil sie mir die Tür geöffnet haben, niemals zufrieden zu sein mit nicht perfekten Ergebnissen bei unseren Klienten. Ich danke ihnen, dass sie von Beginn an mich geglaubt und mich unterstützt haben, stets für meine höchste Wahrheit zu gehen.

Ich danke all meinen Mentoren und Mentorinnen und Coaches, die mich auf meinem Weg in die Persönlichkeitsentwicklung eng begleitet haben und die vorausgegangen sind, so dass ich die Abkürzung nehmen konnte. Ebenso gilt mein Dank auch hier wiederum den Mentoren und Coaches auf meinem Weg, die mir gesagt haben, meine Vision so in die Welt zu tragen sei so nicht möglich, weil sie neben meinem nicht zu stoppenden inneren Feuer ein großer Ansporn waren, mir selbst und der Welt zu beweisen, dass es doch geht.

Ein großes Dankeschön an den Verlag Kamphausen Media GmbH für das Vertrauen und die nährende Zusammenarbeit.

Von Herzen Dank an meine Buchmentorin, meinen Lektor und meine Covergestalterin, ohne die mein Herzstück nie zu dem geworden wäre, was es heute ist.

Ich danke allen Mamas, die ich auf Spielplätzen, in Hotels, im Urlaub, im Leben treffe, die mich inspirieren, immer weiterzugehen und die sich öffnen und mir ihre Themen, die sie gerade belasten, anvertrauen. Danke für ihren Mut, neue Möglichkeiten anzunehmen und die Fußstapfen ihrer eigenen Eltern zu verlassen, um ihre Wahrheit zu finden und in ihr Leben zu lassen.

Ich danke jedem einzelnen Leser und jeder einzelnen Leserin, die dieses Buch gerade in den Händen hält, dass ich dich inspirieren und dir ein Beitrag auf deinem Weg sein darf. Ich feiere dich, dass du dich nicht abfindest und zufriedengibst mit dem, was ist, sondern neue Möglichkeiten suchst.

Ich danke allen Zeitschriften und Presseorganen, die meine Beiträge veröffentlichen und somit ein Tor sind, durch das noch viel mehr Menschen Zugang zu „SymptomFREI“ und „LiebeVOLL“ im Familienalltag finden.

Ich danke Social Media und unserer fortschrittlichen technischen Infrastruktur, weil ich durch sie heute Familien weltweit unterstützen kann. Persönlich, nah, tief und dadurch jederzeit da sein kann für enge Begleitungen und nicht mehr wie früher rein offline mit nur einem Termin pro Woche. Damit sind Rückfälle in alte Muster quasi ausgeschlossen.

Und zuletzt, aber dafür ganz besonders, danke ich mir selbst. So sehr. Ich danke mir, dass ich losgegangen bin und immer weitergehen werde. Dass ich jedes Mal mutig genug war, meine Komfortzone zu verlassen und mich nicht ausgeruht habe auf Zwischenergebnissen. Dass jeden Tag alte Anteile in mir sterben und neue freigelegt werden. Immerzu. Es hört nie auf. Ich genieße die Reise. Danke an meinen großen Mut, dieses kontroverse Thema endlich aus einer anderen Sicht mit all den Erfolgen meiner Klienten in die Welt zu rauszubringen. Ich danke mir selbst, dass ich meinen höchsten Dienst angetreten und alle Gummibänder, die versucht haben, mich zurückzuhalten, überwunden habe. Danke, danke, danke!

Literaturverzeichnis

Quellenangaben statistische Werte:

www.statista.de

www.aerzteblatt.de

www.destatis.de

www.edoc.rki.de Verhaltensauffälligkeiten bei Kindern und Jugendlichen – Ergebnisse aus Kinder- und Jugendgesundheitssurvey (KIGGS)

Atkinson, William Walker: Das Original KYBALION – Die 7 hermetischen Gesetze, Hamburg 2014

Boerner, Moritz: Byron Katies THE WORK, München 1999

Byrne, Rhonda und Hörner, Karl Friedrich: The Secret – Das Geheimnis, München 2007

Dahlke, Rüdiger: Die Schicksalsgesetze – Spielregeln fürs Leben, Göttingen 2009

Hay, Louise.: Heile deinen Körper, Lüchow 2014

Hicks, Esther und Jerry: Wie unsere Gefühle die Realität erschaffen – Die Gesetze der Manifestation, Berlin 2011

Juul, Jesper: Aus Erziehung wird Beziehung – Authentische Eltern – kompetente Kinder, Freiburg im Breisgau 2015

Juul, Jesper: Dein kompetentes Kind – Auf dem Weg zu einer neuen Wertgrundlage für die ganze Familie, Hamburg 2003

Juul, Jesper: Die kompetente Familie – neue Wege in der Erziehung, München 2017

Juul, Jesper: Elterncoaching – Gelassen erziehen, Weinheim 2018

Kegel, Bernhard: Epigenetik – wie unsere Erfahrungen vererbt werden, Köln 2021

Kopp-Duller, Astrid: Individuelles und umfassendes Training mit der AFS-Methode, 5. Auflage, Klagenfurt 2017

Kopp-Duller, Astrid und Pailer-Duller, Livia R.: Training der Sinneswahrnehmungen im Vorschulalter – Erfolgreich einer Legasthenie und Dyskalkulie vorbeugen, Klagenfurt 2017

Mansuy, Prof. Isabel M.: Wir können unsere Gene steuern. Die Chancen der Epigenetik für ein gesundes und glückliches Leben, Berlin 2020

Meyer, Hermann: Die Gesetze des Schicksals – Die Befreiung von unbewussten Zwängen, München 2008

Saval, Ingeborg: Starke Kinder – Strategien für selbstbewusste und ausgeglichene Kinder, Stuttgart 2018

Schäfer, Bodo: Die Gesetze der Gewinner – Erfolg und ein erfülltes Leben, München 2003

Selig, Paul: The book of knowing and worth – A Channeled Text, New York 2013

Singer, Michael A.: Die Seele will frei sein – Eine Reise zu sich selbst, Berlin 2016

Tepperwein, Kurt: Die geistigen Gesetze – Erkennen, verstehen, integrieren, München 2002

Tepperwein, Kurt: Du machst mich krank – Warum uns Beziehungskrisen körperlich schaden und wie wir wieder heilen, München 2020

Tepperwein, Kurt: Meine Beziehung zu meinem Partner, Heidelberg 2007

Tepperwein, Kurt: Nichts geschieht umsonst – Die Sprache des Lebens verstehen, Güllesheim 2013

Tepperwein, Kurt: Meine Beziehung zu mir selbst, München 2012

Tepperwein, Kurt: Was dir deine Krankheit sagen will – Aktiviere die Heilkräfte deiner Seele, München 2020

Tepperwein, Kurt: Was immer du willst – magnetisch anziehen, was Freude macht, Güllesheim 2019

Tempel, Katharina: Gib dir die Liebe, die du verdienst, München 2019

Terra, Barbara: Ho'oponopono, der Weg zur Vollkommenheit, Pörtschach 2015

Walsch, Neale Donald: Bring Licht in die Welt, München 2002

Walsch, Neale Donald: Die Essenz – Die 25 Botschaften aus den „Gesprächen mit Gott", München 2018

Walsch, Neale Donald: Erschaffe dich neu, München 2003

Über die Autorin

Alexandra Zengerling hat als Elterncoach mittlerweile über 4.300 Eltern von verhaltensauffälligen Kindern mit und ohne Diagnosen in ihre größten Erfolge begleitet. Sie hat eine Methode entwickelt, mit der über 90 Prozent ihrer Klientinnen bei sich und ihren Kindern dauerhaft komplette SymptomFREIheit erreichen, selbst bei schweren Diagnosen wie AD(H)S und langjährigen Depressionen. Ihre Kunden kommen mittlerweile aus der gesamten Welt. Als Heilpraktikerin, Lern- und Burn-out-Therapeutin kam sie an ihre Grenzen, da Therapien darauf zielen, die Symptome zu bekämpfen, aber die Ursachen, die weit dahinter liegen, nicht lösen. Auftretende Ängste bei ihrem eigenen Kind im Alter von zwei Jahren brachten sie noch viel intensiver auf ihren heutigen Weg als Coach, denn dort halfen Therapien nicht weiter. Wo andere sich abfinden, hat die Autorin weiter geforscht. Heute hat sie nicht nur sich selbst und ihre eigene Familie befreit aus ihren alten Mustern und Glaubensstrukturen, sondern begleitet Eltern, die die Diagnose „Austherapiert" für ihr Kind erhalten, erfolgreich in die SymptomFREIheit. Um ihre Vision, derartige Diagnosen bei Kindern und Familien auszumerzen, in der Welt zu verbreiten, bildet sie seit drei Jahren Therapeutinnen und Coaches aus und hat sich in in den letzen Jahren ein erfolgreiches Unternehmen aufgebaut.

Das sagen ehemalige Kundinnen über ihr „SymptomFREI"-Elterncoaching, das sie bei mir gemacht haben:

*****

Nina Baresch, Mutter, Ehefrau, Ergotherapeutin und mittlerweile selbst Elterncoach

Es freut mich sehr, dass Alexandra ihr Wissen und ihre Erfahrungen mit diesem Buch in die Welt bringt, weil damit für viele Familien ein liebevolles Miteinander Realität werden kann.

In der Coaching-Ausbildung mit Alexandra habe ich unglaublich wertvolle und effektive Werkzeuge an die Hand bekommen, um die Ursachen für „auffälliges" Verhalten von Kindern aufzuspüren und aufzulösen. Ich sehe seitdem tagtäglich in meiner Arbeit, wie schnell der andauernde Kampf in Familien aufhört und sie ihre gemeinsame Zeit endlich genießen können, wenn Eltern bereit sind, bei sich zu beginnen, sich ihre Themen anzuschauen und die Probleme an der Wurzel zu lösen.

Seit über 20 Jahren arbeite ich bereits als Ergotherapeutin mit Kindern und habe in den letzten Jahren, vor allem auch in meinem eigenen Mama-Sein, immer deutlicher gesehen und erfahren, wie sehr Kinder uns als Eltern spiegeln. Es macht mich sehr betroffen zu beobachten, wie Kinder durch Diagnosen in Schubladen gesteckt werden, die ihre Möglichkeiten stark einschränken, und wie auch in den Therapien häufig nur an Symptomen gearbeitet wird.

Umso mehr liebe ich es mit Eltern zu arbeiten und sie in ihrem Prozess hin zu einem liebevollen Miteinander zu begleiten. Danke, liebe Alexandra, für dein Vorangehen!

*****

Steffi Haas, Mutter, Ehefrau und Lehrerin

Seit dem Coaching bei Alexandra ist nun fast ein Jahr vergangen und ich kann sagen, dass es sowohl meine Beziehung zu meinem Sohn als auch meine Arbeit als Lehrerin komplett verändert hat.

Wut, Kindergartenverweigerung, nicht Hören – all diese Themen gehören in unserer Familie definitiv der Vergangenheit an ... stattdessen leben wir nun die liebevollste Mama-Sohn-Beziehung, die man sich vorstellen kann, und mein Sohn spaziert freudestrahlend in den Kindergarten. Und läuft es doch mal nicht ganz rund, weiß ich nun immer, wo ich genau hinschauen muss und wie ich uns da wieder rausholen kann. Eine Investition für das ganze Leben sozusagen.

Genauso ist das Verhältnis zu meinen Schülern wirklich durchweg von gegenseitiger Wertschätzung und Respekt geprägt – wo Kollegen an „Problemschülern" beinahe verzweifeln und sich aufreiben, kann ich durch mein verändertes Auftreten und vor allem durch die Entschlüsselung ihrer Botschaften ihre Motivation und Bereitschaft zu 100 Prozent wecken.

*****

Tanja Tschikowski, Mutter von drei Kindern, Ehefrau

Mit Freude möchte ich, dreifache Mama, meine persönlichen Erfahrungen mit dem SymptomFREI-Coaching teilen. Vor dem Coaching fühlte ich mich müde, energielos, nicht selten überfordert. Mein Sohn hatte erhebliche Schulprobleme mit Schulverweigerung. Immer wiederkehrende und bestehenden körperliche Symptome, wie extreme Hautprobleme, fast täglichen Kopfschmerzen, depressive Verstimmung, chronische Nasennebenhöhlenentzündung, Magen-Darm-Beschwerden. Jeden Morgen stand ich auf und machte da weiter, wo ich gestern aufgehört hatte. Tief im Herzen spürte ich, mein Leben sieht in Wahrheit komplett anders aus. Somit buchte ich das lebensverändernde Coaching mit Alexandra Zengerling. In den Wochen lernte ich alles, was ich brauche, um mich mit mir und meiner Essenz zu verbinden. Meine Ursache neu zu setzen, damit wir glücklich und Symptomfrei leben können. Heute ernte ich regelmäßig mit voller Freude, das, was ich in den Wochen gelernt und gesät habe. Ich habe jederzeit dieses Vertrauen, nichts und niemand könnte mir dieses freie und selbstbestimmte Leben wieder nehmen. Denn ich habe alles in mir, was ich brauche, um jetzt zu entscheiden, wie ich es haben möchte. Meine Kinder und ich sind SymptomFREI, wir gehen in keine Therapie mehr, mein Sohn ohne Schulbegleitung in die Schule. Wir sind frei und gestalten ohne Hemmungen und mit absoluter Freude unseren Alltag. Ich nähre mich jeden Tag aus dem ganzen Erlernten mit meinem vollen Bewusstsein. Daher kann ich von ganzem Herzen ein Coaching mit Alexandra Zengerling empfehlen. Ich liebe mein „ neues" Leben.

*****

Simone Bauer, Mutter von vier Kindern, alleinerziehend

Jede Frau, die noch kämpft mit ihren Kindern oder gegen sich selbst, sollte sich diesen Weg erlauben! Dass ich all meinen Mut zusammen genommen habe und mich bei Alexandra von Herzverbunden-Coaching gemeldet habe, hat mein Leben um 180 Grad verändert. 12 Jahre lang lebte ich mit dem Vater meiner Kinder in einer toxischen Beziehung. Anstatt mich zu unterstützen, hat er mir das Leben noch schwerer gemacht. Ich litt unter Erschöpfung und sieben Jahre lang unter Depressionen. Medikamente habe ich probiert, aber dort musste ich alle paar Wochen die Dosis steigern. Ich ließ mich vier Jahre lang therapieren, aber an die tiefen unbewussten Muster kamen wir in der Gesprächstherapie nicht heran. Irgendwie fand ich mich damit ab und zwar so lange, bis eins meiner Kinder immer auffälliger wurde. Seine Wut schwappte nach kurzer Zeit auf seine Geschwister über. Meine Nachbarin schwärmte mir von Alexandras Arbeit vor und ich war ehrlich gesagt anfangs sehr getriggert, weil ich sah, wie sie dadurch immer entspannter mit ihren Kindern und diese immer unauffälliger wurden. Als ich drei Monate später in ihrem SymptomFREI-Programm startete, fielen mir die Schuppen von den Augen. Alles kam hoch, was ich so lange heruntergeschluckt hatte. Alexandra findet jede Wunde, die wir uns selbst innerlich immer wieder aufreißen und hat mir gezeigt, wie ich diese endlich zum Schließen bringe. Heute stehe ich in meinem Leben an erster Stelle und damit geht es auch meinen Kindern so viel besser. Ich bin im Frieden mit meinem Ex-Mann, denn er hat mir genau diese Wunden immer wieder vorgehalten, wie ich heute weiß, damit ich sie endlich sehen und auflösen konnte. Ich bin immer noch alleine mit meinen vier Kindern, denn heute wähle ich ganz bewusst, wer in unsere Familie kommt, aber heute sind wir ein Team und ich habe selbst an den Abenden so viel mehr Energie als je zuvor. Für diese Entscheidung bin ich mir selbst jeden Tag dankbar.

*****

Kathrin Körner, Mutter und Ehefrau

Seit dem Coaching bei Alexandra hat sich für mich und meine Familie so viel verändert. Seitdem ich für mich losgegangen bin, führen mein Mann und ich eine innigere Beziehung denn je, meine Kinder sind „symptomfrei“, alle Ängste sind verschwunden. Ich bin glücklich und selbstbewusst – und meine Kinder spiegeln das täglich. Unser Familienleben ist so liebevoll, tief vertraut und leicht geworden. Ich danke dir von Herzen, liebe Alexandra, für dein Wirken und für jede glückliche Kinderseele.

*****

Susanne Weber, Mutter und Ehefrau

Ich kam zu Alexandra in das Coaching, nachdem wir für unseren neunjährigen Sohn die Diagnose „Austherapiert" bekommen haben. Hinter uns lag ein vierjähriger Therapiemarathon. Er hatte ADHS, oppositionelles Verhalten, sozial-emotionale Störung und regelmäßig wechselnde Tics. Es war schon von Anfang an schwierig, er war ein Schreibaby, das nie abgelegt werden konnte. Auch mit Bettnässen kämpften wir bis kurz vor seinem achten Geburtstag. Wir haben alles ausprobiert, nichts half nachhaltig. Aus einer Not heraus kam ich zu Alexandra. Heute weiß ich, dass das mein größtes Geschenk war. Bei ihr lernte ich, welche Botschaften überhaupt hinter diesen Symptomen standen. Anstatt mir weiter selbst Schuldgefühle zu machen zeigte sie mir, wie ich meine Macht annehmen und die dahinterliegenden Ursachen auflösen kann. Durch ihre intensive Begleitung über vier Monate hinweg schaffte ich es, aus meinen alten Mustern komplett auszusteigen. Zu allererst verbesserten sich die starken Wutanfälle meines Sohnes, und durch mein neues Verhalten ging auch er nicht mehr permanent über meine Grenzen. Drei Monate später meldete die Schule zurück, dass sich seine Mitarbeit enorm verbessert hat. Auch mit seinem kleinen Bruder gibt es heute kaum noch Stress. Alexandra zeigte mir, wie ich ihn schulisch fördern kann, sodass wir uns nicht nur die Verhaltenstherapie, sondern auch die Lerntherapie ersparen konnten. Diese Begleitung bei ihr für uns zu buchen war eine der besten Investitionen in unserem Leben. Und was ich dort gelernt habe, das bleibt mir für mein ganzes Leben. Heute, zwei Jahre später, ist nichts mehr sichtbar von den Symptomen und Diagnosen meines Sohnes. Er hat heute Freunde, seine Ängste sind weg und auch ich fühle mich heute frei.